研究中考试题的视角与案例

刘成龙　余小芬 ◎著

YANJIU ZHONGKAO SHITI DE
SHIJIAO YU ANLI

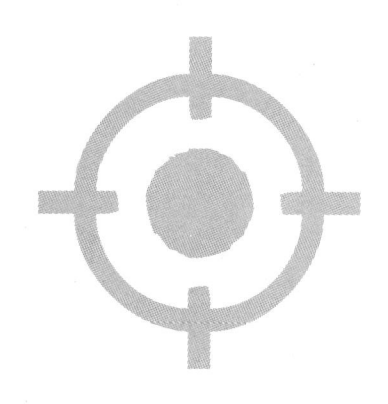

四川大学出版社
SICHUAN UNIVERSITY PRESS

项目策划：毕　潜
责任编辑：毕　潜
责任校对：周维彬
封面设计：墨创文化
责任印制：王　炜

图书在版编目（CIP）数据

研究中考试题的视角与案例 / 刘成龙，余小芬著
. — 成都：四川大学出版社，2021.1
ISBN 978-7-5690-4511-6

Ⅰ．①研… Ⅱ．①刘… ②余… Ⅲ．①中学数学课－中考－试题－研究 Ⅳ．① G633.602

中国版本图书馆 CIP 数据核字（2021）第 018676 号

书　名	研究中考试题的视角与案例
著　者	刘成龙　余小芬
出　版	四川大学出版社
地　址	成都市一环路南一段24号（610065）
发　行	四川大学出版社
书　号	ISBN 978-7-5690-4511-6
印前制作	四川胜翔数码印务设计有限公司
印　刷	郫县犀浦印刷厂
成品尺寸	185mm×260mm
印　张	13.25
字　数	339 千字
版　次	2021 年 6 月第 1 版
印　次	2021 年 6 月第 1 次印刷
定　价	58.00 元

版权所有 ◆ 侵权必究

◆ 读者邮购本书，请与本社发行科联系。
　电话：(028)85408408/(028)85401670/
　(028)86408023　邮政编码：610065
◆ 本社图书如有印装质量问题，请寄回出版社调换。
◆ 网址：http://press.scu.edu.cn

四川大学出版社
微信公众号

前　言

　　中考具有课程结业水平测试和选拔学生进入高一级学校学习的双重功能．如何高效地应对中考，一直是教育工作者，尤其是一线教师讨论的热门话题．我们认为，研究教材是初三复习的必由之路，研究《义务教育数学课程标准（2011年版）》《〈中考指导书（数学）〉使用说明》是初三复习的方向指引，而研究中考试题是初三复习的有力抓手．这是因为研究中考试题有利于把握命题规律，掌握命题动态，抑制题海战术，优化试题命制．一线教师比较重视对教材以及《义务教育数学课程标准（2011年版）》《〈中考指导书（数学）〉使用说明》的研究，但是对中考试题的研究仅仅集中在解法层面，缺少系统而深入的思考．

　　如何研究中考试题呢？为了解决这一问题，首先应明确研究中考试题的视角．哪些视角应纳入研究的范畴，哪些视角需要成为研究的焦点，哪些视角做到适可而止，都应仔细斟酌．基于中考命题实际、综合研究因素等多方面，我们提出了研究中考试题的九个视角，即研究试题功能、研究试题立意、研究试题背景、研究试题解法、研究试题变式、研究试题推广、研究试题优化、研究试题评价和研究试题规律。这些视角大致分为三个层面，即命题层面、研究层面和解答层面．其中，命题层面注重试题功能和素材选取的剖析，以及命题意图的揭示；研究层面注重背景和规律的探秘，着力于试题推广、变式、评价和优化；解答层面重在方法提炼．这些视角相互渗透，彼此交融，构成一个完整的研究系统．

　　本书在撰写过程中力求体现以下特点：

　　（1）系统性．所有视角均围绕试题这一"中心"展开，形成一个完整的系统．

　　（2）典型性．所选取的案例均为中考的典型试题，代表了当前中考数学的命题特点和方向．

　　（3）深刻性．对所选取的案例进行了深入的剖析，为从不同视角认识试题提供了样例．

　　另外，书中吸收了近年来《初中数学教与学》《中学数学》《理科考试研究》《内江师范学院学报》《中学数学研究》等期刊的一些最新研究成果．

　　衷心感谢为本书的出版提供有力支持和资助的内江师范学院数学与信息科学学院、科研处，教育部本科教学工程内江师范学院"数学与应用数学专业综合改革试点"项目

1

（ZG0464），四川省教育厅"数学与应用数学专业教学综合改革项目"，四川省"西部卓越中学数学教师协同培养计划"项目（ZY16001），四川省首批一流专业建设点"数学与应用数学专业"项目（YLZY1902）；感谢为本书的出版付出辛勤劳动的四川大学出版社的编辑们；对引用研究成果的作者致以衷心的谢意，同时也真诚感谢关心本书出版的所有亲人、朋友们，谢谢你们的支持和帮助.

由于时间和知识水平所限，书中难免有不足之处，恳请大家批评指正.

著 者

2021年2月

目 录

第1章 研究中考数学试题的功能 ……………………………………………………（1）
  1.1 测评选拔功能 ……………………………………………………………（1）
  1.2 知识延展功能 ……………………………………………………………（2）
  1.3 思维训练功能 ……………………………………………………………（3）
  1.4 思想承载功能 ……………………………………………………………（6）
  1.5 教学导向功能 ……………………………………………………………（8）
  1.6 命题示范功能 ……………………………………………………………（9）
  1.7 教研选题功能 ……………………………………………………………（10）
  1.8 立德树人功能 ……………………………………………………………（12）

第2章 研究中考数学试题的立意 ……………………………………………………（15）
  案例1 2013年中考成都25题的立意分析 …………………………………（15）
  案例2 2014年中考成都23题的立意分析及启示 …………………………（21）

第3章 研究中考数学试题的背景 ……………………………………………………（26）
  案例3 中考数学命题选材的几种视角 ……………………………………（26）
  案例4 含有高中数学背景中考试题的几种类型 …………………………（39）
  案例5 2018年中考数学文化型试题背景赏析 ……………………………（44）
  案例6 胡不归背景下的中考数学试题 ……………………………………（50）
  案例7 抛物线背景下的中考试题 …………………………………………（57）

第4章 研究中考数学试题的解法 ……………………………………………………（65）
  案例8 《怎样解题表》指导下的解题实践
        ——以2012年成都中考24题为例 ……………………………（65）
  案例9 一道中考试题的一般解法、通解及高等解法 ……………………（72）
  案例10 2019年成都中考28题的多解 ……………………………………（78）
  案例11 2018年成都中考27题的多解 ……………………………………（83）
  案例12 2018年常州28题（Ⅲ）的解法研究 ………………………………（87）
  案例13 2013年武汉中考16题的错解及正解 ……………………………（91）
  案例14 解析法在解决初中几何问题中的应用 …………………………（94）
  案例15 旋转在解中考数学试题中的应用 ………………………………（98）
  案例16 例谈和角、差角公式在解中考题中的运用 ……………………（102）

第5章 研究中考数学试题的变式 ……………………………………………………（107）
  案例17 2014年湘西中考25题的变式 ……………………………………（107）
  案例18 2015年成都中考27题的变式 ……………………………………（109）

案例 19　对一道初三诊断试题的多角度分析 ………………………………(113)
案例 20　2013 年武汉 16 题的变式 ………………………………………(115)
案例 21　2019 年成都中考 28 题的变式 …………………………………(117)
案例 22　2018 年成都中考 27 题的变式 …………………………………(118)

第 6 章　研究中考数学试题的推广 ……………………………………………(120)
案例 23　2013 年成都中考 25 题的推广 …………………………………(120)
案例 24　2012 年成都 24 题的推广 ………………………………………(121)
案例 25　2018 年成都 28 题的推广 ………………………………………(121)

第 7 章　研究中考数学试题的优化 ……………………………………………(124)
案例 26　意外引起的反思 …………………………………………………(124)
案例 27　合作中质疑　质疑中生成
　　　　——以 2011 年湛江中考 27 题的讲评为例 ………………(129)
案例 28　一道条件相互矛盾的中考试题 …………………………………(135)
案例 29　一道中考试题的病因分析及处方 ………………………………(139)
案例 30　中考数学命题错误分析 …………………………………………(143)
案例 31　数学中考命题若干问题商榷 ……………………………………(149)
案例 32　从错误中学习
　　　　——以一道区级调考错题为例 ……………………………(155)

第 8 章　研究中考数学试题的评价 ……………………………………………(159)
案例 33　中考数学创新型试题评析 ………………………………………(159)
案例 34　几类中考试题的评析 ……………………………………………(167)

第 9 章　研究中考数学试题的规律 ……………………………………………(175)
案例 35　2018 年中考二次函数压轴题考查的几个视角 ………………(176)
案例 36　中考数学探究性试题命题的几种视角 …………………………(184)

附录　研究中考试题的几个视角 ………………………………………………(190)

参考文献 …………………………………………………………………………(201)

第1章　研究中考数学试题的功能

中考是九年义务教育阶段最重要的一次考试，各地教育主管部门纷纷组织区域内最优秀的教师及教研人员参与试题命制．因此，多数中考试题立意深刻、构思巧妙、设计新颖，堪称独具匠心．具体来讲，多数中考试题是知识、能力和思想方法的载体，是命题思想、命题理念的程序化展现，具有典型性、示范性和权威性．于是，中考试题成为应对中考的"重要原型"．但在初三复习中，许多一线教师重视程度不够，使得中考试题的使用不够充分，甚至有些老师几乎没有使用过中考试题，其根源是没有真正认识到中考试题的功能．因此，研究中考数学试题的功能显得尤为重要．

1.1　测评选拔功能[①]

测评选拔是中考试题最基本的功能．测评功能是指通过中考试题检测学生是否达到义务教育阶段应具备的知识和能力要求．选拔功能是指通过中考试题选拔学生进入高一级学校继续学习的功能．通过测评选拔，诊断学生学习过程中的优势与不足；借助诊断结果，改进学生的学习行为和教师的教学方式；实施改进措施，增强教学活动的针对性和有效性．当然，测评选拔的最终意图不是为了证明什么，而是为了改进（斯塔弗尔比姆语）．一般来说，测评选拔的内容包括："三会"，即会用数学的眼光看待现实问题、会用数学的语言表达现实问题和会用数学的思维思考现实问题；"四基"，即基本知识、基本技能、基本思想和基本活动经验；"五能"，即发现问题能力、提出问题能力、分析问题能力、解决问题能力和反思问题能力；"六核"，即数学抽象、逻辑推理、数学建模、直观想象、数学运算和数据分析素养；等等．

【例 1-1】（2014 年成都 22 题）已知关于 x 的分式方程 $\dfrac{x+k}{x+1}-\dfrac{k}{x-1}=1$ 的解为负数，则 k 的取值范围是_____．

【解析】 分式方程化为整式方程为 $(x+k)(x-1)-k(x+1)=x^2-1$，解得 $x=1-2k$，又 $1-2k<0$，且 $1-2k\neq\pm 1$，解得 $k>\dfrac{1}{2}$ 且 $k\neq -1$，所以 $k>\dfrac{1}{2}$ 且 $k\neq -1$．[②]

【评注】 本例主要测评学生对解分式方程基本程序的掌握，以及对分式方程增根的理解，具有一定的选拔性．

【例 1-2】（2016 年成都 24 题）实数 a，n，m，b 满足 $a<n<m<b$，这四个数在数轴上对应的点分别是 A，N，M，B（如图 1-1 所示）．若 $AM^2=MB\cdot AB$，$BN^2=$

[①] 余小芬，刘成龙．高考数学试题功能的分析 [J]．内江师范学院学报，2018，33 (10)：17-22．
[②] 刘成龙，余小芬．成都十年中考数学试题解析与对策 [M]．成都：四川大学出版社，2019．

$AN \cdot AB$，则称 m 为 a，b 的"黄金大数"，n 为 a，b 的"黄金小数". 当 $b-a=2$ 时，a，b 的黄金大数与黄金小数之差 $m-n=$ _____.

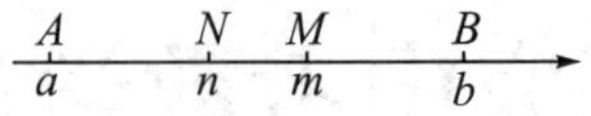

图 1-1

【解析】因为 $AM^2=MB \cdot AB$，$BN^2=AN \cdot AB$，所以点 M，N 为线段 AB 的两个黄金分割点. 故 $AM=\frac{\sqrt{5}-1}{2}AB=\frac{\sqrt{5}-1}{2}(b-a)=\sqrt{5}-1$，$AN=\frac{3-\sqrt{5}}{2}AB=\frac{3-\sqrt{5}}{2}(b-a)=3-\sqrt{5}$，$m-n=MN=AM-AN=(\sqrt{5}-1)-(3-\sqrt{5})=2\sqrt{5}-4$.

【评注】本例测评学生对黄金分割概念的识记与理解，以及对概念多种表征的认读：长/全$=(\sqrt{5}-1)/2$，短/长$=(\sqrt{5}-1)/2$，短/全$=(3-\sqrt{5})/2$. 同时，由于试题以新定义的形式呈现，还需要学生具备阅读理解能力. 因此，本例在测评基本概念的同时，具有较强的选拔性.

【例 1-3】（2018 年成都 23 题）已知 $a>0$，$S_1=\frac{1}{a}$，$S_2=-S_1-1$，$S_3=\frac{1}{S_2}$，$S_4=-S_3-1$，$S_5=\frac{1}{S_4}$，…（即当 n 为大于 1 的奇数时，$S_n=\frac{1}{S_{n-1}}$；当 n 为大于 1 的偶数时，$S_n=-S_{n-1}-1$），按此规律，$S_{2018}=$ _____.

【解析】因为 $S_1=\frac{1}{a}$，$S_2=-S_1-1=-\frac{1}{a}-1=-\frac{a+1}{a}$，$S_3=\frac{1}{S_2}=-\frac{a}{a+1}$，$S_4=-S_3-1=-\left(-\frac{a}{a+1}\right)-1=-\frac{1}{a+1}$，$S_5=-a-1$，$S_6=a$，$S_7=\frac{1}{a}$，$S_8=-\frac{a+1}{a}$，…，数值呈周期性变化，且周期为 6，则 $2018 \div 6 = 336 \cdots\cdots 2$，所以 $S_{2018}=S_2=-\frac{a+1}{a}$.

【评注】本例测评学生运算能力、合情推理能力和数学解题活动经验，具有一定的选拔性. 解题经验：求"较大项"，需找规律（即找周期），找规律需要多计算几项.

1.2 知识延展功能[①]

安德森提出将知识分为两大类：一类为陈述性知识，另一类为程序性知识.[②] 陈述性知识是关于事实的知识，是人所共知的有关事物状况的知识；程序性知识则是关于人怎样做事的知识，即由完成一件事所规定的程序、步骤及策略等组成的知识. 简单地讲，前者是关于"是什么"的知识，后者是关于"怎么做"的知识. 陈述性知识是程序性知识的基础，程序性知识由陈述性知识转化而来. 程序性知识本质上表现为一种技能[③]. 以中考试题为载体，对两类知识均有考查，同时突破了课程标准对两类知识目前需要达到水平的要求，在延续新知的同时，又将新知的学习带入新的境界，呈现延展性，表现在两个方面：

[①] 余小芬，刘成龙. 高考数学试题功能的分析 [J]. 内江师范学院学报，2018，33 (10)：17-22.
[②] Ander J R. Cognitive Psychology and its Implications [M]. New York：Freeman，1980.
[③] 喻平. 数学教学心理学 [M]. 北京：北京师范大学出版社，2010.

①课内知识的延展——延续性，即利用已学的课内知识衍生出相关的更高层次的知识，用来解决新问题；②课外知识的延展——独立性，即运用已具备的能力搭建全新知识结构，解决全新的问题．知识延展对拓展学生知识、拓宽学生视野、形成知识逻辑体系、完善认知结构有较大帮助．

【例1-4】（2019年娄底18题）已知点 $P(x_0, y_0)$ 到直线 $y = kx + b$ 的距离可表示为 $d = \dfrac{|kx_0 + b - y_0|}{\sqrt{1 + k^2}}$．例如，点（0，1）到直线 $y = 2x + 6$ 的距离 $d = \dfrac{|2 \times 0 + 6 - 1|}{\sqrt{1 + 2^2}} = \sqrt{5}$．据此进一步可得两平行直线 $y = x$ 与 $y = x - 4$ 之间的距离为_____．

【解析】 在直线 $y = x$ 上取点（0，0），于是原点到直线 $y = x - 4$ 的距离等于两平行直线 $y = x$ 与 $y = x - 4$ 之间的距离，故 $d = \dfrac{|0 - 4 - 0|}{\sqrt{1^2 + 1^2}} = \dfrac{4}{\sqrt{2}} = 2\sqrt{2}$．

【评注】 本例通过新定义引入了高中将要学习的新知识——点到直线的距离公式，这是对初中所学两点间距离公式的拓展．同时，利用点到直线的距离公式求两平行线间的距离，并非公式的简单套用，而是转化成点到直线的距离后再运用．

【例1-5】（2020年成都23题）如图1-2所示，六边形 $ABCDEF$ 是正六边形，曲线 $FA_1B_1C_1D_1E_1F_1\cdots$ 叫作"正六边形的渐开线"，$\overset{\frown}{FA_1}$，$\overset{\frown}{A_1B_1}$，$\overset{\frown}{B_1C_1}$，$\overset{\frown}{C_1D_1}$，$\overset{\frown}{D_1E_1}$，$\overset{\frown}{E_1F_1}$，$\cdots$ 的圆心依次按 A，B，C，D，E，F 循环，且每段弧所对的圆心角均为正六边形的一个外角．当 $AB = 1$ 时，曲线 $FA_1B_1C_1D_1E_1F_1$ 的长度是_____．

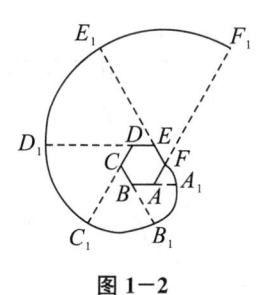

图1-2

【解析】 易得 $\overset{\frown}{FA_1} = \dfrac{60 \times \pi \times 1}{180} = \dfrac{\pi}{3}$，$\overset{\frown}{A_1B_1} = \dfrac{60 \times \pi \times 2}{180} = \dfrac{2\pi}{3}$，$\overset{\frown}{B_1C_1} = \dfrac{60 \times \pi \times 3}{180} = \pi$，$\overset{\frown}{C_1D_1} = \dfrac{60 \times \pi \times 4}{180} = \dfrac{4\pi}{3}$，$\overset{\frown}{D_1E_1} = \dfrac{60 \times \pi \times 5}{180} = \dfrac{5\pi}{3}$，$\overset{\frown}{E_1F_1} = \dfrac{60 \times \pi \times 6}{180} = 2\pi$．曲线 $FA_1B_1C_1D_1E_1F_1$ 的长度是 $\dfrac{\pi}{3} + \dfrac{2\pi}{3} + \pi + \dfrac{4\pi}{3} + \dfrac{5\pi}{3} + 2\pi = 7\pi$．

【评注】 本例通过描述的方式介绍了高中数学中渐开线的概念，这是对初中所学正六边形的拓展．

1.3 思维训练功能[①]

思维是具有意识的人脑对客观事物的本质属性和内部规律性的概括的间接反映．数学

---

① 余小芬，刘成龙．高考数学试题功能的分析［J］．内江师范学院学报，2018，33（10）：17-22．

思维就是以数和形为思维对象,以数学语言和符号为载体,并以认识和发现数学规律为目的的一种思维[①]. 数学是思维的体操,数学思维能力是数学能力的核心.《义务教育教学课程标准(2011年版)》(以下简称《课标2011》)指出:通过数学的学习要使得不同的人在数学上得到不同的发展[②]. 这里的发展归根结底是思维的发展. 当然,思维发展需要借助一个良好的"平台",而多数中考试题正是思维发展的重要"平台",在培养思维的敏捷性、灵活性、创造性、批判性和深刻性上有重要作用,在引导学生形成用数学思维分析问题、描述问题和解决问题的良好品质方面有积极意义.

【例1-6】(**2018年内江27题**)对于三个数 a,b,c,用 $M\{a,b,c\}$ 表示这三个数的中位数,用 $\max\{a,b,c\}$ 表示这三个数中的最大数,例如,$M\{-2,-1,0\}=-1$,$\max\{-2,-1,0\}=0$,$\max\{-2,-1,a\}=\begin{cases}a\ (a\geqslant -1)\\-1\ (a<-1)\end{cases}$.

解决问题:

(1) 填空:$M\{\sin 45°,\cos 60°,\tan 60°\}=$ _____,如果 $\max\{3,5-3x,2x-6\}=3$,则 x 的取值范围为_____;

(2) 如果 $2\cdot M\{2,x+2,x+4\}=\max\{2,x+2,x+4\}$,求 x 的值;

(3) 如果 $M\{9,x^2,3x-2\}=\max\{9,x^2,3x-2\}$,求 x 的值.

【解析】(3) 不妨设 $y_1=9$,$y_2=x^2$,$y_3=3x-2$,如图1-3所示.
可以看出图像中的交点 A,B 满足条件 $x^2=9$,由 $x^2=9$,解得 $x=3$ 或 $x=-3$.

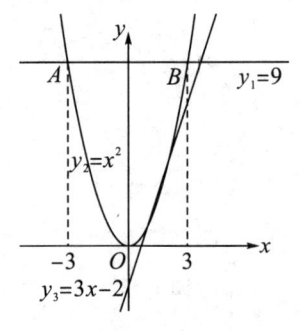

图1-3

【评注】 本例(3)主要考查学生思维的灵活性、深刻性、批判性. 本例(3)若从分类讨论的视角解答,则涉及烦琐的分类及大量的运算,从图像的视角处理仅仅需要"看图说话",充分展示了"多一点想、少一点算"的理念,这体现了数学思维在问题解决方面的优势.

【例1-7】(**2018年内江25题**)如图1-4所示,直线 $y=-x+1$ 与两坐标轴分别交于 A,B 两点,将线段 OA 分成 n 等份,分点分别为 P_1,P_2,P_3,$\cdots$,P_{n-1},过每个分点作 x 轴的垂线,分别交直线 AB 于点 T_1,T_2,T_3,$\cdots$,T_{n-1},用 S_1,S_2,S_3,$\cdots$,S_{n-1} 分别表示 $Rt\triangle T_1OP_1$,$Rt\triangle T_2P_1P_2$,$\cdots$,$Rt\triangle T_{n-1}P_{n-2}P_{n-1}$ 的面积,则 $S_1+S_2+S_3+\cdots+S_{n-1}=$ _____.

---

① 翁凯庆. 数学教育概论[M]. 成都:四川大学出版社,2007.
② 中华人民共和国教育部. 义务教育数学课程标准(2011年版)[M]. 北京:人民教育出版社,2011.

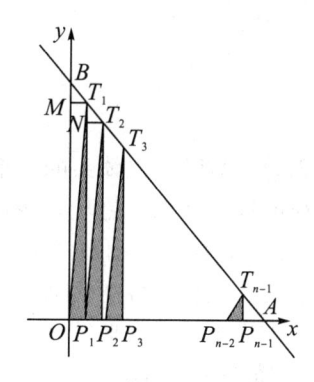

图 1-4

【解析】作 $T_1M \perp OB$ 于点 M，$T_2N \perp P_1T_1$ 于点 N．由题意可知，$\triangle BT_1M \cong \triangle T_1T_2N \cong \triangle T_{n-1}AP_{n-1}$，所以 $S_{\triangle BT_1M} = \frac{1}{2} \times \frac{1}{n} \times \frac{1}{n} = \frac{1}{2n^2}$，$S_1 = \frac{1}{2}S_{矩形OMT_1P_1}$，$S_2 = \frac{1}{2}S_{矩形P_1NT_2P_2}$，…，所以 $S_1 + S_2 + \cdots + S_{n-1} = \frac{1}{2}(S_{\triangle AOB} - nS_{\triangle NBT_1}) = \frac{1}{2} \times \left(\frac{1}{2} - \frac{n}{2n^2}\right) = \frac{1}{4} - \frac{1}{4n}$．

【评注】本例考查学生思维的灵活性和深刻性．解答中将原本零散的量凑成一个整体，实现了问题的快速求解，这充分体现了整体性策略的优越性．

【例 1-8】（**2014 年成都 24 题**）如图 1-5 所示，在边长为 2 的菱形 $ABCD$ 中，$\angle A = 60°$，点 M 是 AD 边的中点，点 N 是 AB 边上一动点，将 $\triangle AMN$ 沿 MN 所在的直线翻折得到 $\triangle A'MN$，连接 $A'C$，则 $A'C$ 的长度的最小值是_____．

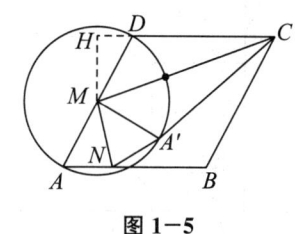

图 1-5

【解析】因为 MA' 在整个过程中长度不发生变化，点 A' 始终在以点 M 为圆心，MA 为半径的圆上，故当点 A' 为 MC 与圆的交点时，$A'C$ 的长度最小．过 M 作 CD 的垂线交 CD 的延长线于点 H．因为 $MD = 1$，$\angle MDH = 60°$，所以 $HD = \frac{1}{2}$，$MH = \frac{\sqrt{3}}{2}$，所以 $HC = \frac{5}{2}$，由勾股定理可得 $MC = \sqrt{7}$，所以 $A'C$ 的长度的最小值是 $\sqrt{7} - 1$．[①]

【评注】本例考查学生对不变量的把握，在点 N 变化的过程中，点 A' 跟着变化，但 MA' 的长度始终保持不变．整个解答过程需要学生具有敏锐的眼光去发现众多变量中不变的部分．

---

① 刘成龙，余小芬．成都十年中考数学试题解析与对策 [M]．成都：四川大学出版社，2019．

1.4 思想承载功能[①]

数学知识、数学方法、数学思想是数学知识体系的三个层次．其中，数学思想是对数学知识的本质认识，是对数学规律的理性认识，是从某些具体的数学内容和对数学的认识过程中提炼上升的数学观点[②]．它是建立数学和用数学解决问题的指导思想，在认识活动中被反复运用，具有普遍的指导意义，在整个数学活动中起统摄作用．常见的数学思想有化归思想、分类思想、转化思想、方程思想、数形结合思想、函数思想、模型思想、极限思想、统计思想、最优化思想等[③]．数学思想不同于一般的陈述性知识和策略性知识，依靠简单、机械模仿不能习得，必须通过"悟"来获得．《课标 2011》将数学思想明确为"四基"之一，旨在强化数学学习活动对数学思想的高度重视．中考命题坚持了这一导向，在考查基本知识、基本技能的同时加大了对数学思想方法的考查力度，将数学思想充分融入中考试题．

【例 1-9】（2012 年成都 24 题）如图 1-6 所示，在平面直角坐标系 xOy 中，直线 AB 与 x 轴、y 轴分别交于点 A，B，与反比例函数 $y=\dfrac{k}{x}$（k 为常数，且 $k>0$）在第一象限的图像交于点 E，F．过点 E 作 $EM \perp y$ 轴于点 M，过点 F 作 $FN \perp x$ 轴于点 N，直线 EM 与 FN 交于点 C．若 $\dfrac{BE}{BF}=\dfrac{1}{m}$（$m$ 为大于 1 的常数），记 $\triangle CEF$ 的面积为 S_1，$\triangle OEF$ 的面积为 S_2，则 $\dfrac{S_1}{S_2}=$ _____．（用含 m 的代数式表示）

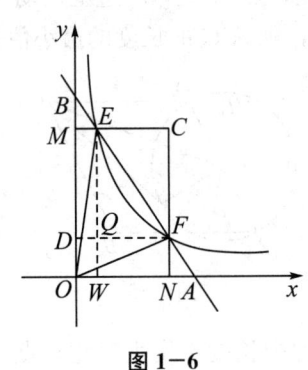

图 1-6

【解析】 过点 F 作 $FD \perp BO$ 于点 D，$EW \perp AO$ 于点 W．由 $S_2 = S_{\text{梯形}MEFD}$，可得 $\dfrac{S_1}{S_2} =$

$$\dfrac{S_1}{S_{\text{梯形}MEFD}} = \dfrac{\dfrac{1}{2}EC \cdot CF}{\dfrac{1}{2}(ME+DF) \cdot CF} = \dfrac{EC}{ME+DF} = \dfrac{DF-ME}{ME+DF}.$$ 又因为 $\dfrac{BE}{BF}=\dfrac{1}{m}$，所以，$DF=$

[①] 余小芬，刘成龙. 高考数学试题功能的分析 [J]. 内江师范学院学报，2018，33 (10)：17-22.
[②] 张雄，李得虎. 数学方法论与解题研究 [M]. 北京：高等教育出版社，2011.
[③] 张雄，李得虎. 数学方法论与解题研究 [M]. 北京：高等教育出版社，2011.

mME,于是 $\dfrac{S_1}{S_2}=\dfrac{m-1}{m+1}$.①

【评注】 本例着重考查化归与转化思想,将 S_2 转化成 $S_{梯形MEFD}$ 是快速解答本例的关键.

【例1-10】(**2015年成都24题**)如图1-7所示,半径为5的⊙O中,弦 $AB=8$,点 P 是弦 AB 的优弧上的动点,连接 AP,过点 A 作 AP 的垂线交射线 PB 于点 C. 当 $\triangle PAB$ 是等腰三角形时,线段 BC 的长为_____.

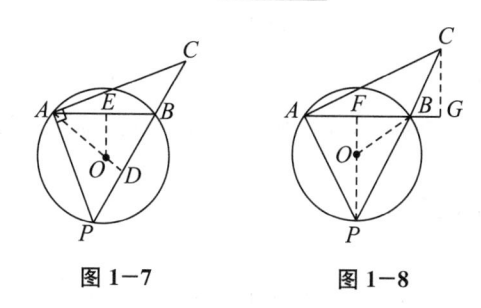

图1-7　　　　图1-8

【解析】 ①当 $BA=BP$ 时,过点 B 作 AP 边上的高 BE,所以 $BE\parallel AC$ 且点 E 为 AP 的中点,则点 B 为 PC 的中点,所以 $BC=PB=8$.

②当 $AB=AP$ 时,如图1-7所示,延长 AO 交 PB 于点 D,过点 O 作 $OE\perp AB$ 于点 E,则 $AD\perp PB$,$AE=\dfrac{1}{2}AB=4$,所以 $BD=DP$,在 Rt$\triangle AEO$ 中,$AE=4$,$AO=5$,所以 $OE=3$,易得 $\triangle AEO\backsim\triangle ADB$,所以 $\dfrac{OE}{AO}=\dfrac{BD}{AB}$,则 $BD=\dfrac{24}{5}$,所以 $BD=PD=\dfrac{24}{5}$,$PB=\dfrac{48}{5}$,因为 $AB=AP=8$,所以 $\angle ABD=\angle P$. 又因为 $\angle PAC=\angle ADB=90°$,所以 $\triangle ABD\backsim\triangle CPA$,则 $\dfrac{PA}{CP}=\dfrac{BD}{AB}$,故 $CP=\dfrac{40}{3}$,得 $PG=BC=PC-PB=\dfrac{56}{15}$.

③当 $PA=PB$ 时,如图1-8所示,连接 PO 并延长,交 AB 于点 F,过点 C 作 $CG\perp AB$,交 AB 的延长线于点 G,连接 OB. 易得 $PF\perp AB$,所以 $AF=FB=4$,得 $OF=3$,则 $FP=8$. 由 $\triangle PFB\backsim\triangle CGB$,得 $\dfrac{PF}{BF}=\dfrac{CG}{BG}=\dfrac{2}{1}$,设 $BG=t$,则 $CG=2t$,易得 $\angle PAF=\angle ACG$,又因为 $\angle AFP=\angle AGC=90°$,所以 $\triangle APF\backsim\triangle CAG$,则 $\dfrac{AF}{PF}=\dfrac{CG}{AG}$,所以 $\dfrac{2t}{8+t}=\dfrac{1}{2}$,解得 $t=\dfrac{8}{3}$,在 Rt$\triangle BCG$ 中,$BC=\sqrt{5}t=\dfrac{8\sqrt{5}}{3}$.

综上,当 $\triangle PAB$ 是等腰三角形时,线段 $BC=8$ 或 $\dfrac{56}{15}$ 或 $\dfrac{8\sqrt{5}}{3}$.

【评注】 本例重点考查分类讨论思想,以腰为标准分为三种情形.

【例1-11】(**2019年孝感15题**)刘徽是我国魏晋时期卓越的数学家,他在《九章算术》中提出了"割圆术",利用圆的内接正多边形逐步逼近圆来近似计算圆的面积. 如图1-9所示,若用圆的内接正十二边形的面积 S_1 来近似估计⊙O 的面积 S,设⊙O 的半径

---

① 郑云升,向婉诗,刘成龙.《怎样解题表》指导下的解题实践——以2012年成都中考第24题为例[J]. 数学教学通讯(中旬),2017(5):48-51.

为 1，则 $S - S_1 = $ _____.

图 1-9

【评注】 本例中所介绍的"割圆术"蕴含了重要思想——逐步逼近思想．用圆的内接正十二边形的面积来近似估计圆的面积实际上就是对逐步逼近思想的运用．

1.5 教学导向功能[①]

教学导向功能是中考试题的又一重要功能．众所周知，教学是中学数学育人活动的中心，命题者以《课标 2011》和《考试说明》为基本依据，以教材为素材、教学实际为着力点，展开中考命题．因此，中考试题在很大程度上是教学活动开展情况的反映．同时，所命制的中考试题对教学活动具有引领作用，毫不夸张地说，中考试题已悄然成为数学教学活动的"指挥棒"．具体来讲，中考试题引导教学回归课本，引导教学注重知识的孕育、发生、发展过程；引导教学中培养学生的创新意识和探究能力，帮助学生积累数学活动经验，发展学生的学科素养，让学生领悟数学思想，培育学生的动手操作能力和独立思考能力．

【例 1-12】（2020 年长沙 19 题）人教版初中数学教科书八年级上册第 48 页告诉我们一种作已知角的平分线的方法．

已知：$\angle AOB$．

求作：$\angle AOB$ 的平分线．

作法：(1) 以点 O 为圆心，适当长为半径画弧，交 OA 于点 M，交 OB 于点 N．

(2) 分别以点 M，N 为圆心，大于 $\frac{1}{2}MN$ 的长为半径画弧，两弧在 $\angle AOB$ 的内部相交于点 C．

(3) 画射线 OC．射线 OC 即为所求，如图 1-10 所示．

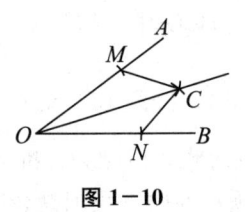

图 1-10

---

① 余小芬，刘成龙．高考数学试题功能的分析 [J]．内江师范学院学报，2018，33 (10)：17-22．

请你根据提供的材料完成下面问题.

(1) 这种作已知角的平分线的方法的依据是_____. (填序号)

①SSS ②SAS ③AAS ④ASA

(2) 请你证明 OC 为 $\angle AOB$ 的平分线.

【评注】 本例选材于人教版八年级数学教材的思考题. 试题命题者直接将教材中思考题的作图过程作为问题材料搬入考场,充分体现了立足教材、回归教材的基本理念;将作图过程作为试题"支撑材料"运用于新问题的解决之中,充分体现了中考试题素材选取的根本之道. 试题回归教材、立足教材是数学教材使用升华的完美体现,它向教育者和学习者彰显了开发教材、挖掘教材的重要性与必要性.

1.6 命题示范功能[①]

试题命制既是初中数学教研活动的重要内容,又是初三复习备考的重要环节. 调查表明,当前一些教师在试题命制上存在一些问题:①拿来主义,直接将"名校"试卷(题)拿来使用;②随意性强,命题者依据个人喜好选一些所谓的"好题""难题";③针对性差,命制的试题应对中考时缺乏针对性和适切性;④系统性差,命制的试题仅侧重某些知识、能力、素养的考查,缺乏整体把握;⑤结构性差,命制的试卷在题型、题量等方面与中考试卷标准不符合. 如何命制一份针对性强、规范性好的试卷呢?"以史为镜"是最好的方式,即以历年中考试题为样板命制试题. 多数地区的中考试题为命题提供了示范,这种示范具体体现在九个方面:①叙述简洁;②表达准确;③设问合理;④符合实际;⑤结构稳定;⑥解法常规;⑦难度相对稳定;⑧考点相对稳定;⑨试题答案规范. 中考试题的示范性给我们命制试题提供了范式,有利于减少试题命制的盲目性和随意性.

【例 1-13】(2018 年成都 24 题)如图 1-11 所示,在菱形 $ABCD$ 中,$\tan A = \dfrac{4}{3}$,点 M,N 分别在边 AD,BC 上,将四边形 $AMNB$ 沿 MN 翻折,使 AB 的对应线段 EF 经过顶点 D,当 $EF \perp AD$ 时,$\dfrac{BN}{CN}$ 的值为_____.

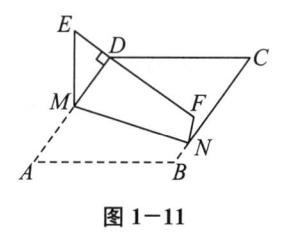

图 1-11

【评注】 本例具有典型性和示范性,考查主干知识,叙述简洁,表达准确,解法常规,易于变式,内涵丰富. 因此,该试题成为一些省市中考命题的一个样板.

【例 1-14】(2019 年内江 25 题)如图 1-12 所示,在菱形 $ABCD$ 中,$\sin B = \dfrac{4}{5}$,点

[①] 余小芬,刘成龙. 高考数学试题功能的分析[J]. 内江师范学院学报,2018,33(10):17-22.

E，F 分别在边 AD，BC 上，将四边形 $AEFB$ 沿 EF 翻折，使 AB 的对应线段 MN 经过顶点 C，当 $MN \perp BC$ 时，$\dfrac{AE}{AD}$ 的值是 _____ ．

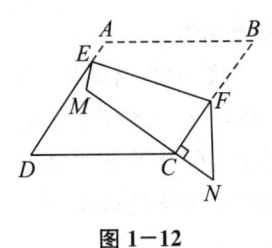

图 1-12

1.7 教研选题功能[①]

问题是数学的心脏，问题是研究的核心，问题贯穿数学活动的始终．数学问题是指数学中要求作答或解释的疑问．广义的数学问题是指在数量关系和空间形式中出现的困难和矛盾；狭义的数学问题则是已经明显表示出来的题目，用命题的形式加以表述，包括求解类、证明类、设计类、评价类等问题．[②] 这里的数学问题指狭义的数学问题，即已有结论的题目，具有接受性、封闭性和确定性等特征．[③] 显然，中考试题本身就是数学问题，尤其一些经典的中考试题是教学研究的重要题材．实践表明，数学问题的提出往往是一个复杂的过程．正如爱因斯坦所说："提出一个问题比解决一个问题更重要．因为解决问题也许仅是一个数学上或实验上的技能而已，而提出新的问题却需要有创造性的想象力，标志着科学的真正进步．"这体现了提问的复杂性和创造性．一些中考试题是命题专家的精心之作，体现了命题者的智慧，是我们学习、研究的良好素材．

【例 1-15】（**2015 年淮安 27 题**）如图 1-13 所示，已知一条直线过点 $(0,4)$，且与抛物线 $y=\dfrac{1}{4}x^2$ 交于 A，B 两点，其中点 A 的横坐标是 -2．

(1) 求这条直线的函数关系式及点 B 的坐标．

(2) 在 x 轴上是否存在点 C，使得 $\triangle ABC$ 是直角三角形？若存在，求出点 C 的坐标；若不存在，请说明理由．

(3) 过线段 AB 上一点 P 作 $PM \parallel x$ 轴，交抛物线于点 M，点 M 在第一象限，点 $N(0,1)$．当点 M 的横坐标为何值时，$MN+3MP$ 的长度最大？最大值是多少？

[①] 余小芬，刘成龙．高考数学试题功能的分析 [J]．内江师范学院学报，2018，33 (10)：17—22．
[②] 张奠宙，宋乃庆．数学教育概论 [M]．北京：高等教育出版社，2009．
[③] 潘超．试论数学问题改编的方式和要求 [J]．数学通报，2014，53 (6)：21—24．

图 1-13

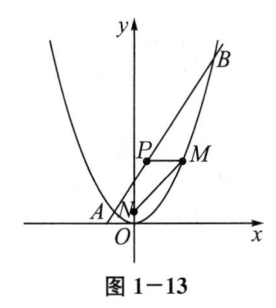

【例 1-16】（2019 年重庆 B 卷 26 题）在平面直角坐标系中，抛物线 $y=-\dfrac{\sqrt{3}}{4}x^2+\dfrac{\sqrt{3}}{2}x+2\sqrt{3}$ 与 x 轴交于 A，B 两点（点 A 在点 B 的左侧），与 y 轴交于点 C，顶点为 D，对称轴与 x 轴交于点 Q.

(1) 如图 1-14 所示，连接 AC，BC. 若点 P 为直线 BC 上方抛物线上一动点，过点 P 作 $PE/\!/y$ 轴交 BC 于点 E，作 $PF\perp BC$ 于点 F，过点 B 作 $BG/\!/AC$ 交 y 轴于点 G. 点 H，K 分别在对称轴和 y 轴上运动，连接 PH，HK. 当 $\triangle PEF$ 的周长最大时，求 $PK+HK+\dfrac{\sqrt{3}}{2}KG$ 的最小值及点 H 的坐标.

(2) 如图 1-15 所示，将抛物线沿射线 AC 方向平移，当抛物线经过原点 O 时停止平移，此时抛物线顶点记为 D'，N 为直线 DQ 上一点，连接点 D'，C，N，$\triangle D'CN$ 能否构成等腰三角形？若能，直接写出满足条件的点 N 的坐标；若不能，请说明理由.

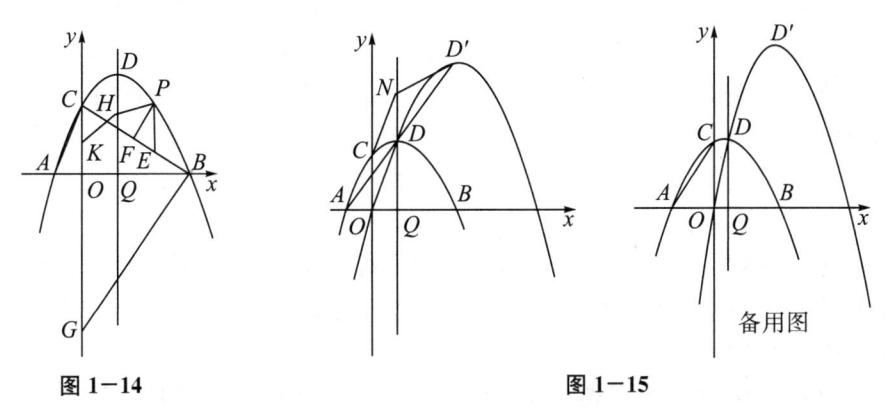

图 1-14　　　图 1-15

【例 1-17】（2020 年自贡 26 题）在平面直角坐标系中，抛物线 $y=ax^2+bx+3$ 与 x 轴相交于 $A(-3,0)$，$B(1,0)$，交 y 轴于点 N，点 M 是抛物线的顶点，对称轴与 x 轴交于点 C.

(1) 求抛物线的解析式.

(2) 如图 1-16 所示，连接 AM，点 E 是线段 AM 上方抛物线上一动点，$EF\perp AM$ 于点 F；过点 E 作 $EH\perp x$ 轴于点 H，交 AM 于点 D. 点 P 是 y 轴上一动点，当 EF 取最大值时.

① 求 $PD+PC$ 的最小值；

② 点 Q 是 y 轴上一动点，请直接写出 $DQ+\dfrac{1}{4}OQ$ 的最小值.

11

图 1-16

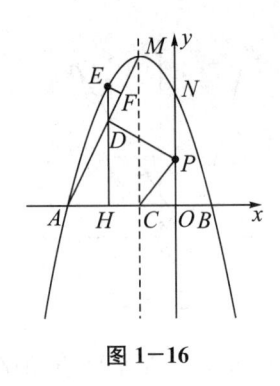

【评注】 例 1-15、例 1-16、例 1-17 都含有胡不归模型．胡不归问题是中考的热点问题，同时也是教学研究的重要题材．比如，一些文章介绍了胡不归模型在求最值中的应用、以"胡不归"问题为载体落实建模素养等[①~⑥]．同时，近年来以胡不归模型为背景命制的中考题、竞赛题有数百道，这也反映出胡不归模型强大的生命力．

1.8 立德树人功能[⑦]

党的十九大明确提出："要全面贯彻党的教育方针，落实立德树人根本任务."课程作为教育活动最直接的载体，肩负着立德树人的重要使命．数学作为课程的重要组成部分，与知识传递相比，在感染人、熏陶人、启发人、培养人、塑造人等方面产生了更重要的影响，并且这种影响是深远的．正如日本数学教育家米山国藏所说："人们在走上社会以后，在校所学的数学知识很少有直接应用的机会，因而作为知识的数学，通常在出校门后不到一两年就忘掉了．然而，不管他们从事什么业务工作，那种铭刻于心的数学精神和数学思想方法却长期在他们的生活和工作中发挥着重要作用."为更好地落实立德树人根本任务，《普通高中数学课程标准（2017 年版）》（以下简称《课标 2017》）明确指出：数学课程要以学生发展为本，落实立德树人根本任务，培育科学精神和创新意识[⑧]．因此，数学教材应全面落实立德树人的基本要求，充分体现数学学科特有的育人价值与功能．而中考试题在学生素养发展、增强文化理解、辩证唯物主义观念养成、民族精神传承、健全人格塑造等方面也发挥了重要作用．

【例 1-18】（2019 年贵阳 7 题）如图 1-17 所示，下面是甲、乙两位党员使用"学习

---

① 杨金增，谢祥．构造图形求"胡不归"函数的最小值 [J]．中学数学教学参考（中旬），2020（7）：73-75．
② 毛文奇．"胡不归"问题模型与一类最值问题 [J]．上海中学数学，2019（12）：14-16．
③ 徐小建．例谈数学建模素养的落实——以"胡不归"问题的教学为例 [J]．中小学教材教学，2019（4）：65-69．
④ 朱记松，王公友，陈俊国．"胡不归"的代数模型及其求解 [J]．中学数学杂志（初中），2018（6）：59-60．
⑤ 苏华强．关注模型教学拓展解题方法——"胡不归问题"在初中数学解题中的应用 [J]．中学数学月刊，2018（12）：50-52．
⑥ 张青云．从课本到"胡不归"——2017 年广州市中考第 24 题的思路突破与感悟 [J]．中学数学（初中），2017（8）：86-88．
⑦ 余小芬，刘成龙．高考数学试题功能的分析 [J]．内江师范学院学报，2018，33（10）：17-22．
⑧ 中华人民共和国教育部．普通高中数学课程标准（2017 年版）[M]．北京：人民教育出版社，2017．

强国APP"在一天中各项目学习时间的统计图,根据统计图对两人各自学习"文章"的时间占一天总学习时间的百分比做出的判断中,正确的是(　　).

甲党员一天学习时间条形统计图　　　调查结果的扇形统计图

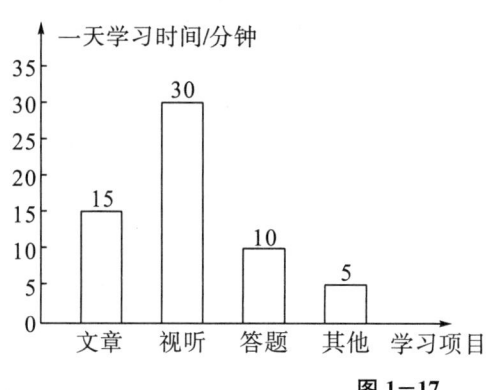

图1-17

A. 甲比乙大　　　　　　　　　　B. 甲比乙小
C. 甲和乙一样大　　　　　　　　D. 甲和乙无法比较

【评注】"学习强国"是2019年1月1日上线,由中央宣传部推出的学习平台. 本例以"学习强国APP"为背景,以其相关项目的学习时间为素材,其用意是让作为未来建设者与接班人的学生了解当前的国家大事和时政要闻.

【例1-19】(2020年攀枝花7题)中国抗疫取得了巨大成就,堪称奇迹,为世界各国防控疫情提供了重要借鉴和支持,让中国人民倍感自豪. 2020年1月12日,世界卫生组织正式将2019新型冠状病毒命名为"2019-nCoV". 该病毒的直径为0.00000008~0.000000012 m,将0.000000012用科学计数法表示为$a×10^n$的形式,则n为(　　).

A. -8　　　　　B. -7　　　　　C. 7　　　　　D. 8

【评注】本例以"新型冠状病毒"的直径作为素材,及时向学生科普"新型冠状病毒",对学生科学、准确地认识病毒起着积极作用. 同时,介绍祖国在抗疫中取得的成就,意在激发青年学生的民族自豪感.

【例1-20】(2020年成都26题)在新冠疫情期间,全国人民众志成城、同心抗疫,某商家决定将一个月获得的利润全部捐赠给社区用于抗疫. 已知商家购进一批产品,成本为10元/件,拟采取线上和线下两种方式进行销售. 调查发现,线下的月销量y(单位:件)与线下售价x(单位:元/件,$12 \leqslant x < 24$)满足一次函数的关系,部分数据如下表:

x(元/件)	12	13	14	15	16
y(件)	1200	1100	1000	900	800

(1) 求y与x的函数关系式;
(2) 若线上售价始终比线下售价每件便宜2元,且线上的月销量固定为400件. 试问:当x为多少时,线上和线下月利润总和达到最大?并求出此时的最大利润.

【评注】本例以新冠疫情捐款为背景,意在引导青年学生积极抗击疫情、投身公益事业,弘扬乐于助人的奉献精神,培养学生的社会责任感.

13

波利亚指出:"一个专心、认真备课的老师往往能够拿出一个有意义但又并不复杂的题目,帮助学生挖掘问题的各个方面,使得通过这道题就好像通过一道门,把学生引入一个完整的理论领域."这样来看,中考试题正是"那样的一些题",而对它们进行功能的分析就是打开中考大门的钥匙.

第 2 章 研究中考数学试题的立意

试题立意指试题的主题思想. 试题立意是命题者命题意图的集中体现, 是命题思维过程的开端, 是整个命题过程中最为关键的一个环节. 命题者基于考查意图, 选择适当的考查内容, 拟定恰当的考查形式, 设置合理的数学问题. 试题立意的角度很多, 如考查"四基""五能""六核"以及数学文化等. 中考命题立意先后经历了"双基"立意、能力立意、学科素养立意等过程, 立意的变化正好体现了命题指导思想的不断优化. 把握试题立意不仅是透过题目表象看本质的过程, 更是再现命题者思维智慧的过程. 初三复习时, 教师应通过多分析一些典型试题立意来加强学生对试题本质的认识.

案例 1 2013 年中考成都 25 题的立意分析[①]

【例 2-1】(2013 年成都 25 题) 如图 2-1 所示, 点 A, B, C 为⊙O 上相邻的三个 n 等分点, $AB=BC$, 点 E 在弧 BC 上, EF 为⊙O 的直径, 将⊙O 沿 EF 折叠, 使点 A 与 A' 重合, 连接 EB', EC, EA'. 设 $EB'=b$, $EC=c$, $EA'=p$. 现探究 b, c, p 三者的数量关系, 发现当 $n=3$ 时, $p=b+c$. 请继续探究 b, c, p 三者的数量关系: 当 $n=4$ 时, $p=$ _____; 当 $n=12$ 时, $p=$ _____.

(参考数据: $\sin 15°=\cos 75°=\dfrac{\sqrt{6}-\sqrt{2}}{4}$, $\cos 15°=\sin 75°=\dfrac{\sqrt{6}+\sqrt{2}}{4}$)

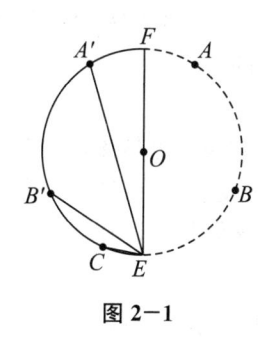

图 2-1

立意 1 推陈出新

命题者将正多边形(正三角形、正方形、正十二边形乃至正 n 边形)这一熟悉情景

[①] 刘成龙, 张琴玲, 杨巧华. 推陈出新 适度暗示 能力突出 解法多样 教学引领——2013 年中考成都卷第 25 题亮点分析 [J]. 中学数学 (初中), 2014 (1): 55-57.

以圆周上的等分点形式展示给学生一个全新的问题,然而直接以圆周上的等分点为背景的试题在中考试卷、模拟试卷和复习资料中几乎没有涉及,学生缺少应对的经验,这使得试题情景新颖,具有一定的创新性,起到了推陈出新的效果. 平常的"模式化引领"和"模式化训练"使大多数考生面对该试题时因"始料不及"而"茫然",这无疑是对"记题型,背套路,重解题方法,轻数学本质"的应试教育观念的一次严峻挑战.

立意2 适度暗示

命题者在试题命制中适度设置暗示,既不失压轴题应有的区分度,又体现了对考生的关怀.

暗示1 命题者通过直径 EF 引出了圆周上点 A,B,C 的对称点 A',B',C',以及 $EB'=b$,$EC=c$,$EA'=p$,使得试题叙述冗长,不简洁(事实上,试题可以简洁叙述为:"点 A,B,C 为 $\odot O$ 上相邻的三个 n 等分点,$AB=BC$,点 E 在弧 BC 上,连接 EB,EC,EA. 设 $EB=b$,$EC=c$,$EA=p$"). 我们猜测这是命题者故意为之,目的是适度暗示:①暗示考生解答时可以从直径所对的圆周角 $90°$ 考虑;②暗示考生解答时可以从对称点的角度寻找解答思路.

暗示2 "现探究 b,c,p 三者的数量关系,发现当 $n=3$ 时,$p=b+c$"这句话可以从两个角度解读:①解答问题的起点是 $n=3$,要先探究 $n=3$ 的情形;②$p=b+c$ 展示的是一条线段等于两条线段的和,于是在方法上暗示考虑用截长补短法.

暗示3 命题者在参考数据中给出了 $15°$ 角的正余弦值,考生可以这样思考:$15°$ 角刚好是 $n=12$ 时相邻两个点间弧所对的圆周角,给出其三角函数值表明 p,b,c 与其三角函数值有一定关联,自然暗示 $n=3$,$n=4$ 时相邻两个点间弧分别所对的圆周角 $60°$、$45°$ 的三角函数值与 p,b,c 相关.

立意3 突出能力

"能力立意"是近年来成都中考 B 卷压轴题的命题原则. 该试题展示了一个全新的问题,具有较大的思维空间,体现了主动探究的精神,呈现出研究性学习的特点,突出了多种能力的考查,有效地甄别了学生的潜质.

(1) 猜想的能力.

猜想是发现、获取知识的重要方法,也是探索问题解决方法的重要手段. 正如牛顿所说:"没有大胆的猜想就没有伟大的发现." 该试题给我们的第一感觉是一道找规律题,整个试题充满着猜想的味道,而破解该题的关键在于大胆猜想.

①解决方案的猜想:截长补短法.

②试题规律的揭示:当 $n=3$ 时,$p=b+c$;当 $n=4$ 时,$p=\sqrt{2}b+c$. 联系到圆周角,可以分别表示为:当 $n=3$ 时,$p=2b\cos60°+c$;当 $n=4$ 时,$p=2b\cos45°+c$. 于是猜测当 $n=12$ 时,$p=2b\cos15°+c$;当 $n=k$ 时,$p=2b\cos\left(\dfrac{180°}{k}\right)+c$.

(2) 探究的能力.

《标准 2017》指出:数学探究指学生围绕某个数学问题,自主探究、学习的过程. 华罗庚教授说:"复杂的问题要善于'退',足够地'退',退到最原始而不失重要性的地方."该试题呈现探究性学习的特点,解答时先退回到问题解决的逻辑起点:当 $n=3$ 时,$p=b+c$. 怎样得到 $p=b+c$ 呢？怎样用 $n=3$ 的解决方案解决 $n=4$，$n=12$ 呢？这涉及数学探究,基本的手段是"特殊到一般",下面介绍具体的方法.

方法 1　最直接的办法——度量

度量往往是探究的最直接手段. 标准作图,用刻度尺量线段的长度,然后猜测 p，b，c 之间的关系,具体方法：当 $n=3$ 时,取点 E 为弧 BC 的中点,于是点 A 与点 F 重合,此时容易得出 $p=b+c$. 有了此经验后,对于 $n=4$，取点 E 为弧 BC 的中点,$EF\perp BC$，度量线段长度,在误差忽略的情形下结合 $45°$ 角,可以大致猜出 $p=\sqrt{2}b+c$，对于 $n=12$，此法失效.

方法 2　在度量的基础上改进一下——计算

基于方法 1 中的图形可知,当 $n=3$ 时,$b=c=r$，$EF=p=2r$，可得 $p=b+c$；当 $n=4$ 时,$b=c$，通过计算得 $p=\sqrt{2}b+b$，联想到 $n=3$ 时 p，b，c 的形式,可猜测 $p=\sqrt{2}b+c$，当然这仅仅是一种猜测,需要验证,但从某种意义上讲为证明提供了方向.

方法 3　在计算的基础上提升——证明

证明中运用的方法是截长补短法. 怎么截、怎么补是探究过程中首先要搞清的问题,这需要逐步试探调整（先探究 $n=3$ 的情形）.

截长法：

探究 1　在 EA 上截取 $EM=c$，再证明 $AM=EB=b$.

探究 2（探究 1 的变体）　在 $A'E$ 上截取 $EM=b$，再证明 $AM=EB=b$.

探究 3（探究 1、2 的升华）　过点 C 作 $CN\mathbin{/\mkern-5mu/} EB$，与 AE 相交于点 M，与 $\odot O$ 交于点 N，易得 $EM=c$，再证明 $AM=EB=b$.

探究 4（探究 3 的变体）　在弧 BA 上截弧 $\overset{\frown}{BN}=\overset{\frown}{EC}$，易得 $CN\mathbin{/\mkern-5mu/} EB$，回到探究 3.

补短法：

探究 5　在 CE 的延长线上取点 M，使得 $EM=b$，再证明 $EM=EB$.

探究 6　在 EB 的延长线上取点 M，使得 $BM=c$，再证明 $EC=BM$.

（3）类比的能力.

"类比是一个伟大的引路人"（数学家波利亚语）. 该题目充分考查学生的类比能力.

①解题思路的类比：截长补短法,类比、迁移到试题中.

②操作方法（数学学习中积累的经验）的类比、迁移：直接截长、平行线截长、直接补短等类比、迁移到该题.

③类比 $n=3$ 的解答方法解决 $n=4$，$n=12$ 的情形.

立意 4　倡导多解

该试题看似陌生,但解法上具有灵活性和多样性,学生可以从不同的角度审视,运用不同的数学知识和方法加以解答,真可谓异彩纷呈,这无疑为考生提供了展示才华和能力的机会. 同时,本例对引导中学数学加强一题多解有积极意义.

角度 1　补短法

解法 1　如图 2-2 所示，在 CE 的延长线上取一点 M，使得 $BM=BE$. 因为点 A，B，C 为 $\odot O$ 上相邻的三个 n 等分点，所以 $\angle CAB = \angle BEM = \dfrac{180°}{n}$，$\angle ABC = \angle EBM$，又 $AB = BC$，$BE = BM$，得 $\triangle ABE \cong \triangle CBM$，故 $AE = CM = p = c + EM$. 作 $BG \perp EM$ 交 EM 于点 G，于是 $EG = \cos \dfrac{180°}{n} \cdot b$，$EM = 2\cos \dfrac{180°}{n} \cdot b$，所以 $p = 2\cos \dfrac{180°}{n} \cdot b + c$.

特别地，当 $n=4$ 时，$p = \sqrt{2}b + c$；当 $n=12$ 时，$p = \dfrac{\sqrt{6}+\sqrt{2}}{2}b + c$.

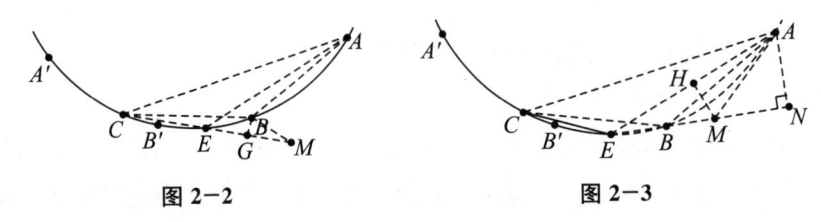

图 2-2　　　　图 2-3

解法 2　如图 2-3 所示，延长 EB 至点 M，使得 $EM = AM$，过点 M 作 $MH \perp AE$ 于点 H. 因为点 A，B，C 为 $\odot O$ 上相邻的三个 n 等分点，所以 $\angle CAB = \angle AEB = \angle EAM = \dfrac{180°}{n}$，于是 $\angle CAE = \angle BAM$，又 $\angle ABM = \angle ACE$，得 $\triangle ACE \sim \triangle ABM$，所以 $\dfrac{AE}{AM} = \dfrac{EC}{BM}$，即 $BM = \dfrac{cAM}{p}$，因为 $AM = \dfrac{p}{2\cos\dfrac{180°}{n}}$，所以 $BM = \dfrac{cAM}{p} = \dfrac{c}{2\cos\dfrac{180°}{n}}$，又因为 $EM = AM = EM + BM$，即 $\dfrac{p}{2\cos\dfrac{180°}{n}} = b + \dfrac{c}{2\cos\dfrac{180°}{n}}$，所以 $p = 2\cos\dfrac{180°}{n} \cdot b + c$.

角度 2　截长法

解法 3　如图 2-4 所示，在 $A'E$ 上取一点 M，使得 $BM=b$. 因为点 A，B，C 为 $\odot O$ 上相邻的三个 n 等分点，所以 $\angle B'EA' = \dfrac{180°}{n}$，$\angle B'MA' = \angle B'EC'$，又 $\angle MA'B' = \angle EC'B'$，于是 $\angle A'B'M = \angle C'B'E$. 作 $B'H \perp ME$ 于点 H，则 $EM = 2\cos\dfrac{180°}{n} \cdot b$. 由 $A'B' = B'C'$，$\angle A'B'M = \angle C'B'E$，$BM = B'E$，得 $\triangle A'B'M \cong \triangle C'B'E$，所以 $AM = C'E = c$，故 $A'E = ME + A'M$，即 $p = 2\cos\dfrac{180°}{n} \cdot b + c$.

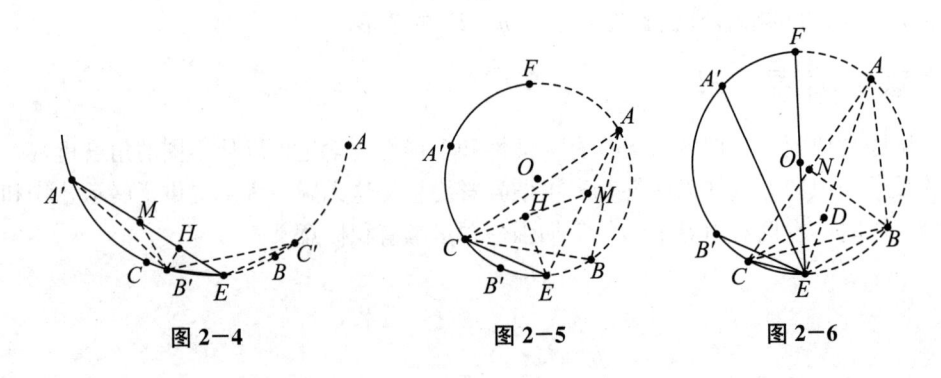

图 2-4　　　　图 2-5　　　　图 2-6

解法 4 如图 2-5 所示，在 EA 上截取 $EM=c$，连接 CM. 因为点 A，B，C 为 $\odot O$ 上相邻的三个 n 等分点，所以 $\angle CEA=\angle ABC$，又 $EC=EM=c$，得 $\angle MCE=\dfrac{180°}{n}$. 作 $EH\perp CM$ 于点 H，则 $\dfrac{\frac{CM}{2}}{CE}=\cos\dfrac{180°}{n}$，所以 $\dfrac{CM}{CE}=2\cos\dfrac{180°}{n}$，同理 $\dfrac{AC}{BC}=2\cos\dfrac{180°}{n}$，又 $\angle ACM=\angle BCE$，则 $\triangle ACM\backsim\triangle BCE$，所以 $\dfrac{AM}{BE}=\dfrac{CN}{CE}=2\cos\dfrac{180°}{n}$，$AM=2\cos\dfrac{180°}{n}\cdot b$，故 $p=2\cos\dfrac{180°}{n}\cdot b+c$.

解法 5 如图 2-6 所示，连接 AB，AC，BC，EB，在 EA 上截取 $ED=c$，连接 CD，作 $BN\perp AC$ 交 AC 于点 N. 因为点 A，B，C 为 $\odot O$ 上相邻的三个 n 等分点，所以 $\angle ACB=\dfrac{180°}{n}$，$AC=2CN=2\cos\dfrac{180°}{n}\cdot BC$，得 $\dfrac{AC}{BC}=2\cos\dfrac{180°}{n}$，又 $\angle ABC=\angle AEC$，且 $AB=BC$，$CE=DE$，故 $\angle ACB=\angle DCE$，于是 $\angle ACD=\angle BCE$，因此 $\triangle ACD\backsim\triangle BCE$，于是 $\dfrac{AC}{BC}=\dfrac{AD}{EB}=2\cos\dfrac{180°}{n}$，得 $AD=2\cos\dfrac{180°}{n}\cdot b$，故 $AE=AD+DE=2\cos\dfrac{180°}{n}\cdot b+c$，即 $p=2\cos\dfrac{180°}{n}\cdot b+c$.

解法 6 如图 2-7 所示，连接 EA，EB，过点 C 作 $CN\parallel EB$，与 AE 相交于点 M，与 $\odot O$ 交于点 N，过点 N 作 AE 的垂线，交 AE 于点 H. 因为 $CN\parallel EB$，所以 $\overset{\frown}{CE}=\overset{\frown}{NB}$，于是 $\overset{\frown}{BC}=\overset{\frown}{EN}$，得 $\angle ECN=\angle BEA=\angle CME=\angle AMN=\angle EAN=\dfrac{180°}{n}$，$AN=EB=b$，所以 $\triangle AMN$ 为等腰三角形，故 $AM=2AH=2\cos\dfrac{180°}{n}\cdot b$，$ME=CE=c$，所以 $p=2\cos\dfrac{180°}{n}\cdot b+c$.

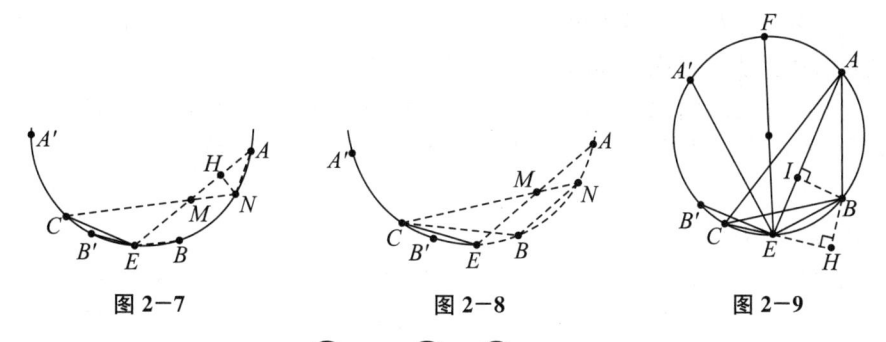

图 2-7　　　　图 2-8　　　　图 2-9

解法 7 如图 2-8 所示，在 $\overset{\frown}{BA}$ 上截 $\overset{\frown}{BN}=\overset{\frown}{CE}$，连接 CN 交 AE 于点 M，易得 $\overset{\frown}{BC}=\overset{\frown}{EN}$，于是 $\angle CNB=\angle NCE=\dfrac{180°}{n}$，故 $\angle CBE=\angle NCB$，所以 $CN\parallel EB$，下同解法 6.

解法 8 如图 2-9 所示，过点 B 作 $BH\perp CE$ 交 CE 延长线于点 H，$BI\perp AE$ 交 AE 于点 I，因为点 A，B，C 为 $\odot O$ 上相邻的三个 n 等分点，所以 $\angle AEB=\angle BEH=\dfrac{180°}{n}$，又因为 $\angle BAE=\angle BCH$，$AB=BC$，所以 $\triangle ABI\cong\triangle CBH$，故 $AI=CH$，在 $\text{Rt}\triangle EIB$

和 Rt△EHB 中，易得 $EI=EH$，$AE=CE+EH+EI=CE+2EI=2\cos\dfrac{180°}{n}\cdot b+c$，即 $p=2\cos\dfrac{180°}{n}\cdot b+c$.

立意 5　教学引领

本例情景新颖，解答方法不偏不怪，是成都卷中的一道好题．然而让人惊讶的是，成都市中心城区近 4 万名考生，得满分（4 分）的考生仅 100 人左右，问题究竟出现在哪里呢？

从初三数学复习教学来看，课堂教学的主要任务是范例的讲解与大量题目的演练，教师比较重视学生对数学基本知识的记忆，忽略学生对数学本质的理解；重视学生对题型、套路与解题方法的训练，忽略学生对思想、方法的总结提炼；重视学生对具体问题的解决，忽略学生对开放性问题的处理，尤其缺乏对创新意识的培养．[1]

从学生的学习方式来看，初三数学课堂复习的基本模式是"教师讲—学生听—学生记""教师示范例题（问题）—学生模仿练习（问题）—学生记忆基本例型（问题）"，这是一种"单向"信息传递的教学模式，学生处于被动接受的状态，属于"简单模仿—低能操作"式学习，只能在数量上增加学生数学认知结构中的某些信息，不利于知识和方法的主动构建．

因此，在初三数学复习中我们应该做到以下两点：

(1) 改进教学方式．

《课标 2011》倡导"积极思考、合作交流、动手实践、自主探索的学习方式"．因此，初三数学复习时，教师应让单向信息传递的教学模式"动"起来．首先是行动起来．教师应精心设计教学内容、呈现形式、讲解方式，激发学生持续学习的热情和欲望，引发他们的行为参与、认知参与和情感参与，使学生能够全身心投入初三数学复习中来．其次是互动起来．教师应重视师生之间的相互合作、相互沟通，充分发挥学生的主体地位，还课堂于学生，还时间于学生，还话语权于学生，引导学生之间充分交流，从而在师生对话、生生对话的过程中达成"互识"和"共识"．最后是思维灵动起来．数学是思维的体操，数学的学习过程是学习者情感、态度、信念、价值的赋予过程，更是思维的萌芽、成长和成熟的过程[2]．在问题的提出、分析、解答过程中，培养学生思维的多样性、批判性和灵动性．

(2) 加强创新意识的培养．

本例具有形式新、背景新等特点，属于创新型试题．此类试题不是对问题的简单呈现，"刺激—反应"的解题套路无法奏效，一般来说，解答需要经历以下过程：阅读新信息—加工新信息—得到问题的本质—获得问题的解．这一过程需要学生具备阅读能力、信息捕捉能力、自主学习能力、探究能力、创新意识等．从阅卷信息来看，学生缺乏应对新问题、新情景的能力．因此，教学中应加强学生创新意识的培养．

---

[1] 赵思林，潘超．一道以群的定义为背景的高考试题赏析[J]．中学数学（高中），2008（4）：37-38.
[2] 刘成龙．由一个物理问题引起的探究性学习[J]．中学数学教学参考（中旬），2013（7）：11-14.

案例 2　2014 年中考成都 23 题的立意分析及启示[①]

【例 2-2】（2014 年成都 23 题）在边长为 1 的小正方形组成的方格纸中，称小正方形的顶点为"格点". 顶点全在格点上的多边形称为"格点多边形"，格点多边形的面积记为 S，其内部的格点数记为 N，边界上的格点数记为 L. 例如，图 2-10 中三角形 ABC 是格点三角形，其中 $S=2$，$N=0$，$L=6$；图中格点多边形 $DEFGHI$ 所对应的 S，N，L 分别是_____，经探究发现，任意格点多边形的面积 S 可表示为 $S=aL+bN+c$，其中 a，b，c 为常数，则当 $N=5$，$L=14$ 时，$S=$_____.（用数值作答）

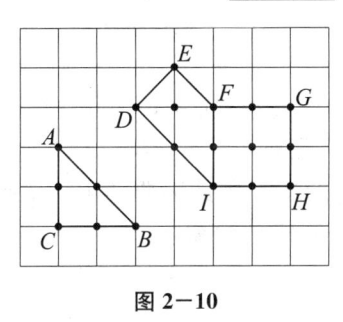

图 2-10

一、立意分析

立意 1　承上启下

成都 B 卷填空题共 5 题（21~25 题），一般来说，21、22 题属于简单题，24、25 题难度较大，而 23 题（4 分）刚好处于过渡位置，既需要有简单题的一面，又要有难题的味，综合在一起，命题者将试题难度设置为中档. 据信息反馈，此题预设的难度系数约为 0.6. 在此立意下，命题时将试题设置为两个小题：第 1 小题相对简单，在承前的同时又有送分的意图，体现了命题者的"人文关怀"和"人人在数学上得到不同发展"的新课标理念；第 2 小题需要学生在第 1 小题的基础上进一步探究得到解答，有一定难度.

立意 2　能力考查

本例是一个经典的新定义探究性问题，构思巧妙，背景新颖、公平. 对学生能力的考查主要体现在两个方面：阅读能力和探究能力.《课标 2011》强调注重学生数学阅读能力和探究能力的培养，提倡阅读自学的数学学习方式. 在试题的解答中，首先，需要学生通过阅读新信息（"格点"和"格点多边形"）在大脑中建构起新概念，建立了新概念后学生需要再次阅读理解"格点多边形"面积（S）、内部的格点数（N）、边界上的格点数（L）的含义，进而把 5 个新概念有机整合在一起；其次，需要学生通过动手画"格点多边形"

[①] 刘成龙，黄祥勇. 2014 年中考成都卷第 23 题分析及启示 [J]. 中学数学（初中版），2015（1）：40-43.

来探索试题解答：①学生通过动手画一个"格点多边形"，再根据 S，N，L 的值建立一个等式（方程组）；②动手画满足条件（$N=5$，$L=14$）的"格点多边形"，在这一过程中需要通过逐步调整 N 和 L 的值，有一个探究的过程.

解答本例首先需要学习"格点"及"格点多边形"这两个概念. 对于"格点"，学生较为亲近，在平常的学习中有所接触，从而在心理上消除了紧张焦虑的情绪. 至于"格点多边形"这一概念，尽管学生没有接触过，但理解起来也不是什么难事. 然而在掌握"格点多边形"概念后又增加了格点多边形面积（S）、内部的格点数（N）、边界上的格点数（L），使得概念达到了 5 个，且随着试题叙述文字的增多，考生的情绪急剧升温，这时需要借助具体的实例（图 2-10 中△ABC）来识别、巩固、内化 S，N，L 的概念，即文字叙述—图形验证的过渡，处理好这一环节是后面两空解答的关键. 在正确学习特例△ABC 中 $S=2$，$N=0$，$L=6$ 后，第 1 空较为简单. 下面重点分析第 2 空的解答.

解答角度 1　方程组法

题目中给出了 $S=aL+bN+c$ 这一关系，关系中含有 a，b，c 三个字母，要求 a，b，c 则需要建立三个方程，于是需要三组 S，N，L 值，但现成的值只有两组（图 2-10 中△ABC 和第 1 问中 S，N，L 值），因此需要学生动手画一个"格点多边形"，如边长为 2 的正方形，长为 2、宽为 1 的长方形等.

由边长为 2 的正方形，得 $S=4$，$N=1$，$L=8$. 结合图中的格点△ABC（$S=2$，$N=0$，$L=6$）及格点多边形 $DEFGHI$（$S=7$，$N=3$，$L=10$），可得 $\begin{cases} 4=a+8b+c \\ 2=6b+c \\ 7=3a+10b+c \end{cases}$，

解得 $\begin{cases} a=1 \\ b=\dfrac{1}{2} \\ c=-1 \end{cases}$，所以 $S=N+\dfrac{1}{2}L-1$，将 $N=5$，$L=14$ 代入，得 $S=11$.

解答角度 2　作图法

由网格中的格点△ABC 和格点多边形 $DEFGHI$ 可以直接得到对应图形中的 S，N，L 值，要求"当 $N=5$，$L=14$ 时，S 的值"，很自然想到能否画出满足条件的图形. 事实上，部分数学学习优秀或者在绘图方面直觉较强的学生能直接画出满足条件的图形，进而得到 S 的值.（这里给出几种满足题意的图形）

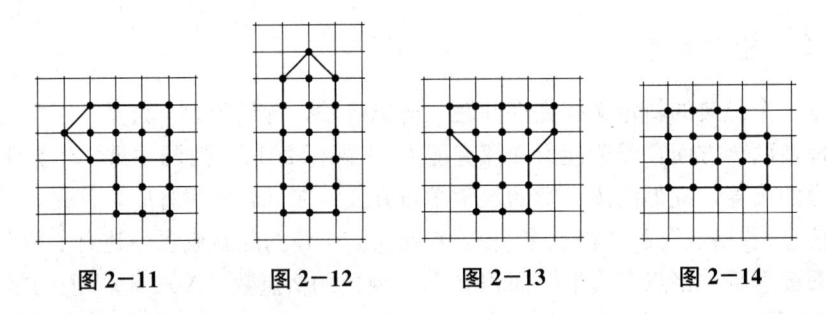

图 2-11　　　图 2-12　　　图 2-13　　　图 2-14

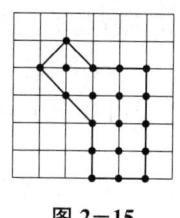

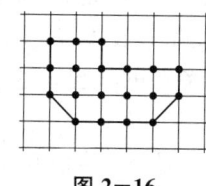

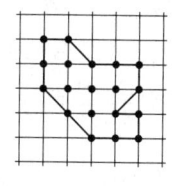

图 2-15　　　　　　图 2-16　　　　　　图 2-17

解答角度 3　规律探索法

这里选定比较特殊的"格点多边形".

(1) "格点长方形".

当 $N=0$，$L=4$ 时，$S=1$.

当 $N=0$，$L=6$ 时，$S=2$.

当 $N=0$，$L=8$ 时，$S=3$.

猜测：在 $N=0$ 的情形下，L 增加 2，S 增加 1，根据规律猜测 $S=aN+\dfrac{L}{2}-1$.

选定一个"格点正方形"：$N=1$，$L=8$ 时，$S=4$，于是 $4=a\times 1+\dfrac{8}{2}-1$，得 $a=1$.

故 $S=N+\dfrac{L}{2}-1$，于是当 $N=5$，$L=14$ 时，$S=11$.

(2) "格点长方形".

当 $N=0$，$L=4$ 时，$S=1\to 1=1\times 0+\dfrac{4}{2}-1$.

当 $N=1$，$L=8$ 时，$S=4\to 4=1\times 1+\dfrac{8}{2}-1$.

当 $N=4$，$L=12$ 时，$S=9\to 9=1\times 1+\dfrac{8}{2}-1$.

当 $N=9$，$L=16$ 时，$S=16\to 16=1\times 9+\dfrac{16}{2}-1$.

猜测：$S=N+\dfrac{L}{2}-1$. 于是当 $N=5$，$L=14$ 时，$S=11$.

立意 3　彰显文化

皮克公式也称为皮克定理，由皮克在 1899 年给出，是最重要的 100 个数学定理之一. 皮克公式介绍了点阵多边形面积、内部格点数目、边上格点数目的关系：$S=N+\dfrac{L}{2}-1$. 其中，N 表示多边形内部的点数，L 表示多边形边界上的点数，S 表示多边形的面积. 皮克公式是著名而有趣的数学问题，以皮克公式为依托命制试题有利于向考生介绍数学史实、渗透（或传递）数学文化，在无形中增加了人文气息和数学底蕴，同时让学生在探究中重温数学家皮克的发现之路，感受数学的乐趣和魅力.

二、问题分析

本例仅仅涉及列、解三元一次方程组，运算量不大，无须特殊技巧，弄清题意后很快就能解答，应该不算一道难题. 但令人惊讶的是，此题（成都市六城区）平均得分约 1.2 分，难度系数约 0.3. 众所周知，难度系数在 0.3 以下的题目，一般不宜作为中考试题. 换句话说，本例几乎达到了不宜作为考题的状况，这就出现了一道好题不宜作为考题的矛盾.

平均得分约 1.2 分，意味着较大一部分学生没有完成送分的第 1 空，而解答第 1 空只需理解新定义即可. 问题出在哪里呢？考后我们访谈了一些考生，其中一些得 0 分的考生的感受：①23 题题干文字太多，没有看下去的勇气；②看完题后不知道题目说的是什么意思. 一些得 2 分的考生的感受：做第 2 空时，没有想到通过画一个格点多边形建立方程组. 经过分析，我们认为考生丢分的深层原因是阅读能力、探究能力的缺失. 是什么原因造成阅读能力、探究能力的缺失呢？

从目前初中数学教学的角度来看，课堂教学的主要任务是范例的讲解与大量题目的演练，教师比较重视学生对基本知识的记忆与重复，忽略学生对数学本质的体验与理解；重视学生对题型—套路—题型的识别，忽略学生对数学思想、方法的总结与提炼；重视学生对具体问题的解决，忽略学生对新情景、新问题的处理. 从学生的学习方式来看，数学课堂的基本模式是"教师讲—学生听—学生记""教师示范例题—学生模仿练习—学生记忆基本例型". 本例对于广大考生来说是全新的，在教师的"猜题押宝""套路训练""题海战术"中从未见过，学生无法在大脑储存中找到匹配的解答模式.

三、教学启示

1. 研究教材

教材是教学活动的重要资源，是执行课程标准、体现课改精神的载体，是众多教育专家及一线教育工作者智慧的结晶. 从历年中考试卷可以发现，每年都有一部分试题直接源于教材. 23 题由命题者选用教材中"读一读"栏目中皮克公式命制而成，这有让教师回归教材、研究教材之意图. 我们认为研究教材分为三个层次，即读懂教材、用好教材、用活教材. 研究教材可以从以下方面入手：

（1）梳理教材知识脉络、编排顺序，厘清章节间的联系.

（2）理解编者的意图，领会章节设置、引入、例题、习题、阅读材料、旁白等的编写意图.

（3）分化教材难点，突破教材重点.

（4）研究例题、习题的变式和拓展.

2. 改进教学方式

《课标2011》倡导"积极思考、合作交流、动手实践、自主探索的学习方式"[①]."学习金字塔"理论表明：不同的学习方式得到的学习效果区别很大，位于塔尖的是学生单凭阅读或听老师讲授，效果最差（保持10%）；位于塔基的是学生动手参与和给别人讲授，

---

① 中华人民共和国教育部. 义务教育数学课程标准（2011年版）[M]. 北京：人民教育出版社，2011.

效果最好（保持90%）. 可见，"教师讲—学生听—学生记""教师示范例题—学生模仿练习—学生记忆基本例型"是信息单向传递的教学模式，学习效果低下. 因此，数学教学中教师应让单向信息传递的教学模式"动"起来. 我们认为，在教学中应建立多元互动机制，让信息在教师与学生、学生与学生中流动起来. 首先，教师应精心设置教学内容、知识呈现形式、问题讲解方式，激发学生持续的学习热情和欲望，引发他们的行为参与、认知参与和情感参与；其次，教师应重视师生之间的相互合作、相互沟通，充分发挥学生的主体地位，还课堂、时间、话语权于学生，引导学生之间充分交流，从而在师生对话、生生对话的过程中达成"互识"和"共识". [1]

3. 重视能力培养

（1）加强阅读能力培养.

阅读，字典的解释是"看文字并理解它的意思". 阅读属于信息输入加工形式，是人类汲取知识、认识世界、可持续发展能力的一个重要方式. 而数学阅读是指学生根据已有的知识和经验，通过阅读数学材料（数学公式、方法、图形、符号、文字等）汲取信息，建构数学意义和方法的心理和智力过程. 数学阅读过程是一个完整的心理活动过程，包含语言符号的感知和认读，新概念的同化和顺应，阅读材料的理解和记忆等各种心理活动因素. 同时它也是一个不断假设、证明、想象、推理的积极能动的认知过程.《课标 2011》强调注重学生数学阅读能力的培养，提倡阅读自学的数学学习方式. [2] 通过数学阅读，可以促进学生数学语言水平（符号语言、图形语言、文字语言）、认知水平的发展. 从本例解答的情况来看，很大一部分学生害怕数学阅读，缺乏阅读的勇气和信心；另一部分学生能坚持读完试题，但不能有效地汲取信息，理解和内化试题的意义，这都说明了阅读能力的缺乏. 因此，教师在教学中要有阅读是一种能力的理念，充分利用教学中的一切资源（如教材中的阅读材料、数学史话以及数学科普读物等），有意识地强化学生阅读能力的培养.

（2）加强探究能力培养.

按《现代汉语大词典》的解释，探究是指"探索研究"，即努力找出答案、解决问题.《辞海》对探究的解释是"深入探讨，反复研究". 布鲁纳说："探索是数学的生命线."《课标 2011》中用很大的篇幅提到"数学探究"，即数学探究性课题学习，是指学生围绕某个数学问题，自主探究、学习的过程. 这个过程包括观察分析数学事实，提出有意义的数学问题，猜测、探究适当的数学结论或规律，给出解释或证明. 倡导"积极主动、勇于探索的学习方式"是《课标 2011》的一个基本理念. 在本例的解答中，部分学生没有通过动手画"格点多边形"来探索试题解答的意识，更缺乏通过逐步调整画出满足题意（$N=5$，$L=14$）的图形的想法. 因此，教师在教学中要加强对学生探究能力的培养. 教师可以以问题为引领，以特殊到一般为指导思想，以猜想、类比、评价、阅读和实践操作为基本方法，加强对学生探究能力的培养. [3]

---

[1] 刘成龙. 由一个物理问题引起的探究性学习 [J]. 中学数学教学参考（中旬），2013（7）：11-14.
[2] 中华人民共和国教育部. 义务教育数学课程标准（2011年版）[M]. 北京：人民教育出版社，2011.
[3] 刘成龙. 高考数学探究性试题简析 [J]. 中学数学研究（江西），2011（11）：29-32.

第 3 章　研究中考数学试题的背景

试题背景指命题时选取素材中含有的知识、模型、问题、文化、思想和方法等[1]. 试题的背景凸显试题的立意, 引领试题编拟的方向. 常见的试题背景有现实背景、教材背景、高考背景、高等数学背景、竞赛背景、数学史背景等[2].

案例 3　中考数学命题选材的几种视角

中考数学命题选材是指中考试题命制时选取的素材. 素材在命题中具有重要作用, 可以引领试题的编拟方向, 体现命题者的价值取向. 对中考试题选材进行研究, 可以充分认识试题背景、把握试题本质、拓宽试题解法、理解试题的设问方式、强化试题变式. 同时, 对试题选材进行研究还有助于领悟中考命题动态, 把握中考命题规律, 增加中考复习的针对性, 减少盲目性和随意性. 总之, 研究中考试题选材对理解中考试题有利, 对复习备考有益. 我们结合近年来的中考试题, 从七个视角分析中考数学命题选材.

一、初中教材视角

《义务教育教科书·数学》(以下简称数学教材) 是众多数学专家和数学教育工作者依据数学课程标准编制的系统反映学科内容的教学用书, 是课程标准的具体化, 是连接课程方案与教学实践的枢纽[3], 是实现课程目标、实施教学计划的重要资源[4], 具有示范性、典型性和权威性. 数学教材承载着知识、能力、活动经验和思想方法, 蕴含了问题解决的一般策略. 实践表明, 教材中的例题、习题、阅读材料、图片等是中考命题的"聚宝盆", 并且以教材为蓝本命制中考试题体现了考试评价的公平性[5].

【例 3-1】(2014 年成都 23 题) 见第 2 章例 2-2.

【评注】本例选材于北师大版数学教材七年级下册第 4 页"读一读"栏目, 如图 3-1 所示.

---

[1] 薛世林, 刘成龙. 2016 年四川卷理科 21 题的多角度分析 [J]. 福建中学数学, 2017 (4): 4-6.
[2] 刘成龙, 余小芬. 高考数学命题的选材研究 [J]. 考试 (高考数学版), 2010 (5): 44-47.
[3] 吴立宝, 曹一鸣, 秦华. 钻研教材的几个视角 [J]. 中学数学教学参考 (中旬), 2013 (8): 3-6.
[4] 浦叙德. 初中数学教材解读的几个视角 [J]. 中学数学教学参考 (中旬), 2016 (11): 61-63.
[5] 黄祥勇, 邱声誉. 掘金教材内容　拾贝精彩试题——从 2016 年四川省成都市中考第 24 题说起 [J]. 中国数学教育 (初中版), 2017 (5): 37-40.

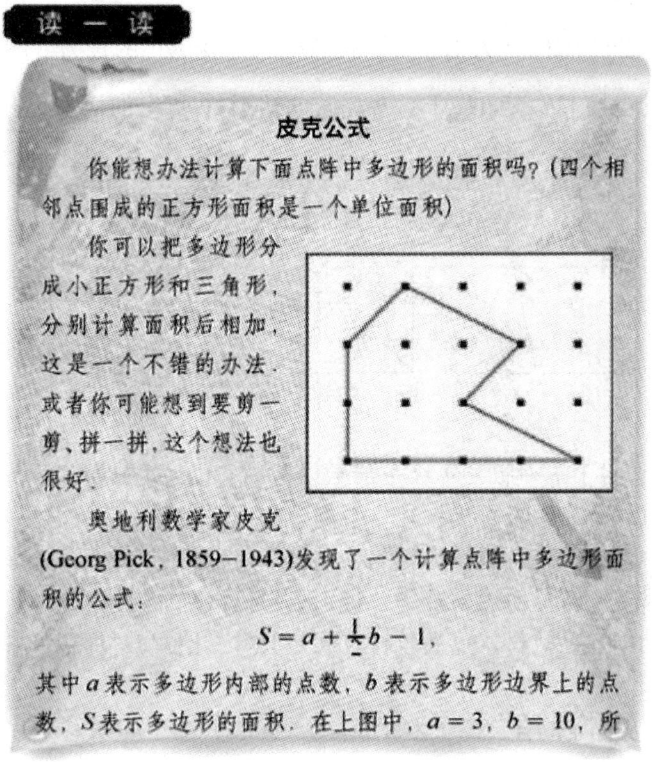

第 3 章　研究中考数学试题的背景

> **读一读**
>
> **皮克公式**
>
> 你能想办法计算下面点阵中多边形的面积吗？（四个相邻点围成的正方形面积是一个单位面积）
>
> 你可以把多边形分成小正方形和三角形，分别计算面积后相加，这是一个不错的办法．或者你可能想到要剪一剪、拼一拼，这个想法也很好．
>
> 奥地利数学家皮克(Georg Pick，1859—1943)发现了一个计算点阵中多边形面积的公式：
>
> $$S = a + \frac{1}{2}b - 1,$$
>
> 其中 a 表示多边形内部的点数，b 表示多边形边界上的点数，S 表示多边形的面积．在上图中，$a=3$，$b=10$，所

图 3-1

命题者以皮克公式为背景，通过设置新概念、新情境，让学生在特例下感知 S，N，L 之间的关系，再给出 $S=aN+bL+c$，让学生通过方程组解答出 $a=1$，$b=\dfrac{1}{2}$，$c=-1$，进而探究出皮克公式 $S=N+\dfrac{L}{2}-1$．[①] 显然，本例有引导教师在教学活动中重视教材、回归教材、发掘教材之意．

【例 3-2】（**2019 年长春 22 题**）教材呈现：图 3-2 是华师版九年级上册数学教材第 78 页的部分内容．

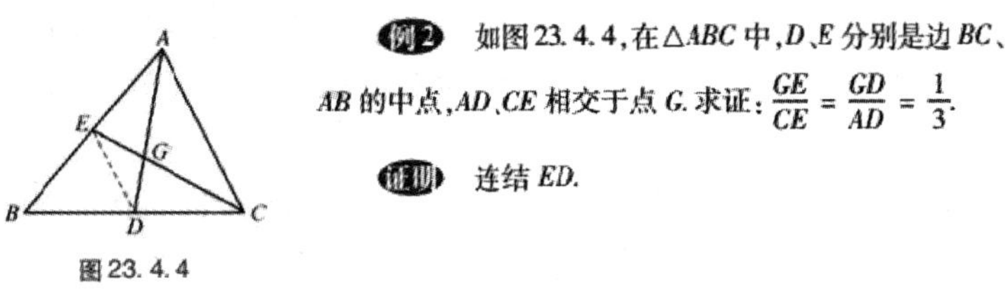

> **例 2** 如图 23.4.4，在 $\triangle ABC$ 中，D、E 分别是边 BC、AB 的中点，AD、CE 相交于点 G．求证：$\dfrac{GE}{CE}=\dfrac{GD}{AD}=\dfrac{1}{3}$．
>
> **证明** 连结 ED．
>
> 图 23.4.4

图 3-2

请根据教材提示，结合图①写出完整的证明过程．

结论应用：在 $\square ABCD$ 中，对角线 AC，BD 交于点 O，点 E 为边 BC 的中点，AE，

[①] 刘成龙，黄祥勇. 2014 年中考成都卷第 23 题分析及启示 [J]. 中学数学（初中版），2015（1）：40—43.

BD 交于点 F.

(1) 如图②，若□$ABCD$ 为正方形，且 $AB=6$，则 OF 的长为_____.

(2) 如图③，连接 DE 交 AC 于点 G，若四边形 $OFEG$ 的面积为 $\dfrac{1}{2}$，则□$ABCD$ 的面积为_____.

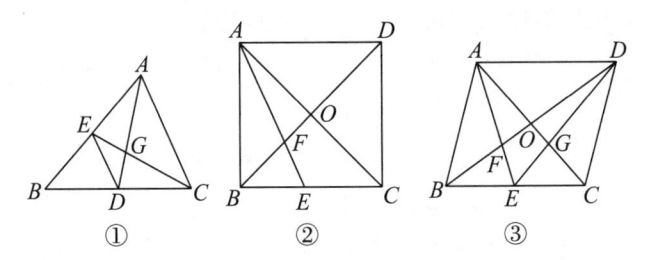

【评注】本例选材于华师版九年级上册数学教材第 78 页例 2，充分体现了源于教材、高于教材的命题思路．命题者直接将教材中例题的证明过程作为问题呈现在试卷中，体现了立足教材的基本理念；将例题作为"二手结论"，例题中所涉及的基本方法运用于新问题的解决之中，体现了教材使用的升华．特别指出，试题命制选材于数学教材，有利于引导教师在教学活动中立足教材、重视教材、回归教材、挖掘教材以及创造性地使用教材．

二、高中教材视角

中考具有学业水平测评和选拔学生进入高一级学校学习的双重功能．因此，试题命制时既要关注测评功能的设置，又要注重选拔功能的渗透．其中，体现选拔功能的试题中有部分试题注重对初高中知识衔接的考查，因此高中数学为这一类试题的命制提供了广阔的空间．命题者将高中数学的一些概念、定理、法则、公式等初中化（用初中数学知识内容包装、初中试题命制技术设置）处理，命制出具有高中数学背景的试题．这一类试题往往对学生的思维能力和创新能力要求较高，能有效检验学生是否具备进入高中学习的潜质．

【例 3-3】（2019 年安顺 22 题）阅读以下材料：对数的创始人是苏格兰数学家纳皮尔（J. Nplcr，1550—1617 年），纳皮尔发明对数是在指数书写方式之前，直到 18 世纪瑞士数学家欧拉（Euler，1707—1783 年）才发现指数与对数之间的联系．

对数的定义：一般地，若 $a^x=N$（$a>0$ 且 $a\neq 1$），那么 x 叫作以 a 为底 N 的对数，记作 $x=\log_a N$，比如指数式 $2^4=16$ 可以转化为对数式 $4=\log_2 16$，对数式 $2=\log_5 25$ 可以转化为指数式 $5^2=25$.

我们根据对数的定义可得到对数的一个性质：$\log_a(M\cdot N)=\log_a M+\log_a N$（$a>0$，$a\neq 1$，$M>0$，$N>0$），理由如下：设 $\log_a M=m$，$\log_a N=n$，则 $M=a^m$，$N=a^n$，所以 $M\cdot N=a^m\cdot a^n=a^{m+n}$. 由对数的定义，得 $m+n=\log_a(M\cdot N)$. 又 $m+n=\log_a M+\log_a N$，所以 $\log_a(M\cdot N)=\log_a M+\log_a N$.

根据阅读材料，解决以下问题：

(1) 将指数式 $3^4=81$ 转化为对数式_____；

(2) 求证：$\log_a \dfrac{M}{N}=\log_a M-\log_a N$（$a>0$，$a\neq 1$，$M>0$，$N>0$）；

(3) 拓展运用：计算 $\log_6 9 + \log_6 8 - \log_6 2 = $ _____ .

【评注】 本例选材于人教版高中数学必修一第 62 页．从试题设置上看，本例以对数定义及运算性质为素材，以阅读材料的形式展示给学生一个全新的问题情景；从试题立意来看，本例考查学生逻辑推理素养和数学运算素养；从试题解答来看，学生需要经历信息输入—加工—输出的过程，需要自主探究和主动建构，呈现出研究性学习的特点．

【例 3-4】（2019 年张家界 19 题）阅读下面的材料：按照一定顺序排列的一列数称为数列，数列中的每一个数称为这个数列的项．排在第 1 位的数称为第 1 项，记为 a_1，排在第 2 位的数称为第 2 项，记为 a_2，依次类推，排在第 n 位的数称为第 n 项，记为 a_n．所以，数列的一般形式可以写成：a_1，a_2，a_3，…，a_n，….

一般地，如果一个数列从第 2 项起，每一项与它前一项的差等于同一个常数，那么这个数列叫作等差数列，这个常数叫作等差数列的公差，公差通常用 d 表示．如数列 1，3，5，7，…为等差数列，其中 $a_1 = 1$，$a_4 = 7$，公差为 $d = 2$.

根据以上材料，解答下列问题：

(1) 等差数列 5，10，15，…的公差 d 为 _____，第 5 项是 _____．

(2) 如果一个数列 a_1，a_2，a_3，…，a_n，…是等差数列，且公差为 d，那么根据定义可得到：

$a_2 - a_1 = d$，$a_3 - a_2 = d$，$a_4 - a_3 = d$，…，$a_n - a_{n-1} = d$，…

所以

$a_2 = a_1 + d$，
$a_3 = a_2 + d = (a_1 + d) + d = a_1 + 2d$，
$a_4 = a_3 + d = (a_1 + 2d) + d = a_1 + 3d$，
……

由此，请你填空完成等差数列的通项公式：$a_n = a_1 + ($ _____ $)d$．

(3) -4041 是不是等差数列 -5，-7，-9，…的项？如果是，是第几项？

【评注】 本例选材于人教 A 版高中数学必修五．本例以数列及等差数列定义为素材，以阅读材料的形式展示给学生一个全新的问题情景，主要考查学生的归纳能力、合情推理能力，着力于发展学生的推理素养和运算素养．从试题解答来看，本例涉及数列、项、项数、项的记法、等差数列等多个新的概念，学生需要经历学习概念—内化概念—运用概念，需要自主探究和主动建构，呈现出研究性学习的特点．总之，本例命题者取材于高中教材，有重视初高中衔接、考查学生是否具有进入高一级学校学习的潜质之意．

【例 3-5】（2020 年凉山 27 题）如图 3-3 所示，$\odot O$ 的半径为 R，其内接锐角三角形 ABC 中，$\angle A$，$\angle B$，$\angle C$ 所对的边分别是 a，b，c．

(1) 求证：$\dfrac{a}{\sin A} = \dfrac{b}{\sin B} = \dfrac{c}{\sin C} = 2R$；

(2) 若 $\angle A = 60°$，$\angle C = 45°$，$BC = 4\sqrt{3}$，利用（1）的结论求 AB 的长和 $\sin B$ 的值．

图 3-3

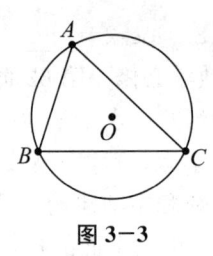

【评注】本例选材于高中人教 A 版教材必修五第 3 页. 命题者以正弦定理为素材，着重考查学生的数学推理能力. 同时，本例引导教师在初中数学教学中既要关注初中知识的学习，又要关注后续知识的发展，即注重初高中的衔接. 当然，尽管本例含有高中数学背景，但运用初中数学知识就能获得解答，这就是所谓的"高中背景，初中解法". 因此，在初中数学的教学中教师不需要刻意补充高中数学知识，否则会加重学生的负担.

三、中考数学视角

改编是中考命题的重要手段. 一般来说，一份中考试卷中原创的试题很少，通过改编命制而成的试题占有较大比重. 大多数中考试题立意深刻、背景新颖、设计巧妙，具有典型性、示范性和研究性，是中考命题的最佳"参照物"，自然而然成为试题改编原型的首选素材. 命题实践显示，部分中考试题的变式、推广衍生出的新问题再次成为中考试题. 因此，历年中考试题成为中考命题最重要的素材，这也为以中考试题为蓝本展开初三复习提供了依据.

【例 3-6】（2016 年凉山 27 题）如图 3-4 所示，已知四边形 $ABCD$ 内接于 $\odot O$，点 A 是 $\overset{\frown}{BDC}$ 的中点，$AE \perp AC$ 于点 A，与 $\odot O$ 及 CB 的延长线交于点 F，E，且 $BF = AD$.

(1) 求证：$\triangle ADC \backsim \triangle EBA$；

(2) 如果 $AB = 8$，$CD = 5$，求 $\tan \angle CAD$ 的值.

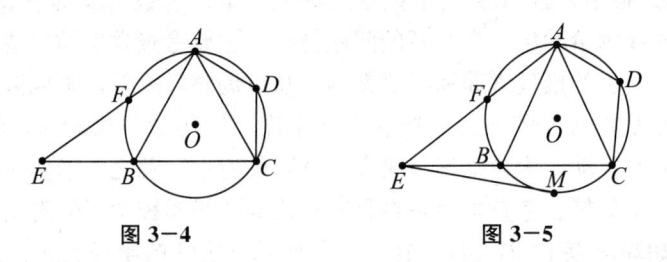

图 3-4　　　　图 3-5

【评注】本例选材于例 3-7.

【例 3-7】（2005 年温州 24 题）如图 3-5 所示，已知四边形 $ABCD$ 内接于 $\odot O$，点 A 是 $\overset{\frown}{BDC}$ 的中点，$AE \perp AC$ 于点 A，与 $\odot O$ 及 CB 的延长线交于点 F，E，且 $BF = AD$. EM 切 $\odot O$ 于点 M.

(1) 求证：$\triangle ADC \backsim \triangle EBA$；

(2) 求证：$AC^2 = \dfrac{1}{2} BC \cdot CE$；

(3) 如果 $AB = 2$，$EM = 3$，求 $\cot \angle CAD$ 的值.

【例 3−8】 （2013 年德阳 24 题）如图 3−6 所示，在平面直角坐标系中有一矩形 $ABCO$（O 为原点），点 A，C 分别在 x 轴、y 轴上，且点 C 坐标为 $(0，6)$；将 $\triangle BCD$ 沿 BD 折叠（点 D 在 OC 边上），使点 C 落在 OA 边的点 E 上，并将 $\triangle BAE$ 沿 BE 折叠，恰好使点 A 落在 BD 边的点 F 上．

(1) 求 BC 的长，并求折痕 BD 所在直线的函数解析式；

(2) 过点 F 作 $FG \perp x$ 轴，垂足为点 G，FG 的中点为点 H，若抛物线 $y = ax^2 + bx + c$ 经过 B，H，D 三点，求抛物线的函数解析式；

(3) 点 P 是矩形内部的点，且点 P 在（2）中的抛物线上运动（不含点 B，D），过点 P 作 $PN \perp BC$，分别交 BC 和 BD 于点 N，M，是否存在这样的点 P，使 $S_{\triangle BNM} = S_{\triangle BPM}$？如果存在，求出点 P 的坐标；如果不存在，请说明理由．

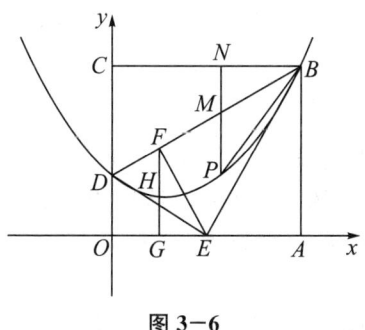

图 3−6

【评注】 本例选材于例 3−9．

【例 3−9】（2010 年珠海 22 题）如图 3−7 所示，平面直角坐标系中有一矩形 $ABCO$（O 为原点），点 A，C 分别在 x 轴、y 轴上，且点 C 坐标为 $(0，6)$；将 $\triangle BCD$ 沿 BD 折叠（点 D 在 OC 边上），使点 C 落在 OA 边的点 E 上，并将 $\triangle BAE$ 沿 BE 折叠，恰好使点 A 落在 BD 边的点 F 上．

(1) 直接写出 $\angle ABE$，$\angle CBD$ 的度数，并求折痕 BD 所在直线的函数解析式；

(2) 过点 F 作 $FG \perp x$ 轴，垂足为点 G，FG 的中点为点 H，若抛物线 $y = ax^2 + bx + c$ 经过 B，H，D 三点，求抛物线的函数解析式；

(3) 若点 P 是矩形内部的点，且点 P 在（2）中的抛物线上运动（不含点 B，D），过点 P 作 $PN \perp BC$，分别交 BC 和 BD 于点 N，M，设 $h = PM - MN$，试求出 h 与点 P 横坐标 x 的函数解析式，并画出该函数的简图，分别写出使 $PM < NM$，$PM = NM$，$PM > NM$ 成立的 x 的取值范围．

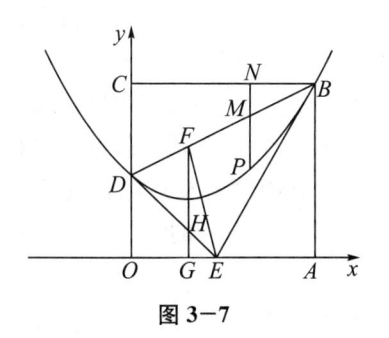

图 3−7

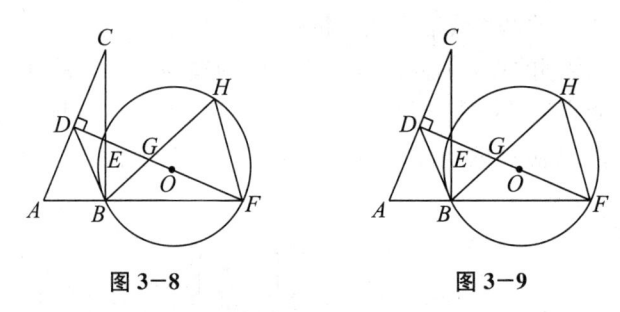

【例 3-10】（2015 年成都 20 题）如图 3-8 所示，在 Rt△ABC 中，∠ABC=90°，AC 的垂直平分线分别与 AC，BC 及 AB 的延长线相交于点 D，E，F，且 BF=BC，⊙O 是△BEF 的外接圆，∠EBF 的平分线交 EF 于点 G，交⊙O 于点 H，连接 BD.

(1) 求证：△ABC≌△EBF；

(2) 试判断 BD 与⊙O 的位置关系，并说明理由；

(3) 若 AB=1，求 HG·HB 的值.

图 3-8   图 3-9

【例 3-11】（2016 年内江 21 题）如图 3-9 所示，在 Rt△ABC 中，∠ABC=90°，AC 的垂直平分线分别与 AC，BC 及 AB 的延长线相交于点 D，E，F，且 BF=BC，⊙O 是△BEF 的外接圆，∠EBF 的平分线交 EF 于点 G，交⊙O 于点 H，连接 BD.

(1) 求证：△ABC≌△EBF；

(2) 试判断 BD 与⊙O 的位置关系，并说明理由；

(3) 若 AB=1，求 HG·HB 的值.

【评注】 不难发现，例 3-6 与例 3-7、例 3-8 与例 3-9 立意相同、背景相同、设问相同、解法相同、叙述基本相同，例 3-11 直接照抄例 3-10. 显然，命题者对例 3-7、例 3-9 进行适度改编分别得到了例 3-6、例 3-8，因此，例 3-7、例 3-9、例 3-10 分别为例 3-6、例 3-8、例 3-11 的原型. 顺便指出，在试题的改编中要注意改变后新试题与原试题在形式、内涵、解答方法等方面的传承性和发展性，以及改编后新试题要具备严谨性、科学性、合理性和有效性，杜绝"拿来主义"、粗制滥造.

四、高考数学视角

《课标 2011》指出："试题的改编要立足基础，在原有试题的基础上适度创新，合理匹配试题的主要考查目标，并在试题设计上力求创新."[①] 对试题进行改编是试题利用最基本、最快捷的方式，初中数学教师不仅要研究中考数学试题，而且要研究高考数学试题，教师要站在高观点、高水平下看待中考.

【例 3-12】（2013 年湖北文 17 题）在平面直角坐标系中，若点 $P(x, y)$ 的坐标 x，y 均为整数，则称点 P 为格点. 若一个多边形的顶点全是格点，则称该多边形为格点多边形. 格点多边形的面积记为 S，其内部的格点数记为 N，边界上的格点数记为 L. 例如，图 3-10 中△ABC 是格点三角形，对应的 $S=1$，$N=0$，$L=4$.

---

① 中华人民共和国教育部. 义务教育数学课程标准（2011 年版）[M]. 北京：人民教育出版社，2011.

（Ⅰ）图中格点四边形 DEFG 对应的 S，N，L 分别是_____；

（Ⅱ）已知格点多边形的面积可表示为 $S=aN+bL+c$，其中 a，b，c 为常数．若某格点多边形对应的 $N=71$，$L=18$，则 $S=$_____（用数值作答）．

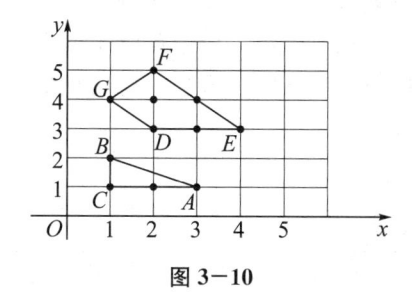

图 3-10

【例 3-13】（2014 年成都 23 题）见例 2-2．

【评注】 命题者保留了高考试题的主要框架，做出了符合初中生学情的一些改编，把高考试题中的"$N=71$，$L=18$"改编成"$N=5$，$L=14$"，这里表面上仅仅是数据相对减小，实质上数据较小是命题者故意为之，笔者猜测其意图是设置试题解法的多样性，使数学学习优秀或图形方面直觉较强的学生可以直接通过画出满足题意的图形解答试题（数据较大则很难直接画出满足题意的图形）．[①]

五、竞赛数学视角

竞赛数学是伴随数学竞赛的开展而产生的一门新兴数学教育课程[②]．竞赛数学是介于初等数学与高等数学之间的数学，它以解决问题为主要手段，以传播高等数学的思想、方法为使命，为初等数学注入新鲜血液[③]．正如张景中院士所说："历年的数学竞赛活动为数学问题不断注入新鲜的血液，时常将数学学术形态转化为教学形态．早期部分国际数学奥林匹克竞赛试题进入教材成为例题或习题，由此可见竞赛数学和教学数学的关系非同一般．"[④] 显然，竞赛数学和中学课堂教学并不对立，并且竞赛数学可以扎根在中学课堂教学中[⑤]．比如，数学竞赛在思想方法、思维训练和品格育人等方面的功能可以渗透到中学课堂．从历年命题来看，竞赛数学中的问题、思想和方法已悄然进入中考试卷．

【例 3-14】（2019 年随州 15 题）如图 3-11 所示，矩形 OABC 的顶点 A，C 分别在 y 轴、x 轴的正半轴上，D 为 AB 的中点，反比例函数 $y=\dfrac{k}{x}$（$k>0$）的图像经过点 D，且与 BC 交于点 E，连接 OD，OE，DE，若 △ODE 的面积为 3，则 k 的值为_____．

【评注】 本例的原型是 2011 年全国初中数学竞赛第 8 题：如图 3-12 所示，双曲线

[①] 刘成龙，黄祥勇. 2014 年中考成都卷第 23 题分析及启示 [J]. 中学数学（初中版），2015（1）：40-43.
[②] 刘叔才. 论竞赛数学及其教育价值 [J]. 中国教师，2007（8）：25-27.
[③] 徐章韬. 再谈竞赛数学的根在何处——兼评 2010 年江西高考理科数学压轴题 [J]. 中学数学研究，2011（9）：33-35.
[④] 朱华伟. 从数学竞赛到竞赛数学 [M]. 北京：科学出版社，2009.
[⑤] 刘叔才. 论竞赛数学及其教育价值 [J]. 中国教师，2007（8）：25-27.

$y=\dfrac{2}{x}$ ($x>0$) 与矩形 $OABC$ 的边 BC, BA 分别交于点 E, F, 且 $AF=BF$, 连接 EF, 则 $\triangle OEF$ 的面积为_____.

可见，命题者通过逆向设置（将已知面积求 k 改造为已知 k 求面积）命制了本例. 特别指出，选材于竞赛试题时要注意三点：①要隐藏所命制新试题的竞赛数学背景；②要控制所命制新试题的难度；③所命制新试题在解法上要回避竞赛数学的技巧和套路. 否则会影响试题信度、效度和区分度.

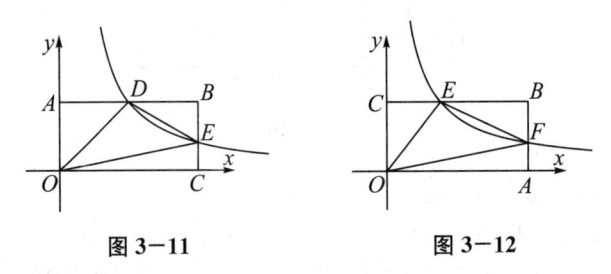

图 3-11   图 3-12

【例 3-15】（2018 年娄底 12 题）已知 $[x]$ 表示不超过 x 的最大整数. 例如，$[3.9]=3$，$[-1.8]=-2$. 令关于 k 的函数 $f(k)=\left[\dfrac{k+1}{4}\right]-\left[\dfrac{k}{4}\right]$（$k$ 是正整数）. 若 $f(3)=\left[\dfrac{3+1}{4}\right]-\left[\dfrac{3}{4}\right]=1$，则下列结论错误的是（　　）.

A. $f(1)=0$　　　　　　　　　　B. $f(k+4)=f(k)$

C. $f(k+1)\geqslant f(k)$　　　　　　D. $f(k)=0$ 或 1

【例 3-16】（2020 年乐山 16 题）我们用符号 $[x]$ 表示不大于 x 的最大整数. 例如，$[1.5]=1$，$[-1.5]=-2$. 那么：

(1) 当 $-1<[x]\leqslant 2$ 时，x 的取值范围是_____；

(2) 当 $-1\leqslant x<2$ 时，函数 $y=x^2-2a[x]+3$ 的图像始终在函数 $y=[x]+3$ 的图像下方，则实数 a 的范围是_____.

【评注】本例选材于竞赛数学中的高斯函数. 下面介绍高斯函数的定义和常见性质.

设 x 是任意实数，不超过 x 的最大整数称为高斯函数，记为 $[x]$. 对任意实数 x, y, 有：

(1) $[x]\leqslant x<[x]+1$，$x-1<[x]\leqslant x$；

(2) $[x]-[y]=[x-y]$ 或 $[x-y]+1$；

(3) $[x+y]-1\leqslant [x]+[y]\leqslant [x+y]$，其中等号有且仅有一个成立；

(4) $[-x]=\begin{cases}-[x]-1, & \text{当 } x \text{ 不是整数时}\\ -[x], & \text{当 } x \text{ 是整数时}\end{cases}$

本例以高斯函数的定义和性质 (1)、(3) 为素材命制而成.

【例 3-17】（2020 年重庆 26 题）如图 3-13 所示，在 $\text{Rt}\triangle ABC$ 中，$\angle BAC=90°$，$AB=AC$，点 D 是 BC 边上一动点，连接 AD，把 AD 绕点 A 逆时针旋转 $90°$，得到 AE，连接 CE，DE. 点 F 是 DE 的中点，连接 CF.

(1) 求证：$CF=\dfrac{\sqrt{2}}{2}AD$；

(2) 如图 3-14 所示，在点 D 运动的过程中，当 $BD=2CD$ 时，分别延长 CF，BA，相交于点 G，猜想 AG 与 BC 存在的数量关系，并证明你猜想的结论；

(3) 在点 D 运动的过程中，在线段 AD 上存在一点 P，使 $PA+PB+PC$ 的值最小. 当 $PA+PB+PC$ 取得最小值时，AP 的长为 m，请直接用含 m 的式子表示 CE 的长.

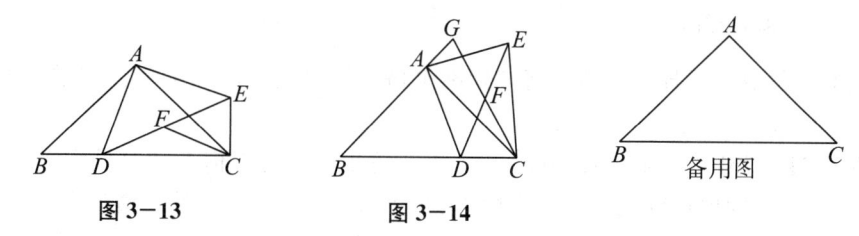

图 3-13　　　图 3-14　　　备用图

【评注】 本例含有竞赛数学中的费马点背景.

费马点定义：三角形内到三个顶点的距离之和最小的点. 它是由皮耶·德·费马发现的，因而称之为费马点. 费马点的结论：①对于一个各角不超过 120° 的三角形，费马点是对各边的张角都是 120° 的点；②若三角形有一个内角大于等于 120°，则此钝角的顶点就是距离之和最小的点.

解答例 3-17（3）需要找出 Rt△BAC 的费马点 P 的准确位置，本质上是考查费马点的结论①.

六、现实情景视角

恩格斯认为数学是研究现实生活中数量关系和空间形式的科学，罗巴切夫斯基指出不管数学的任一分支是多么抽象，总有一天会应用到现实世界. 从数学的产生和发展来看，数学与现实生活密不可分. 正如华罗庚先生所说："宇宙之大，粒子之微，火箭之速，化工之巧，地球之变，日用之繁，无处不用数学."《课标 2011》指出：贴近学生实际来甄选有利于学生体验与理解、思考与探索的数学课程内容[1]. 因此，教学活动中要挖掘贴近时代、贴近生活且具有意义的话题，让学生感受数学与现实的联系，用数学眼光观察世界、用数学思维思考世界、用数学语言表达世界、用数学的理性精神反思现实问题[2]. 中考命题也坚持了这一导向：通过设置现实情景，让学生利用数学概念、原理和方法解释情景中包含的现象，解决现实世界中的问题，同时让学生认识到现实世界中蕴含了丰富的数量关系和空间形式的可数学化的问题.

【例 3-18】（2016 年重庆 23 题）近期猪肉价格不断走高，引起市民与政府的高度关注，当市场猪肉的平均价格达到一定的单价时，政府将投入储备猪肉以平抑猪肉价格.

(1) 从今年年初至 5 月 20 日，猪肉价格不断走高，5 月 20 日比年初价格上涨了 60%，某市民在今年 5 月 20 日购买 2.5 千克猪肉至少要花 100 元钱，那么今年年初猪肉的最低价格为每千克多少元？

(2) 5 月 20 日猪肉价格为每千克 40 元，5 月 21 日，某市决定投入储备猪肉，并规定

---
[1] 中华人民共和国教育部. 义务教育数学课程标准（2011 年版）[M]. 北京：人民教育出版社，2011.
[2] 中华人民共和国教育部. 普通高中数学课程标准（2017 年版）[M]. 北京：人民教育出版社，2017.

其销售价格在 5 月 20 日每千克 40 元的基础上下调 $a\%$ 出售,某超市按规定价出售一批储备猪肉,该超市在非储备猪肉的价格仍为 40 元的情况下,该天的两种猪肉总销量比 5 月 20 日增加了 $a\%$,且储备猪肉的销量占总销量的 $\frac{3}{4}$,两种猪肉销售的总金额比 5 月 20 日提高了 $\frac{1}{10}a\%$,求 a 的值.

【评注】本例取材于日常生活,将"猪肉价格上涨问题"搬入考卷,向学生展示一个熟悉的生活情景.

【例 3-19】（2019 年随州 13 题）2017 年,随州学子尤东梅参加《最强大脑》节目,成功完成了高难度的项目挑战,展现了惊人的记忆力. 在 2019 年的《最强大脑》节目中,也有很多具有挑战性的比赛项目,其中《幻圆》这个项目充分体现了数学的魅力. 图 3-15 是一个最简单的二阶幻圆的模型,要求:①内、外两个圆周上的四个数字之和相等;②外圆两直径上的四个数字之和相等,则图中两空白圆圈内应填写的数字从左到右依次为_____和_____.

【评注】命题者将较受欢迎的电视节目——《最强大脑》搬入考卷,为学生展示了一个熟悉的现实情景,让人耳目一新,考生紧张的情绪得以短暂舒缓,这体现了命题者的人文关怀.

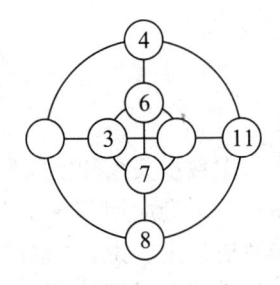

图 3-15

【例 3-20】（2019 年重庆 23 题）某小区有 50 平方米和 80 平方米两种户型的住宅,50 平方米住宅套数是 80 平方米住宅套数的 2 倍. 物管公司月底按每平方米 2 元收取当月物管费,该小区全部住宅都住人且每户均按时全额缴纳物管费.

(1) 该小区每月可收取物管费 90000 元,问该小区共有多少套 80 平方米的住宅?

(2) 为建设"资源节约型社会",该小区物管公司 5 月初推出活动一:"垃圾分类送礼物",50 平方米和 80 平方米的住户分别有 40% 和 20% 参加了此次活动. 为提高大家的积极性,6 月份准备把活动一升级为活动二:"垃圾分类抵扣物管费",同时终止活动一. 经调查与测算,参加活动一的住户会全部参加活动二,参加活动二的住户会大幅增加,这样,6 月份参加活动的 50 平方米的总户数在 5 月份参加活动的同户型户数的基础上将增加 $2a\%$,每户物管费将会减少 $\frac{3}{10}a\%$；6 月份参加活动的 80 平方米的总户数在 5 月份参加活动的同户型户数的基础上将增加 $6a\%$,每户物管费将会减少 $\frac{1}{4}a\%$. 这样,参加活动的这部分住户 6 月份总共缴纳的物管费比他们按原方式共缴纳的物管费将减少 $\frac{5}{18}a\%$,求

a 的值.

【评注】 本例取材于现实生活中的物管费. 命题者基于建设"资源节约型社会"的大背景, 将物管费和垃圾分类有机结合在一起, 为考生展示了一个熟悉的现实情景, 其意图是引导学生自觉关注身边之事、社会之事和国家之事. 同时, 本例中呈现了丰富的数量关系, 如户型的套数关系、参与活动的比例关系、参与活动前后户数的增长关系、参与活动前后物管费的增减关系等, 让学生充分体会到生活中处处有数学、数学广泛应用于生活.

【例 3-21】(2020 年乐山 22 题) 自新冠肺炎疫情暴发以来, 我国人民上下一心, 团结一致, 基本控制住了疫情. 然而, 全球新冠肺炎疫情依然严重, 境外许多国家的疫情尚在继续蔓延, 疫情防控不可松懈. 某国截至 5 月 31 日新冠病毒感染人数的扇形统计图和折线统计图如图 3-16 所示.

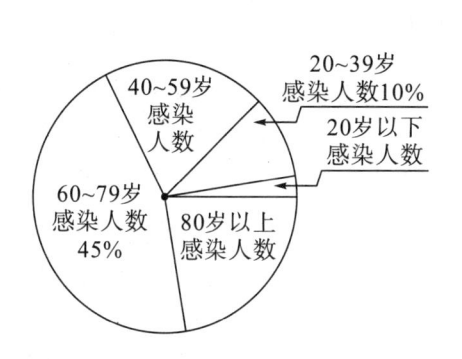

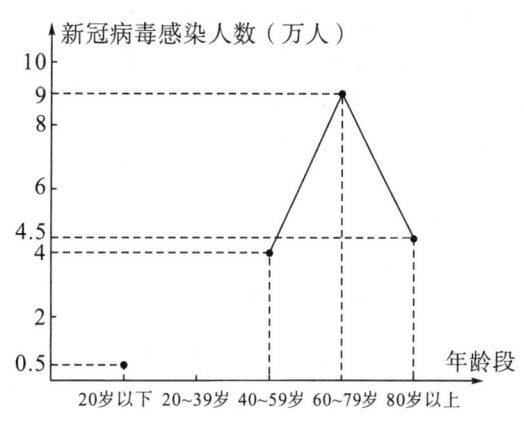

图 3-16

根据上面图表信息, 回答下列问题:

(1) 截至 5 月 31 日该国新冠肺炎感染总人数累计为_____万人, 扇形统计图中 40~59 岁感染人数对应圆心角的度数为_____;

(2) 请直接在图中补充完整该国新冠肺炎感染人数的折线统计图;

(3) 在该国所有新冠肺炎感染病例中随机地抽取 1 人, 求该患者年龄为 60 岁或 60 岁以上的概率;

(4) 若该国感染病例中从低到高各年龄段的死亡率依次为 1%、2.75%、3.5%、10%、20%, 求该国新冠肺炎感染病例的平均死亡率.

【评注】 本例以当前全世界最为关注的新冠病毒为素材, 为考生展示了一个熟悉的现实情景, 其意图是引导学生自觉关注身边之事、社会之事和国家之事. 同时, 本例用数据向学生普及新冠肺炎知识, 如易感染人群、各年龄阶段死亡率等, 让学生进一步了解新冠病毒, 充分体会到生活中处处有数学、数学广泛应用于生活. 弗赖登塔尔将数学划分为横向(水平)数学化和纵向(垂直)数学化, 其中, 横向数学化"把生活世界引向符号世界", 其产物是生成生活与数学的联系. 现实情景下的中考数学命题正是横向数学化的重要表现.

七、数学文化视角

数学文化是指数学的语言、方法、观点、思想和精神及它们的形成和发展，包括数学在人类生活、科学技术、社会发展中的贡献和意义以及与数学相关的人文活动，还包括数学家、数学史、数学美等[①]．可见，数学文化是人类文化的重要组成部分，它具有比数学知识更丰富、深邃的内涵．齐民友先生指出，一个没有相当发达数学文化的民族是注定要衰落的，一个不掌握数学作为一种文化的民族注定是要衰落的．可见，学习数学不仅是为了获取知识，而且要感受文化的浸润和熏陶，以此形成独特的数学品格．《课标2011》指出：数学文化作为教材的组成部分，应渗透在整套教材中[②]．因此，数学文化理应走进数学教学活动，融入中考数学命题．

【例 3-22】（2019 年青海 27 题）我国南宋著名数学家秦九韶在他的著作《数学九章》中提出了"三斜求积术"，"三斜"指三角形的三条边长，可以用该方法求三角形面积．若改用现代数学语言表示，其形式为：设 a，b，c 为三角形三边，S 为面积，则 $S = \sqrt{\dfrac{1}{4}\left[a^2b^2 - \left(\dfrac{a^2+b^2-c^2}{2}\right)^2\right]}$ ①，这是中国古代数学的瑰宝之一，而在文明古国古希腊，有一个数学家海伦给出了求三角形面积的另一个公式，若设 $p = \dfrac{a+b+c}{2}$（周长的一半），则 $S = \sqrt{p(p-a)(p-b)(p-c)}$ ②．

（1）尝试验证．这两个公式在表面上形式很不一致，请你以 5，7，8 为三边构成三角形，分别验证它们的面积值．

（2）问题探究．经过验证，你发现公式①和②等价吗？若等价，请给出一个一般性的推导过程（可以从①→②或者②→①）．

（3）问题引申．三角形的面积是数学中非常重要的几何度量值，很多数学家给出了不同形式的计算公式．请你证明如下这个公式：△ABC 的内切圆半径为 r，三角形三边长为 a，b，c，记 $p = \dfrac{a+b+c}{2}$，S 为三角形面积，则 $S = pr$．

【评注】本例取材于我国古代数学巨著《九章算术》．《九章算术》是一本综合性的历史著作，它总结了战国、秦、汉时期的数学成就，是世界上最早系统叙述分数运算、首次阐述负数及其加减运算法则的著作，它的出现标志中国古代数学形成了完整的体系．全书采用问题集的形式，收有 246 个与生产、生活实践有联系的应用问题，其中每道题有问、答、术．本例取材于《九章算术》，意在让学生感受古人的智慧，让学生了解我国古代数学的成就，增强文化自信和爱国主义情怀．

【例 3-23】（2020 年长沙 9 题）2020 年 3 月 14 日是人类第一个"国际数学日"，这个节日的昵称是"π(Day)"．"国际数学日"之所以定在 3 月 14 日，是因为 3.14 与圆周率的数值最接近，在古代，一个国家所算圆周率的精确程度，可以作为衡量这个国家当时数

[①] 中华人民共和国教育部. 普通高中数学课程标准（2017 年版）[M]. 北京：人民教育出版社，2017.
[②] 中华人民共和国教育部. 义务教育数学课程标准（2011 年版）[M]. 北京：人民教育出版社，2011.

学与科技发展水平的主要标志. 我国南北朝时期的祖冲之是世界上最早把圆周率的精确值计算到小数点后第七位的科学巨匠,该成果领先世界一千多年,以下对圆周率的四个表述:①圆周率是一个有理数;②圆周率是一个无理数;③圆周率是一个与圆的大小无关的常数,它等于该圆的周长与直径的比;④圆周率是一个与圆大小有关的常数,它等于该圆的周长与半径的比. 其中正确的是( )

A. ②③ B. ①③ C. ①④ D. ②④

【评注】本例是一道经典的数学文化型试题. 命题者取材于圆周率（π）,其意图有三点:①引领日常教学关注数学文化的渗透;②让学生了解中国古人在数学上的卓越成就,感受中国古人的伟大智慧,关注中国的传统文化,增强文化自信、民族自信;③激发当代学生的责任感和进取心. 需要指出的是,随着研究的深入,数学文化开始走进中小学课堂,渗入数学教学,教师要努力使学生在学习数学的过程中真正受到文化感染,产生文化共鸣,体会数学的文化品位,实现社会文化和数学文化之间的互动[①]. 因此,各地中考命题始终努力将数学文化的考查摆在重要的位置.

案例 4 含有高中数学背景中考试题的几种类型[②]

中考试题中的高中数学背景指中考命题时立足于高中数学,通过初等化处理（用初中相关知识精心设置和包装）,使得编制的试题中含有高中数学的一些知识、原理、思想、方法等,则称这些知识、问题、思想、方法等为这些试题的高中数学背景.[③] 含有高中数学背景的试题大多背景新颖,立意深刻,能够较好地考查学生的思维能力和创新意识. 在近年中考命题中,含高中数学背景的试题深受命题者的青睐,成为中考试卷中一道亮丽的风景,这些试题也逐渐成为人们关注的焦点和研究的热点. 下面对含有高中数学背景的中考试题的常见类型进行分析.

一、以高中数学概念为背景

数学概念是反映现实世界空间形式和数量关系本质属性的思维形式[④]. 毫不夸张地说,掌握了数学概念就意味着在很大程度上掌握了与数学概念相关的数学知识. 这是因为数学知识源于数学概念. 李邦和院士认为:数学根本上是玩概念的,而不是纯粹的技巧[⑤]. 中考命题者喜欢玩概念,并且善于玩概念. 具体来讲,命题者将高中数学概念作为素材,考查学生对数学概念内涵和外延的理解,或考查学生直接运用概念解决问题的能力,或考查学生运用数学概念衍生的结论解决问题的能力.

【例 3-24】（2014 年北京 25 题）对某一函数给出如下定义:若存在实数 $M>0$,对于

---

① 中华人民共和国教育部. 普通高中数学课程标准（2017 年版）[M]. 北京:人民教育出版社,2017.
② 本案例作者为刘成龙、徐明筱、钟梦圆.
③ 刘成龙,余小芬. 对含有高等数学背景的高考试题的研究[J]. 中学数学研究,2010 (3):25-28.
④ 陆书环,傅海伦. 数学教学论[M]. 北京:科学出版社,2004.
⑤ 李邦河. 数的概念的发展[J]. 数学通报,2009 (8):1-3.

任意的函数值 y，都满足 $-M \leqslant y \leqslant M$，则称这个函数是有界函数．在所有满足条件的 M 中，其最小值称为这个函数的边界值．例如，图 3-17 的函数是有界函数，其边界值是 1．

(1) 分别判断函数 $y = \dfrac{1}{x}$（$x > 0$）和 $y = x + 1$（$-4 < x \leqslant 2$）是不是有界函数，若是有界函数，求其边界值；

(2) 若函数 $y = -x + 1$（$a \leqslant x \leqslant b, b > a$）的边界值是 2，且这个函数的最大值也是 2，求 b 的取值范围；

(3) 将函数 $y = x^2$（$-1 \leqslant x \leqslant m, m \geqslant 0$）的图像向下平移 m 个单位，得到的函数的边界值是 t，当 m 在什么范围时，满足 $\dfrac{3}{4} \leqslant t \leqslant 1$？

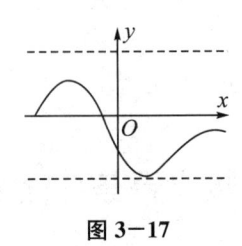

图 3-17

【评注】 本例以高中数学有界函数概念为背景，考查学生对有界函数概念的深度理解与应用．具体来讲，学生首先需要学习有界函数的概念，同时将这一新概念纳入已有的知识系统中，再运用概念，具体方法：①直接运用，即判别所给函数是否为有界函数；②间接运用，即将有界函数与最大值结合、平移与边界值结合．总之，有界函数这一概念贯穿试题的始终．

【例 3-25】（2020 年滨州 26 题）如图 3-18 所示，抛物线的顶点为 $A(h, -1)$，与 y 轴交于点 $B\left(0, -\dfrac{1}{2}\right)$，点 $F(2, 1)$ 为其对称轴上的一个定点．

(1) 求这条抛物线的函数解析式；

(2) 已知直线 l 是过点 $C(0, -3)$ 且垂直于 y 轴的定直线，若抛物线上的任意一点 $P(m, n)$ 到直线 l 的距离为 d，求证：$PF = d$；

(3) 已知坐标平面内的点 $D(4, 3)$，请在抛物线上找一点 Q，使 $\triangle DFQ$ 的周长最小，并求此时 $\triangle DFQ$ 周长的最小值及点 Q 的坐标．

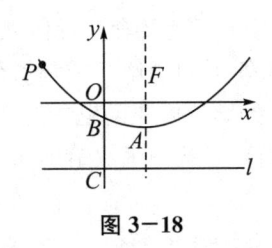

图 3-18

【评注】 本例以高中数学抛物线定义为背景：在平面内，到定点的距离等于到定直线的距离的点（点不在定直线上）的轨迹为抛物线．显然，试题中 $F(2, 1)$ 为抛物线的焦点，$l = -3$ 为抛物线的准线，(2) 中证明 $PF = d$，实际上是由抛物线定义直接命制而成，

(3)中求△DFQ周长的最小值,实际上是由抛物线定义及三点共线线段和最短编制而成.

二、以高中数学符号为背景

《课标2011》提出了十个核心词. 其中,符号意识主要指能够理解并且运用符号表示数、数量关系和变化规律,知道使用符号可以进行运算和推理,得到的结论具有一般性.[①] 显然,符号的使用是数学表达和数学思考的重要方式. 同时,符号化是数学化的命根子. 因此,在设计试题时应该关注并且体现符号意识的考查. 如何考查符号意识呢?最直接、最有效的方式就是将一些新的符号引入中考试卷,比如,引入高中数学的一些符号.

【例3-26】(2020年张家界20题)阅读下面材料:对于实数a,b,我们定义符号$\min\{a,b\}$的意义为:当$a<b$时,$\min\{a,b\}=a$;当$a\geqslant b$时,$\min\{a,b\}=b$. 例如,$\min\{4,-2\}=-2$,$\min\{5,5\}=5$.

根据上面的材料回答下列问题:

(1) $\min\{-1,3\}=$ _____;

(2) 当$\min\left\{\dfrac{2x-3}{2},\dfrac{x+2}{3}\right\}=\dfrac{x+2}{3}$时,求$x$的取值范围.

【评注】本例以高中数学中的取最小符号($\min\{a,b\}$)为素材,学生需要具备取最小符号的内涵理解、内化和认读能力. 同时,考查学生对分类讨论思想的掌握.

【例3-27】(2012年临沂19题)读一读:式子"$1+2+3+4+\cdots+100$"表示从1开始的100个连续自然数的和,由于式子比较长,书写不方便,为了简便起见,我们将其表示为$\sum_{n=1}^{100}n$,这里"$\sum$"是求和符号. 通过对以上材料的阅读,计算$\sum_{n=1}^{2012}\dfrac{1}{n(n+1)}=$ _____.

【评注】本例以高中数学求和符号为素材,充分体现了数学符号在数学表达中的优势. 特别指出,高中数学中的连乘符号$\prod$与求和符号$\sum$是一对"兄弟".

三、以高中数学公式为背景

百度百科对数学公式的解释是人们在研究自然界物与物之间时发现的一些联系,并通过一定的方式表达出来的一种表达方法. 数学中的公式很多,如周长公式、面积公式、体积公式、诱导公式、求和公式、排列公式、组合公式、积分公式等. 数学公式确切地反映了内部和外部的关系,它为数学推理提供了基本依据.

【例3-28】(2020年广元10题)规定:$\sin(-x)=-\sin x$,$\cos(-x)=\cos x$,$\cos(x+y)=\cos x\cos y-\sin x\sin y$. 给出以下四个结论:

(1) $\sin(-30°)=-\dfrac{1}{2}$;

[①] 中华人民共和国教育部. 义务教育数学课程标准(2011年版)[M]. 北京:人民教育出版社,2011.

(2) $\cos 2x = \cos^2 x - \sin^2 x$；

(3) $\cos(x-y) = \cos x \cos y + \sin x \sin y$；

(4) $\cos 15° = \dfrac{\sqrt{6}-\sqrt{2}}{4}$.

其中正确的结论的个数为(　　).

A. 1个　　　　B. 2个　　　　C. 3个　　　　D. 4个

【评注】本例取材于高中数学"三角公式"，充分考查学生对公式的理解和运用：(1)、(2) 直接使用；(3) 的推导中需要对 $\cos(x+y) = \cos x \cos y - \sin x \sin y$ 中的 y 用 $-y$ 来替换，并借助 $\cos(-x) = \cos x$ 来处理；(4) 是 (3) 的直接运用．需要指出的是，试题命制时，(2) 中的式子 $\cos^2 x - \sin^2 x$ 应改为 $\cos x \cos x - \sin x \sin x$ 或 $(\cos x)^2 - (\sin x)^2$，这是因为将 $\cos x \cos x$ 记为 $\cos^2 x$、$\sin x \sin x$ 记为 $\sin^2 x$ 可能会给初中学生带来认知障碍．

【例 3-29】（2010 年凉山 18 题）先阅读下列材料，然后回答问题：

材料 1：从 3 张不同的卡片中选取 2 张排成一列，有 6 种不同的排法，抽象成数学问题就是从 3 个不同元素中选取 2 个元素的排列，排列数为 $A_3^2 = 3 \times 2 = 6$. 一般地，从 n 个不同元素中选取 m 个元素的排列数记作 A_n^m，$A_n^m = n(n-1)(n-2)\cdots(n-m+1)$，$m \leqslant n$.

材料 2：从 3 张不同的卡片中选取 2 张，有 3 种不同的选法，抽象成数学问题就是从 3 个元素中选取 2 个元素的组合，组合数记为 $C_3^2 = \dfrac{3 \times 2}{2 \times 1} = 3$. 一般地，从 n 个不同元素中选取 m 个元素的组合数记作 C_n^m，$C_n^m = \dfrac{n(n-1)(n-2)\cdots(n-m+1)}{m(m-1)\cdots 2 \times 1}$，$m \leqslant n$.

问：(1) 从某学习小组 8 人中选取 3 人参加活动，有多少种不同的选法？

(2) 从 7 个人中选取 4 人排成一排，有多少种不同的排法？

【评注】本例取材于高中数学"排列、组合公式"，学生需要根据材料理解排列、组合的概念；认识排列、组合的区别和联系；掌握排列、组合公式，并且能运用排列、组合公式解决新的数学问题．

四、以高中数学方法为背景

数学方法是指从数学的角度提出问题、解决问题（包括数学内部问题和实际问题）的过程中所采用的各种方式、手段、途径等[1]．数学中的方法很多，如消元法、配方法、换元法、归纳法、裂项法、点差法等．数学方法是以数学为工具展开研究的方法，往往具有过程性与层次性[2]．

【例 3-30】（2019 年杭州 21 题）如图 3-19 所示，$\triangle ABC$ 的面积为 1，分别取 AC，BC 两边的中点 A_1，B_1，记四边形 A_1ABB_1 的面积为 S_1；再分别取 A_1C，B_1C 的中点 A_2，B_2，记四边形 $A_2A_1B_1B_2$ 的面积为 S_2；再分别取 A_2C，B_2C 的中点 A_3，B_3，依次取下去…

---

[1] 钱佩玲. 数学思想方法与中学数学 [M]. 北京：北京师范大学出版社，2008.
[2] 钱佩玲. 数学思想方法与中学数学 [M]. 北京：北京师范大学出版社，2008.

(1) 由已知，可求得 $S_1=$_____，$S_2=$_____，$S_{100}=$_____；

(2) 利用这一图形，计算 $\dfrac{3}{4^{100}}+\dfrac{3}{4^{101}}+\dfrac{3}{4^{102}}+\cdots+\dfrac{3}{4^{200}}=$_____．

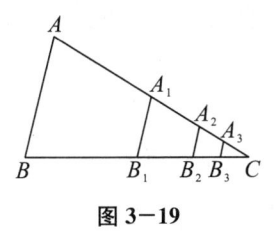

图 3－19

【评注】 本例取材于高中数学的一个重要方法——错位相减法．错位相减法的核心是每项同乘以公比，构造尽可能多的相等项，再错位相减，抵消相等项．

【例 3－31】（2012 年汕头 21 题）观察下列等式：

第 1 个等式：$a_1=\dfrac{1}{1\times 3}=\dfrac{1}{2}\times\left(1-\dfrac{1}{3}\right)$

第 2 个等式：$a_2=\dfrac{1}{3\times 5}=\dfrac{1}{2}\times\left(\dfrac{1}{3}-\dfrac{1}{5}\right)$

第 3 个等式：$a_3=\dfrac{1}{5\times 7}=\dfrac{1}{2}\times\left(\dfrac{1}{5}-\dfrac{1}{7}\right)$

第 4 个等式：$a_4=\dfrac{1}{7\times 9}=\dfrac{1}{2}\times\left(\dfrac{1}{7}-\dfrac{1}{9}\right)$

……

请解答下列问题：

(1) 按以上规律列出第 5 个等式：$a_5=$_____；

(2) 用含 n 的代数式表示第 n 个等式：$a_n=$_____（n 为正整数）；

(3) 求 $a_1+a_2+a_3+\cdots+a_{100}$ 的值．

【评注】 本例取材于高中数学又一重要方法——裂项法：将 $\dfrac{1}{m(m+2)}$ 裂成两项 $\dfrac{1}{2}\times\left(\dfrac{1}{m}-\dfrac{1}{m+2}\right)$，最终实现项的抵消．顺便指出，高中数学常见的裂项方式还有：$\dfrac{1}{m(m+1)}=\dfrac{1}{m}-\dfrac{1}{m+1}$，$\dfrac{1}{m(m+n)}=\dfrac{1}{n}\left(\dfrac{1}{m}-\dfrac{1}{m+n}\right)$，$\dfrac{1}{m(m+1)(m+2)}=\dfrac{1}{2}\left[\dfrac{1}{m(m+1)}-\dfrac{1}{(m+1)(m+2)}\right]$ 等．

五、以高中数学性质为背景

数学性质是指数学对象、要素间具有的稳定联系．比如，在三角形中，两边之和大于第三边，两边之差小于第三边；三角形的三条高交于一点；等腰三角形三线合一；三角形的外角大于不相邻的内角；等等．以高中数学性质为背景的试题往往是命题者"性质在手后演绎的结果"，即命题者立足性质、编拟条件、优化数据、合理设问．命题者将高中数学性质融入中考试题，使得中考试题具有高中数学性质的背景，但运用初中数学知识就能够解答，并不依赖于高中数学性质．

【例 3-32】（2018 年成都 28 题）如图 3-20 所示，在平面直角坐标系 xOy 中，以直线 $x=\dfrac{5}{2}$ 为对称轴的抛物线 $y=ax^2+bx+c$ 与直线 $l：y=kx+m$（$k>0$）交于点 $A(1, 1)$，B 两点，与 y 轴交于点 $C(0, 5)$，直线 l 与 y 轴交于点 D.

(1) 求抛物线的函数表达式；

(2) 设直线 l 与抛物线的对称轴的交点为点 F，点 G 是抛物线上位于对称轴右侧的一点，若 $\dfrac{AF}{FB}=\dfrac{3}{4}$，且 △$BCG$ 与 △BCD 面积相等，求点 G 的坐标；

(3) 若在 x 轴上有且仅有一点 P，使 $\angle APB=90°$，求 k 的值.

图 3-20

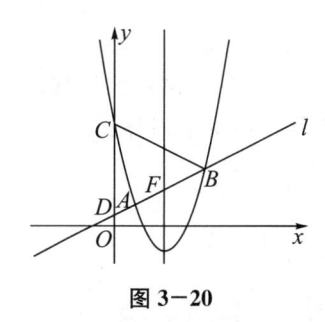

【评注】 本例（2）以高中数学两直线平行斜率相等这一性质为素材．考生解答时可以直接使用这一性质，也可以利用平行条件下角相等这一性质，进而通过线段数量关系来得到直线的数学表达式．需特别注意的是，两直线平行（斜率存在时）斜率相等、两直线垂直（斜率存在时）斜率之积为 -1 是中考命题高频素材，值得关注.

从以上分析可以发现，含有高中数学背景的中考试题已成为中考命题的常态．尽管这一类问题含有高中数学背景，但其解答并不会给学生带来思维上的障碍，这是因为要么学生能通过"临场"学习进行解答，要么学生能通过使用初中数学知识进行解答．因此，初三复习理应在夯实基础知识的基础上着力培养学生自主学习能力，提升数学素养，不要给学生大量补充高中数学知识．这一方面会加重学生的学习负担，另一方面与命题者提供公平、新颖背景考查学生能力的初衷相悖．同时，我们建议初中数学教师研究高中数学教材，厘清高中知识体系、知识间的关联，做好初中数学教学，为学生的高中数学学习提供支持.

案例 5　2018 年中考数学文化型试题背景赏析[①]

数学是人类文化的重要组成部分，数学课程应适当反映数学的历史、应用和发展趋势以及数学科学的思想体系、数学的美育价值、数学家的创新精神，数学课程应帮助学生了解数学在人类文明发展中的作用，逐步形成正确的数学观.[②] 所谓数学文化，从狭义上

[①] 余小芬，闵蓉，刘成龙. 2018 年中考数学文化型试题背景赏析[J]. 数学教学通讯（初中），2019（7）：79-81.

[②] 中华人民共和国教育部. 普通高中数学课程标准（实验）[M]. 北京：人民教育出版社，2003.

讲，是指数学的思想、精神、方法、观点、语言，以及它们的形成和发展．从广义上讲，就是除上述内涵，还包含数学家、数学史、数学美、数学教育、数学发展中的人文成分、数学与社会的联系、数学与各种文化的关系等．[①]《课标 2011》指出："数学文化作为教材的组成部分，应渗透在整套教材中．为此，教材可适时地介绍有关背景知识，包括数学在自然界与社会中的应用，以及数学发展史的有关材料，帮助学生了解在人类文明发展中数学的作用，激发学习数学的兴趣，感受数学家治学的严谨，欣赏数学的优美．"[②] 因此，在各版本的初中数学教材中涌现出了一大批与数学文化有关的阅读材料或例题、习题，如"方程"史话、杨辉三角、漫画勾股世界、海伦—秦九韶公式、投针实验等．这些内容的设置不仅有利于弘扬博大精深的数学文化，而且能激发学生的数学学习兴趣，开阔学生视野，帮助学生理解数学、热爱数学，从而不断提升他们的数学核心素养．

近年来，以数学文化作为试题背景已成为中考命题的新亮点、新趋势．例如，2015 年常德中考以"角谷猜想"为背景考查代数式的运算，2016 年孝感中考以"赵爽弦图"为背景考查正方形性质、正切三角函数定义，2016 年盐城中考以"费马点"为背景考查线段长度最值问题．2018 年，各地中考坚持"立德树人""文化育人"的基本理念，命制了一批背景丰富的数学文化试题，下面对这些优秀试题的命题背景进行赏析，以飨读者．

一、以"算经十书"为背景

"算经十书"是中国传统数学的经典．所谓"算经十书"，是指中国十部古算书，即《周髀算经》《九章算术》《孙子算经》《五曹算经》《夏侯阳算经》《张丘建算经》《海岛算经》《五经算术》《缀术》（元丰年间已失传，后来以《数术记遗》代之）和《缉古算经》．唐代国子监内设算学馆，置有博士、助教，指导学生学习数学，规定这十部书作为课本．[③] "算经十书"分别总结了当时的数学成就，对数学的发展起到了巨大的推动作用，构成了具有中华民族自身特色的传统数学体系．

【例 3-33】（2018 年江西 9 题）中国的《九章算术》是世界现代数学的两大源泉之一，其中有一问题："今有牛五、羊二，直金十两．牛二、羊五，直金八两．问牛羊各直金几何？"译文：今有牛 5 头，羊 2 头，共值金 10 两；牛 2 头，羊 5 头，共值金 8 两．问牛、羊每头各值金多少？设牛、羊每头各值金 x 两、y 两，依题意，可列出方程组为_____．

【评注】《九章算术》是中国古代第一部数学专著，是"算经十书"中最重要的一部．该书内容十分丰富，全书采用问题集的形式，收集了 246 个与生产、生活实践有联系的应用问题，系统总结了战国、秦、汉时期的数学成就．同时，《九章算术》在数学上还有其独到的成就，不仅最早提到分数问题，而且首先记录了盈不足等问题．"方程"章还在世界数学史上首次阐述了负数及其加减运算法则．《九章算术》是一本综合性的历史著作，

[①] 顾沛．数学文化 [M]．北京：高等教育出版社，2008．
[②] 中华人民共和国教育部．义务教育数学课程标准（2011 年版）[M]．北京：北京师范大学出版社，2011．
[③] 郭金彬．"算经十书"数学思想简论 [J]．厦门大学学报（哲学社会科学版），2003（1）：101-108．

是当时世界上最先进的应用数学,它的出现标志着中国古代数学形成了完整的体系.[①]

"方程"是《九章算术》的第八章."方程"指的是一次方程组,而一次方程组又是利用算筹(算筹表示未知数的系数及相应的常数项)布置而成的,其形状有如方阵,故称之为方程. 我国古代数学家刘徽在《九章算术注》中指出:"程,课程也. 二物者二程,三物者三程,皆如物数程之,并列为行,故谓之方程."本例根据"牛的单价×牛的数量+羊的单价×羊的数量=总价",不难得到方程组为 $\begin{cases} 5x+2y=10 \\ 2x+5y=8 \end{cases}$.

【例 3-34】(2018 年岳阳 15 题)《九章算术》是我国古代数学名著,书中有下列问题:"今有勾 5 步,股 12 步,问勾中容方几何?"其意思为:"今有直角三角形,勾(短直角边)长为 5 步,股(长直角边)长为 12 步,问该直角三角形能容纳的正方形的边长最大是多少步?"

【评注】"勾股"是《九章算术》的第九章,主要介绍利用勾股定理求解各种问题. 本例以《九章算术》中的几何问题为背景,考查对勾股定理的应用及求解直角三角形的最大内接正方形. 如图 3-21 所示,设在 Rt△ABC 中,能容纳的最大正方形 DEFB 的边长为 x,由相似不难得到 $\dfrac{AD}{AB}=\dfrac{DE}{BC}$,即 $\dfrac{12-x}{12}=\dfrac{x}{5}$,解得正方形边长 $x=\dfrac{60}{17}$.

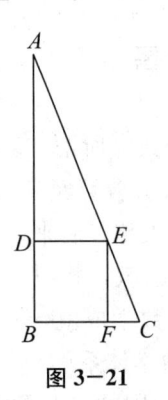

图 3-21

特别指出,2018 年全国各地中考中,以《九章算术》为背景考查列(或解)一次方程组的试题较多,如 2018 年湖北襄阳中考第 13 题、2018 年河南中考第 6 题、2018 年广州中考第 8 题、2018 年湖北宜昌中考第 19 题等.

【例 3-35】(2018 年安徽 16 题)《孙子算经》中有这样一道题,原文如下:今有百鹿入城,家取一鹿,不尽,又三家共一鹿,适尽. 问:城中家几何? 大意为:今有 100 头鹿进城,每家取一头鹿,没有取完,剩下的鹿每 3 家共取一头,恰好取完. 问:城中有多少户人家? 请解答上述问题.

【评注】《孙子算经》的作者及成书年代不详. 传本的《孙子算经》共三卷,上卷、中卷系统叙述了算筹记数法和筹算的乘、除、开方及分数等计算的步骤及法则,以及简单的面积、体积的计算问题. 下卷是各种应用问题,其中著名的"物不知其数":"今有物不知其数,三三数之余二,五五数之余三,七七数之余二,问物几何?"举世闻名,被誉为

---

① 刘超. 关于《九章算术》进入中学数学教材的思考[J]. 中学数学杂志(初中),2012(4):17-20.

"中国剩余定理"或"孙子定理".① 又如经典问题"鸡兔同笼":今有雉兔同笼,上有三十五头,下有九十四足,问雉兔各几何? 更是古今中外"鸡兔同笼"问题的始祖. 本例以《孙子算经》中分鹿问题为背景,考查学生对一元一次方程的理解. 由题意,可设城中有 x 户人家,于是有 $x+\dfrac{x}{3}=100$,从而解得城中有 75 户人家.

二、以《数书九章》为背景

《数书九章》又被称作《数学大略》《数学九章》,其作者是我国南宋著名的数学家秦九韶 (1202—1261 年).《数书九章》全书九章十八卷,九章九类:大衍类、天时类、田域类、测望类、赋役类、钱谷类、营建类、军族类、市物类,每类 9 题,共 81 题. 该书内容丰富至极,上至天文、星象、历律,下至河道、水利、建筑、运输,各种几何图形和体积、钱谷、赋役、市场、牙厘的计算和互易.② 《数书九章》在一次同余式组解法和高次方程数值解法等方面取得了具有世界意义的光辉成就,我国数学家梁宗巨对其这样评价:"《数学九章》是一部划时代的巨著,内容丰富,精湛绝伦."秦九韶也被美国著名科学史学家萨顿誉为"他那个名族,他那个时代,并且确实也是各个时代最伟大的数学家之一".

【例 3-36】(2018 年长沙 11 题)我国南宋著名数学家秦九韶的著作《数书九章》里记载有这样一道题目:"问有沙田一块,有三斜,其中小斜五里,中斜十二里,大斜十三里,欲知为田几何?"这道题讲的是:有一块三角形沙田,三条边长分别为 5 里、12 里、13 里,问这块沙田面积有多大? 题目中的"里"是我国市制长度单位,1 里=500 m,则该沙田的面积为(   ).

A. 7.5 km²   B. 15 km²   C. 75 km²   D. 750 km²

【评注】本例以《数书九章》中的问题为背景,考查对勾股定理的应用. 根据题目中数据不难得到 $5^2+12^2=13^2$,故这个三角形是直角三角形. 再根据单位换算得:5 里=2.5 km,12 里=6 km,故该沙田的面积为 $\dfrac{1}{2}\times 2.5\times 6=7.5$(km²).

三、以《算法统宗》为背景

《算法统宗》由明代数学家程大位所著,它是一部以珠算为主要计算工具的应用数学著作. 全书共收集了 595 个问题,并穿插有大量的图形和诗词形式的歌诀. 梁宗巨先生指出:"明代在西方数学输入之前,最大的成就可以说是珠算的发明. 最重要的数学书要算程大位的《算法统宗》."③

【例 3-37】(2018 年邵阳 10 题)程大位是我国明朝商人,珠算发明家. 他 60 岁时完成的《直指算法统宗》是东方古代数学名著,详述了传统的珠算规则,确立了算盘用法.

---

① 张同臣. 中国古代的数学论著 [J]. 枣庄师专学报,1991 (2):31-35.
② 李文林. 数学史概论 [M]. 北京:高等教育出版社,2002.
③ 金萍,丁祖荣. 程大位及《算法统宗》新探 [J]. 西北大学学报(自然科学版),1995 (1):91-94.

书中有如下问题:"一百馒头一百僧,大僧三个更无争,小僧三人分一个,大小和尚得几丁?"意思是:有 100 个和尚分 100 个馒头,如果大和尚 1 人分 3 个,小和尚 3 人分 1 个,正好分完,大、小和尚各有多少人? 下列求解结果正确的是( ).

    A. 大和尚 25 人,小和尚 75 人   B. 大和尚 75 人,小和尚 25 人

    C. 大和尚 50 人,小和尚 50 人   D. 大、小和尚各 100 人

【评注】本例以经典问题"百僧分百馒"为背景,考查二元一次方程组及其解法. 由题意,设大和尚有 x 人,小和尚有 y 人,不难得 $\begin{cases} x+y=100 \\ 3x+\dfrac{y}{3}=100 \end{cases}$,故解得大和尚有 25 人,小和尚有 75 人. 2018 年取材于《算法统宗》的中考试题还有 2018 年福建中考第 8 题、2018 年浙江绍兴中考第 12 题等.

四、以"勾股定理"证明为背景

【例 3-38】(2018 年成都 22 题)汉代数学家赵爽在注解《周髀算经》时给出的"赵爽弦图"是我国古代数学的瑰宝. 如图 3-22 所示,弦图中四个直角三角形都是全等的,它们的两直角边之比均为 2∶3. 现随机向该图形内掷一枚小针,则针尖落在阴影区域的概率为_____.

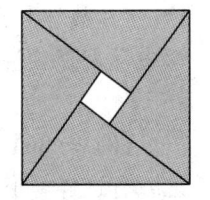

图 3-22

【评注】《周髀算经》是流传到现在的最早的一部数学著作,同时也是一部"盖天说"(中国古代的一种宇宙观,认为天像一个斗笠,大地像一个翻扣的盆)的天文学著作.《周髀算经》约成书于公元前 100 年及西汉时期. 全书共二卷,内容是一些天文历法及有关的数学问题,所包含的数学内容有分数计算、等差数列、勾股定理和测量等. 特别是关于勾股定理的论述,比毕达哥拉斯要早六百多年. 从古至今,《周髀算经》可以说是最纯粹的中国国粹之一. 据史书记载,《周髀算经》并未直接给出勾股定理的证明方法,而是汉代数学家赵爽利用弦图对此进行了证明. 弦图精妙地展现了几何图形的截、割、拼、补,其构思精巧,富有创意,既表达了逻辑的严谨,又呈现了几何的直观,是数形结合的典范. 本例以赵爽弦图为载体,考查勾股定理和几何概型.

【例 3-39】(2018 年温州 10 题)我国古代伟大的数学家刘徽将勾股形(古人称直角三角形为勾股形)分割成一个正方形和两个全等的直角三角形,得到一个恒等式. 后人借助这种分割方法所得到的图形证明勾股定理,如图 3-23 所示的矩形由两个这样的图形拼成,若 $a=3$,$b=4$,则该矩形的面积为( ).

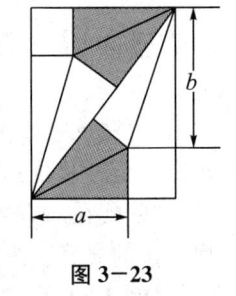

    A. 20   B. 24

    C. $\dfrac{99}{4}$ D. $\dfrac{53}{2}$

图 3-23

【评注】本例以数学家刘徽对勾股定理的证明为背景,让学生从另一角度欣赏了图形的割补技巧,感受我国数学文化的博大精深,感悟古代数学家的智慧和才能. 问题解决的关键是计算出小正方形的边长. 图中的矩形由两个直角三角形构成,每个直角三角形的边长均满足勾股定理:$(x+3)^2+(x+4)^2=(3+4)^2$,其中 x 为小正方形的边长. 由此解出

48

x，得到矩形的面积为 $(x+3)(x+4)$.

五、以"割圆术"为背景

魏晋时期的数学家刘徽首创割圆术，为计算圆周率建立了严密的理论和完善的算法．"割圆术"是以圆内接正多边形的面积来无限逼近圆面积，即"割之弥细，所失弥少，割之又割，以至于不可割，则与圆合体而无所失矣"．"割圆术"通过无限分割的方式，体现了有限到无限、以直代曲的极限思想．

【例 3-40】（2018 年宜宾 13 题）刘徽是中国古代卓越的数学家之一，他在《九章算术》中提出了"割圆术"，即用内接或外切正多边形逐步逼近圆来近似计算圆的面积．设 $\odot O$ 的半径为 1，若用外切正六边形来近似估计 $\odot O$ 的面积，则 $S=$ _____（结果保留根号）．

【评注】 刘徽用割圆术证明"半周半径相乘得积步"的圆面积公式时，正是从内接正六边形（"六觚"）开始割圆，依次得到内接正十二边形（"十二觚"）、正二十四边形（"二十四觚"）、……，认为割圆到最后得到一个和圆重合的正无穷多边形．[①] 本例就以"割圆术"的最简单情形（正六边形）为背景，考查多边形的内角和、锐角三角函数、勾股定理、三角形面积等基础知识．如图 3-24 所示，由 $ABCDEF$ 为正六边形得 $\triangle ABO$ 为等边三角形，又 $\odot O$ 的半径为 1，故 $OG=1$，$BG=AG=\dfrac{\sqrt{3}}{3}$，因此 $AB=\dfrac{2\sqrt{3}}{3}$，所以 $S=6S_{\triangle ABO}=6\times\dfrac{1}{2}\times\dfrac{2\sqrt{3}}{3}\times 1=2\sqrt{3}$.

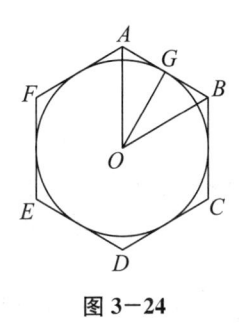

图 3-24

六、以"杨辉三角"为背景

"杨辉三角"是我国宋朝数学家杨辉于 1261 年在其所著《详解九章算法》一书中提出的，欧洲人将杨辉三角称为"帕斯卡三角"（于 1654 年由法国人帕斯卡发现）．由此可见，我国比欧洲至少要早三百年发现这一伟大成果．"杨辉三角"结构对称优美，蕴含丰富的规律和结论，古往今来吸引着无数数学爱好者去认识它、研究它．同时，它也是现行高中教材中二项式定理中的重要内容，是中考、高考命题的良好素材．

[①] 邹大海. 刘徽的无限思想及其解释 [J]. 自然科学史研究, 1995, 14 (1)：12-21.

【例3-41】（2018年宜昌8题）1261年，我国南宋数学家杨辉用图3-25中的三角形解释二项和的乘方规律，比欧洲的相同发现要早三百多年，我们把这个三角形称为"杨辉三角"．请观察图中的数字排列规律，则 a，b，c 的值分别为（　　）．

A. $a=1$，$b=6$，$c=15$　　　　　　B. $a=6$，$b=15$，$c=20$
C. $a=15$，$b=20$，$c=15$　　　　　D. $a=20$，$b=15$，$c=6$

```
            1
          1   1
        1   2   1
      1   3   3   1
    1   4   6   4   1
  1   5  10  10   5   1
1   a   b   c   15   6   1
```

图 3-25

【评注】 本例以"杨辉三角"为背景，考查学生的观察能力．不难发现，"杨辉三角"左、右两边的数都是1，其余的数为它肩上的两数之和，故 $a=1+5=6$，$b=5+10=15$，$c=10+10=20$．

总之，中考试题中渗透数学文化，不仅弘扬了古今中外数学所取得的卓越成就，而且推广了阅读数学经典著作，推动数学文化走进课堂、融入课堂．同时，也帮助学生开阔眼界、增长知识、启迪心智，从而让他们学会更加理性地认识数学、理解数学、欣赏数学．

案例6　胡不归背景下的中考数学试题

一、胡不归模型简介

一个身在他乡的小伙子得知父亲病危的消息后便日夜赶路回家．然而，当他气喘吁吁地来到父亲的面前时，老人刚刚咽气．人们告诉他，在弥留之际，老人在不断喃喃地叨念："胡不归？胡不归？"

早期的数学家曾为这则古老传说中的小伙子设想了一条路线（如图3-26所示）：B 是出发地，A 是目的地，BC 是一条驿道，而驿道靠目的地的一侧是沙地．为了尽快回家，小伙子选择了直线路程 AB，但是他忽略了在驿道上行走要比在沙砾地带行走快这一因素．如果他能选择一条合适的路线，就可以提前抵达家．

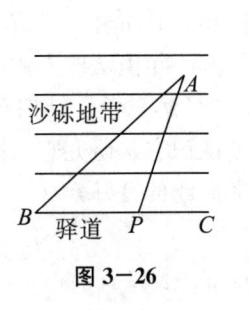

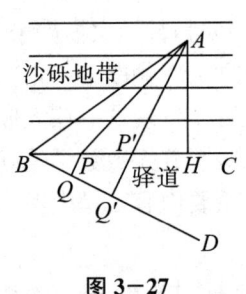

图 3-26　　　　　图 3-27

胡不归模型简介：

如图 3-27 所示，假设在驿道 BC 上行走的速度为 v_1，在沙地上行走的速度为 v_2（其中 $v_1 > v_2$），在 BC 上选定一点 P，设小伙子从 B 走到 P 的路程为 BP，然后从 P 折往 A 的路程为 AP，则从 B 经过 P 到达 A 所用的时间为 $t = \dfrac{BP}{v_1} + \dfrac{PA}{v_2} = \dfrac{1}{v_2}\left(\dfrac{v_2}{v_1}BP + AP\right)\left(0 < \dfrac{v_2}{v_1} < 1\right)$. 构造 $\angle PBQ$，使得 $\sin\angle PBQ = \dfrac{v_2}{v_1}$，则 $\dfrac{v_2}{v_1}BP + AP = PQ + AP$，当 A，P（P'），Q 三点共线时，$AP + PQ = AQ'$ 最小.

注：胡不归模型在处理 $\lambda BP + \mu AP$（λ，$\mu > 0$）最小值时较为方便，其关键步骤是通过构造直角三角形、利用角的正弦或余弦将一条线段的倍数转化为某条线段.

二、胡不归背景下的中考试题

【例 3-42】（2014 年成都 28 题）如图 3-28 所示，已知抛物线 $y = \dfrac{k}{8}(x+2)(x-4)$（$k$ 为常数，且 $k > 0$）与 x 轴从左至右依次交于 A，B 两点，与 y 轴交于点 C，经过点 B 的直线 $y = -\dfrac{\sqrt{3}}{3}x + b$ 与抛物线的另一交点为 D.

（1）若点 D 的横坐标为 -5，求抛物线的函数表达式；

（2）若在第一象限的抛物线上有点 P，使得以 A，B，P 为顶点的三角形与 $\triangle ABC$ 相似，求 k 的值；

（3）在（1）的条件下，设点 F 为线段 BD 上一点（不含端点），连接 AF，一动点 M 从点 A 出发，沿线段 AF 以每秒 1 个单位的速度运动到点 F，再沿线段 FD 以每秒 2 个单位的速度运动到点 D 后停止. 当点 F 的坐标是多少时，点 M 在整个运动过程中用时最少？

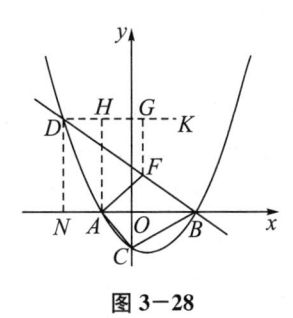

图 3-28

【解析】（3）由（1）知 $D(-5, 3\sqrt{3})$，过点 D 作 $DN \perp x$ 轴于点 N，则 $DN = 3\sqrt{3}$，$ON = 5$，$BN = 9$，所以 $\tan\angle DBA = \dfrac{\sqrt{3}}{3}$，$\angle DBA = 30°$，过点 D 作 $DK \parallel x$ 轴，则 $\angle KDF = \angle DBA = 30°$，过点 F 作 $FG \perp DK$ 于点 G，则 $FG = \dfrac{1}{2}DF$. 由题意，动点 M 运动的路径为折线 $AF + DF$，运动时间为 $t = AF + \dfrac{1}{2}DF$，所以 $t = AF + FG$，即运动时

间等于折线 $AF+DF$ 的长度. 过点 A 作 $AH \perp DK$ 于点 H, 则 $t_{\min}=AH$, AH 与直线 BD 的交点即为所求之点 F, 易知 $F(-2, 2\sqrt{3})$. 所以当 F 的坐标为 $(-2, 2\sqrt{3})$ 时, 点 M 在整个运动过程中用时最少.

【例 3-43】（2015 年内江 27 题）如图 3-29 所示, 在 $\triangle ACE$ 中, $CA=CE$, $\angle CAE=30°$, $\odot O$ 经过点 C, 且圆的直径 AB 在线段 AE 上.

(1) 试说明 CE 是 $\odot O$ 的切线;

(2) 若 $\triangle ACE$ 中 AE 边上的高为 h, 试用含 h 的代数式表示 $\odot O$ 的直径 AB;

(3) 设点 D 是线段 AC 上任意一点（不含端点）, 连接 OD, 当 $\frac{1}{2}CD+OD$ 的最小值为 6 时, 求 $\odot O$ 的直径 AB 的长.

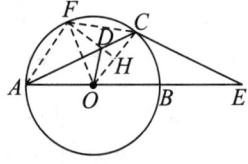

图 3-29

【解析】（3）作 OF 平分 $\angle AOC$, 交圆于点 F, 连接 AF, CF, DF, 则 $\angle AOF=\angle COF=60°$, 易知 $\triangle AOF$ 和 $\triangle OCF$ 是等边三角形, 故四边形 $AOCF$ 为菱形, $OD=FD$. 过点 D 作 $DH \perp OC$ 于点 H, 则 $DH=DC \cdot \sin\angle DCH=\frac{1}{2}DC$, 所以 $\frac{1}{2}CD+OD=DH+FD$. 当 F, D, H 三点共线时, $DH+FD$ 最小, 此时 $\frac{1}{2}CD+OD$ 的最小值为 6, 故圆的直径 $AB=8\sqrt{3}$.

说明: 例 3-42、例 3-43 中的 $\frac{1}{2}DF$, $\frac{1}{2}CD$ 可借助特殊角转化为线段 FG, DH. 因此, 例 3-42、例 3-43 是最简单、最基本的胡不归模型问题.

【例 3-44】（2017 年广州 24 题）如图 3-30 所示, 矩形 $ABCD$ 的对角线 AC, BD 相交于点 O, $\triangle COD$ 关于 CD 的对称图形为 $\triangle CED$.

(1) 求证: 四边形 $OCED$ 是菱形.

(2) 连接 AE, 若 $AB=6$ cm, $BC=\sqrt{5}$ cm.

①求 $\sin\angle EAD$ 的值;

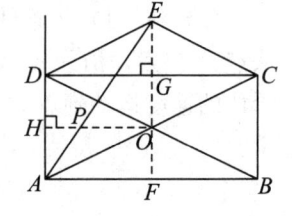

图 3-30

②若点 P 为线段 AE 上一动点（不与点 A 重合）, 连接 OP, 一动点 Q 从点 O 出发, 以 1 cm/s 的速度沿线段 OP 匀速运动到点 P, 再以 1.5 cm/s 的速度沿线段 PA 匀速运动到点 A, 到达点 A 后停止运动, 当点 Q 沿上述路线运动到点 A 所需要的时间最短时, 求 AP 的长和点 Q 走完全程所需的时间.

【解析】（2）②点 Q 的运动时间 $t=\frac{OP}{1}+\frac{AP}{\frac{3}{2}}=OP+\frac{2}{3}AP$. 作 $PH \perp AD$ 于点 H, 易知 $PH=AP \cdot \sin\angle DAE=\frac{2}{3}AP$. 所以点 Q 的运动时间 $t=OP+PH$, 当 O, P, H 三点共线时, $OP+PH$ 的值最小, 最小值即为 OH. 此时, OH 是 $\triangle ACD$ 的中位线, 所以 $OH=3$, $AH=\frac{1}{2}AD=\frac{\sqrt{5}}{2}$, $PF=\frac{1}{2}DK=1$, 所以 $AP=\frac{3}{2}$. 所以当点 Q 沿上述路线运动到点 A 所需要的时间最短时, $AP=\frac{3}{2}$, 点 Q 走完全程所需的时间为 3 s.

【例 3－45】（**2019 年重庆 A 卷 26 题**）如图 3－31 所示，在平面直角坐标系中，抛物线 $y=x^2-2x-3$ 与 x 轴交于点 A，B（点 A 在点 B 的左侧），交 y 轴于点 C，点 D 为抛物线的顶点，对称轴与 x 轴交于点 E.

(1) 连接 BD，点 M 是线段 BD 上一动点（点 M 不与端点 B，D 重合），过点 M 作 $MN \perp BD$ 交抛物线于点 N（点 N 在对称轴的右侧），过点 N 作 $NH \perp x$ 轴，垂足为点 H，交 BD 于点 F，点 P 是线段 OC 上一动点，当 MN 取得最大值时，求 $HF+FP+\frac{1}{3}PC$ 的最小值；

(2) 在 (1) 中，当 MN 取得最大值，$HF+FP+\frac{1}{3}PC$ 取得最小值时，把点 P 向上平移 $\frac{\sqrt{2}}{2}$ 个单位得到点 Q，连接 AQ，把 $\triangle AOQ$ 绕点 O 顺时针旋转一定的角度 α（$0° < \alpha < 360°$），得到 $\triangle A'OQ'$，其中边 $A'Q'$ 交坐标轴于点 G，在旋转过程中，是否存在一点 G，使得 $\angle Q' = \angle Q'OG$？若存在，请直接写出所有满足条件的点 Q' 的坐标；若不存在，请说明理由.

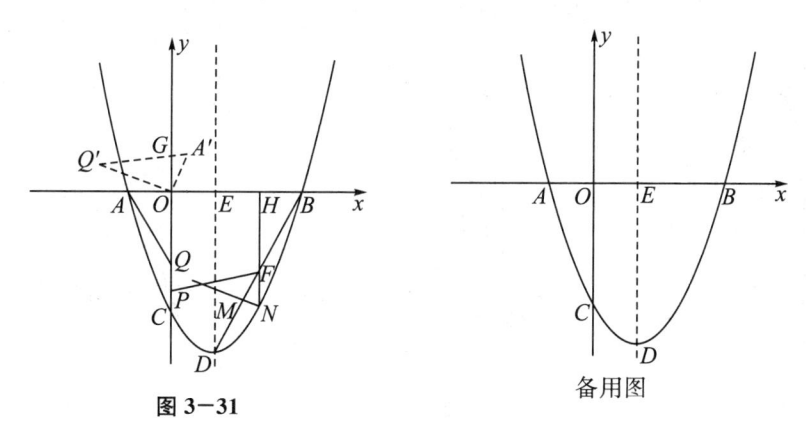

图 3－31

备用图

【解析】 (1) 易知 $D(1,-4)$，$E(1,0)$，$C(0,-3)$，$A(-1,0)$，$B(3,0)$，线段 BD 的解析式为 $y=2x-6$（$1 \leqslant x \leqslant 3$）. 设点 N 的坐标为 (m, m^2-2m-3)（$1<m<3$），点 F 在线段 BD 上，且 $NF \perp x$ 轴，则点 F 的坐标为 $(m, 2m-6)$（$1<m<3$），所以 $NF = -m^2+4m-3$，当 $m=2$ 时，NF 取最大值，此时 MN 取最大值，此时 $N(2,-3)$，$F(2,-2)$，$H(2,0)$，则 $HF=2$，当 MN 取最大值时，HF 为定值，要求 $HF+FP+\frac{1}{3}PC$ 的最小值，在 x 轴负半轴上找一点 K，连接 KC，使得 $\sin \angle OCK = \frac{OK}{KC} = \frac{1}{3}$，过点 P 作 KC 的垂线，交 KC 于点 J，则 $\frac{PJ}{PC} = \sin \angle OCK$，即 $PJ = \frac{1}{3}PC$. 要求 $FP+\frac{1}{3}PC$ 的最小值，即求 $\frac{FP}{PJ}$ 的最小值. 当 F，P，J 三点共线时，$FP+PJ$ 取最小值. 因为 $KC=\sqrt{OK^2+OC^2}$，故 $K\left(-\frac{3\sqrt{2}}{4}, 0\right)$，直线 KC 的解析式为 $y=-2\sqrt{2}x-3$，直线 FJ 的解析式为 $y=\frac{\sqrt{2}}{4}x-\frac{\sqrt{2}}{2}-2$，由此可得 $J\left(\frac{2-2\sqrt{2}}{9}, \frac{-4\sqrt{2}-19}{9}\right)$，$FJ=\frac{1+4\sqrt{2}}{3}$，所以当 MN

取得最大值时，$HF+FP+\dfrac{1}{3}PC$ 的最小值为 $\dfrac{7+4\sqrt{2}}{3}$.

【例3-46】（2019年重庆B卷26题）在平面直角坐标系中，抛物线 $y=-\dfrac{\sqrt{3}}{4}x^2+\dfrac{\sqrt{3}}{2}x+2\sqrt{3}$ 与 x 轴交于 A，B 两点（点 A 在点 B 左侧），与 y 轴交于点 C，顶点为 D，对称轴与 x 轴交于点 Q.

(1) 如图 3-32 所示，连接 AC，BC. 若点 P 为直线 BC 上方抛物线上一动点，过点 P 作 $PE\parallel y$ 轴交 BC 于点 E，作 $PF\perp BC$ 于点 F，过点 B 作 $BG\parallel AC$ 交 y 轴于点 G. 点 H，K 分别在对称轴和 y 轴上运动，连接 PH，HK. 当 $\triangle PEF$ 的周长最大时，求 $PK+HK+\dfrac{\sqrt{3}}{2}KG$ 的最小值及点 H 的坐标.

(2) 如图 3-33 所示，将抛物线沿射线 AC 方向平移，当抛物线经过原点 O 时停止平移，此时抛物线顶点记作 D'，N 为直线 DQ 上一动点，连接点 D'，C，N，$\triangle D'CN$ 能否构成等腰三角形？若能，直接写出满足条件的点 N 的坐标；若不能，请说明理由.

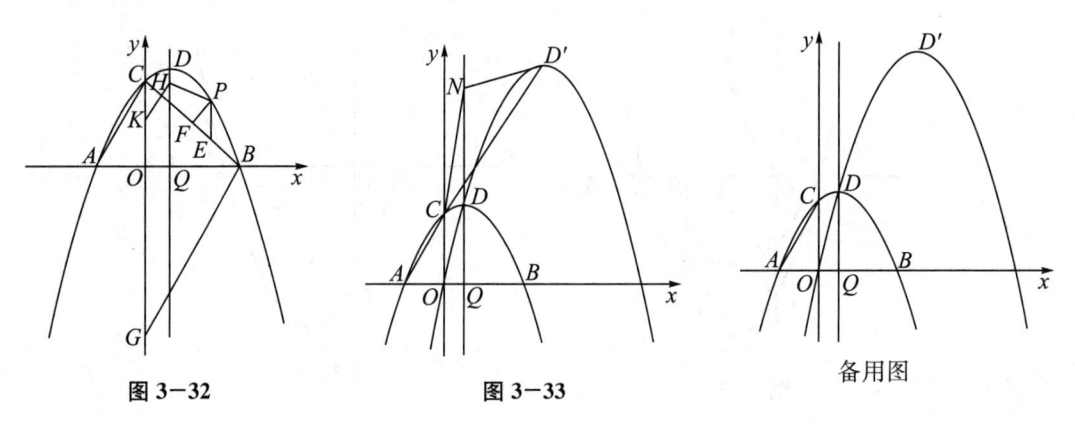

图 3-32　　　图 3-33　　　备用图

【解析】(1) 易得 $A(-2,0)$，$B(4,0)$，$C(0,2\sqrt{3})$，$D\left(1,\dfrac{9\sqrt{3}}{4}\right)$. 又 $\triangle PEF\sim\triangle BCO$，所以当 PE 最大时，$\triangle PEF$ 的周长最大. 直线 BC 的解析式为 $y=-\dfrac{\sqrt{3}}{2}x+2\sqrt{3}$，设 $P\left(x,-\dfrac{\sqrt{3}}{4}x^2+\dfrac{\sqrt{3}}{2}x+2\sqrt{3}\right)$，则 $E\left(x,-\dfrac{\sqrt{3}}{2}x+2\sqrt{3}\right)$，故 $PE=-\dfrac{\sqrt{3}}{4}x^2+\sqrt{3}x$，所以当 $x=2$ 时，PE 有最大值，此时 $P(2,2\sqrt{3})$. 将直线 OG 绕点 G 逆时针旋转 $60°$ 得到直线 l，过点 P 作 $PM\perp l$ 于点 M，过点 K 作 $KM'\perp l$ 于点 M'，$PH+HK+\dfrac{\sqrt{3}}{2}KG=PH+HK+KM'\geqslant PM$，易知 $\angle POB=60°$，点 P，O，M 在同一直线上，故 $PM=10$，$PH+HK+\dfrac{\sqrt{3}}{2}KG$ 的最小值为10，点 H 的坐标为 $H(1,\sqrt{3})$.

【例3-47】（2019年天津25题）已知抛物线 $y=x^2-bx+c$（b，c 为常数，$b>0$）经过点 $A(-1,0)$，点 $M(m,0)$ 是 x 轴正半轴上的点.

(1) 当 $b=2$ 时，求抛物线顶点的坐标；

(2) 点 $D(b, y_D)$ 在抛物线上，当 $AM=AD$，$m=5$ 时，求 b 的值；

(3) 点 $Q\left(b+\dfrac{1}{2}, y_Q\right)$ 在抛物线上，当 $\sqrt{2}AM+2QM$ 的最小值为 $\dfrac{33\sqrt{2}}{4}$ 时，求 b 的值.

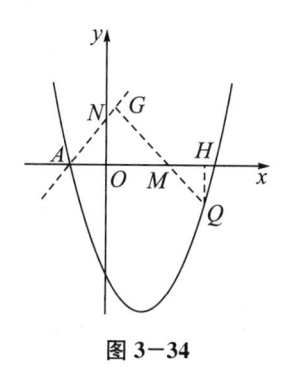

图 3-34

【解析】（3）因为点 Q 在 $y=x^2-bx-b-1$ 上，所以 $y_Q=\left(b+\dfrac{1}{2}\right)^2-b\left(b+\dfrac{1}{2}\right)-b-1=-\dfrac{b}{2}-\dfrac{3}{4}$，所以 $Q\left(b+\dfrac{1}{2}, -\dfrac{b}{2}-\dfrac{3}{4}\right)$，又因为 $b>0$，故点 Q 在第四象限，且在直线 $x=b$ 的右侧. $\sqrt{2}AM+2QM=2\left(\dfrac{\sqrt{2}}{2}AM+QM\right)$. 如图 3-34 所示，取点 $N(0, 1)$，过点 Q 作直线 AN 的垂线，垂足为点 G，QG 与 x 轴交于点 M，显然 $\angle GAM=45°$，得 $\dfrac{\sqrt{2}}{2}AM=GM$，过点 Q 作 $QH\perp x$ 轴于点 H，则点 $H\left(b+\dfrac{1}{2}, 0\right)$. 在 Rt$\triangle MQH$ 中，$QH=MH$，$QM=\sqrt{2}MH$，得 $b+\dfrac{1}{2}-m=\dfrac{b}{2}+\dfrac{3}{4}$，得 $m=\dfrac{b}{2}-\dfrac{1}{4}$，所以 $\sqrt{2}\left(\dfrac{b}{2}-\dfrac{1}{4}+1\right)+2\sqrt{2}\left[b+\dfrac{1}{2}-\left(\dfrac{b}{2}-\dfrac{1}{4}\right)\right]=\dfrac{33\sqrt{2}}{4}$，得 $b=4$.

【例 3-48】（2020 年自贡 26 题）在平面直角坐标系中，抛物线 $y=ax^2+bx+3$ 与 x 轴相交于 $A(-3, 0)$，$B(1, 0)$，交 y 轴于点 N，点 M 是抛物线的顶点，对称轴与 x 轴交于点 C.

(1) 求抛物线的解析式.

(2) 如图 3-35 所示，连接 AM，点 E 是线段 AM 上方抛物线上一动点，$EF\perp AM$ 于点 F；过点 E 作 $EH\perp x$ 轴于点 H，交 AM 于点 D. 点 P 是 y 轴上一动点，当 EF 取最大值时.

①求 $PD+PC$ 的最小值；

②如图 3-36 所示，点 Q 是 y 轴上一动点，请直接写出 $DQ+\dfrac{1}{4}OQ$ 的最小值.

图 3-35　　　　　　　　图 3-36

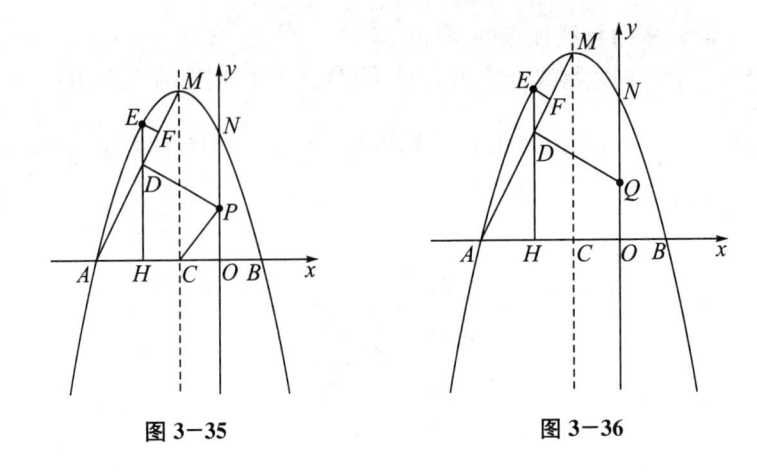

【解析】(2) ②过点 O 作直线 OK，使 $\sin\angle NOK = \dfrac{1}{4}$，过点 D 作 $DK\perp OK$ 于点 K，交 y 轴于点 Q，则点 Q 为所求点. $DQ+\dfrac{1}{4}OQ=DQ+QK=DK$ 为最小值，则直线 OK 的表达式为 $y=\sqrt{15}x$. 因为 $DK\perp OK$，故设直线 DK 的表达式为 $y=-\dfrac{1}{\sqrt{15}}x+b$. 将点 D 的坐标代入上式，解得 $b=2-\dfrac{2}{\sqrt{15}}$，则直线 DK 的表达式为 $y=-\dfrac{1}{\sqrt{15}}x+2-\dfrac{2}{\sqrt{15}}$，故点 $Q\left(0, 2-\dfrac{2}{\sqrt{15}}\right)$. 由直线 DK 的表达式知，QD 与 x 轴负半轴的夹角（设为 α）的正切值为 $\dfrac{1}{\sqrt{15}}$，则 $\cos\alpha=\dfrac{\sqrt{15}}{4}$，则 $DQ=\dfrac{x_Q-x_D}{\cos\alpha}=\dfrac{8}{\sqrt{15}}$，则 $DQ+\dfrac{1}{4}OQ$ 的最小值为 $\dfrac{\sqrt{15}+1}{2}$.

【例 3-49】(2020 年乐山 26 题) 已知抛物线 $y=ax^2+bx+c$ 与 x 轴交于 $A(-1, 0)$，$B(5, 0)$ 两点，C 为抛物线的顶点，抛物线的对称轴交 x 轴于点 D，连接 BC，且 $\tan\angle CBD=\dfrac{4}{3}$，如图 3-37 所示.

(1) 求抛物线的解析式.

(2) 设点 P 是抛物线的对称轴上的一个动点.

①过点 P 作 x 轴的平行线交线段 BC 于点 E，过点 E 作 $EF\perp PE$ 交抛物线于点 F，连接 FB，FC，求 $\triangle BCF$ 的面积的最大值；

②连接 PB，求 $\dfrac{3}{5}PC+PB$ 的最小值.

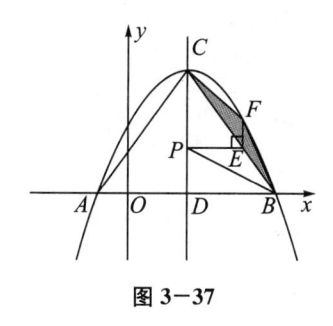

图 3-37

【解析】 （2）②过点 P，B 分别作直线 AC 的垂线，垂足分别为点 G，N. 此时 $\cos\angle CPG = \dfrac{3}{5}$，则 $\dfrac{3}{5}PC + PB = GP + PB \geqslant BN$. 因为直线 AC 的方程为 $y = \dfrac{4}{3}(x+1)$，所以点 B 到直线 AC 的距离 $BN = \dfrac{24}{5}$，故 $\dfrac{3}{5}PC + PB$ 的最小值为 $\dfrac{24}{5}$.

案例 7　抛物线背景下的中考试题

一、抛物线的定义

在平面内，到定点 F 的距离等于到定直线 l 的距离的点 P 的轨迹为抛物线.

注：点 F 不在定直线 l 上.

抛物线的符号表征：

$x^2 = 2py(p>0)$；$x^2 = -2py(p>0)$；$y^2 = 2px(p>0)$；$y^2 = -2px(p>0)$.

抛物线的图形表征（如图 3-38、图 3-39、图 3-40、图 3-41 所示）：

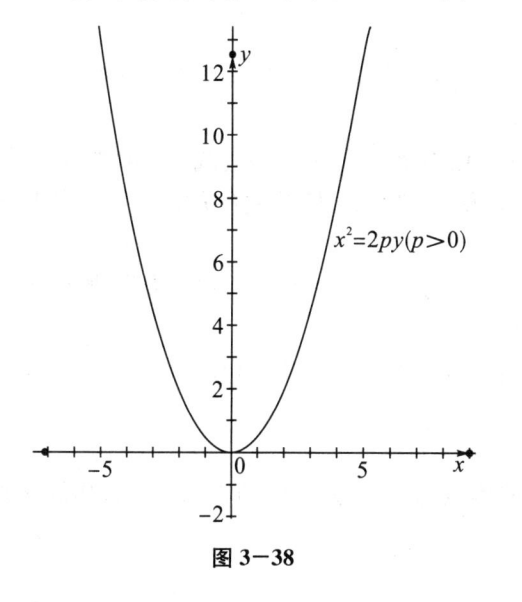

图 3-38

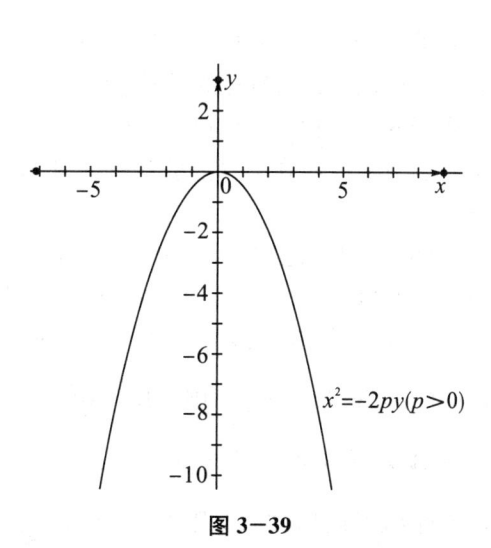

图 3-39

图 3-40 图 3-41

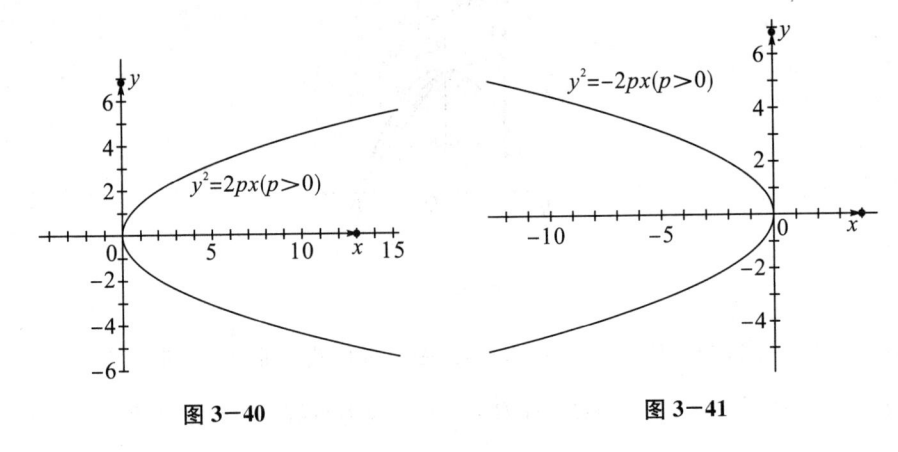

需特别说明的是，中考命题仅以 $x^2=2py$（$p>0$），$x^2=-2py$（$p>0$）这两类抛物线为背景命题.

二、抛物线中的若干性质

命题 1 已知抛物线 $x^2=2py$（$p>0$）的焦点为 F，过点 F 的直线 l 交抛物线于点 $A(x_1,y_1)$，$B(x_2,y_2)$，则 $x_1x_2=-p^2$.

命题 2 已知抛物线 $x^2=2py$（$p>0$）的焦点为 F，过点 F 的直线 l 交抛物线于点 $A(x_1,y_1)$，$B(x_2,y_2)$，则 $y_1y_2=\dfrac{p^2}{4}$.

命题 3 已知抛物线 $x^2=2py$（$p>0$）的焦点为 F，过点 F 的直线 l 交抛物线于点 $A(x_1,y_1)$，$B(x_2,y_2)$，则 $AB=y_1+y_2+p$.

命题 4 已知抛物线 $x^2=2py$（$p>0$）的焦点为 F，过点 F 的直线 l 交抛物线于点 A，B，则 $\dfrac{1}{AF}+\dfrac{1}{BF}=\dfrac{2}{p}$.

命题 5 已知抛物线 $x^2=2py$（$p>0$）的焦点为 F，过点 F 的直线 l 交抛物线于 A，B 两点，则以 AB 为直径的圆与准线相切.

命题 6 已知抛物线 $x^2=2py$（$p>0$）的焦点为 F，过点 F 的直线 l 交抛物线于 A，B 两点，点 A，B 在准线上的射影分别为 A'，B'，则以 $A'B'$ 为直径的圆与 AB 相切于点 F.

命题 7 已知抛物线 $x^2=2py$（$p>0$）的焦点为 F，过点 F 的直线 l 交抛物线于 A，B 两点，则以 AF，BF 为直径的圆均与 x 轴相切.

命题 8 已知抛物线 $x^2=2py$（$p>0$）的焦点为 F，过点 F 的直线 l 交抛物线于点 A，B 且 l 的倾斜角为 α，则 $AB=\dfrac{2p}{\cos^2\alpha}$.

命题 9 已知抛物线 $x^2=2py$（$p>0$）的焦点为 F，过点 F 的直线 l 交抛物线于点 A，B 且 l 的倾斜角为 α，则 $S_{\triangle AOB}=\dfrac{p^2}{2\cos\alpha}$.

命题 10 已知抛物线 $x^2=2py$（$p>0$）的焦点为 F，过点 F 的直线 l 交抛物线于 A，

B 两点,若点 M 是点 F 关于原点的对称点,则 $(S_{\triangle AMB})_{\min} = p^2$.

命题 11 已知抛物线 $x^2 = 2py$ ($p>0$) 的焦点为 F,过点 F 的直线 l 交抛物线于 A,B 两点,点 C 在抛物线的准线上,且 BC 平行于 y 轴,则直线 AC 经过原点 O.

命题 12 已知抛物线 $x^2 = 2py$ ($p>0$) 的焦点为 F,过点 F 的直线 l 交抛物线于 A,B 两点,直线 AO 与准线的交点为 C,则 BC 平行于 y 轴.

命题 13 已知抛物线 $x^2 = 2py$ ($p>0$) 的焦点为 F,过点 F 的直线 l 交抛物线于 A,B 两点,过 A,B 两端点的切线为 l_1,l_2,则 $l_1 \perp l_2$.

命题 14 已知抛物线 $x^2 = 2py$ ($p>0$) 的焦点为 F,过点 F 的直线 l 交抛物线于 A,B 两点,过 A,B 两端点的切线为 l_1,l_2,且 l_1,l_2 的交点为 M,则 M 的轨迹为 $y = -\dfrac{p}{2}$.

命题 15 已知抛物线 $x^2 = 2py$ ($p>0$) 的焦点为 F,过点 F 的直线 l 交抛物线于 A,B 两点,过 A,B 两端点的切线为 l_1,l_2,且 l_1,l_2 的交点为点 M,则 AB 的中点 P 与点 M 的连线平行于 y 轴.

命题 16 已知抛物线 $x^2 = 2py$ ($p>0$) 的焦点为 F,过点 F 的直线 l 交抛物线于 A,B 两点,过 A,B 两端点的切线为 l_1,l_2,且 l_1,l_2 的交点为点 M,则 $FM \perp AB$.

命题 17 已知抛物线 $x^2 = 2py$ ($p>0$) 的焦点为 F,过点 F 的直线 l 交抛物线于 A,B 两点,点 A,B 在准线上的射影分别为 A',B',过 A,B 两端点的切线为 l_1,l_2,则 l_1,l_2 分别平分 $\angle A'AF$,$\angle B'BF$.

命题 18 设点 F 是抛物线 $x^2 = 2py$ ($p>0$) 的焦点,过点 F 的直线 l_1,l_2 分别交抛物线于点 A,C 和点 B,D,且 $l_1 \perp l_2$,则 $(S_{\square ABCD})_{\min} = 8p^2$.

命题 19 设 F 是抛物线 $x^2 = 2py$ ($p>0$) 的焦点,过点 F 的直线 l 交抛物线于 A,B 两点,则 $(S_{\triangle AOB})_{\min} = \dfrac{p^2}{2}$.

命题 20 已知点 M,N 位于抛物线 $x^2 = 2py$ ($p>0$) 上对称轴两侧,过 M,N 两点的切线为 l_1,l_2,且 l_1,l_2 的交点为点 E,则 MN 的中点 P 与点 E 的连线平行于 y 轴.

注:命题 1~20 的证明过程略,读者可以自证.

三、抛物线背景下的中考试题

【例 3-50】(2010 年南通 28 题)已知抛物线 $y = ax^2 + bx + c$ 经过 $A(-4, 3)$,$B(2, 0)$ 两点,当 $x=3$ 和 $x=-3$ 时,这条抛物线上对应点的纵坐标相等. 经过点 $C(0, -2)$ 的直线 l 与 x 轴平行,O 为坐标原点.

(1) 求直线 AB 和这条抛物线的解析式;

(2) 以点 A 为圆心,AO 为半径的圆记为 $\odot A$,判断直线 l 与 $\odot A$ 的位置关系,并说明理由;

(3) 设直线 AB 上的点 D 的横坐标为 -1,$P(m, n)$ 是抛物线 $y = ax^2 + bx + c$ 上的动点,当 $\triangle PDO$ 的周长最小时,求四边形 $CODP$ 的面积.

【解析】(3)抛物线的解析式为 $y = \dfrac{1}{4}x^2 - 1$,焦点为 $O(0, 0)$,准线为 $y = -2$. 由

抛物线的定义可知,抛物线上的点 P 到准线的距离等于点 P 到焦点的距离,即等于线段 $|PO|$,且 $|OD|$ 是定值,所以当点 P 与点 D 的横坐标相等时,$\triangle PDO$ 的周长最小,将 P 点的横坐标 -1 代入抛物线解析式,易求得 $P\left(-1,\ -\dfrac{3}{4}\right)$,再根据面积公式可求得四边形 $CODP$ 的面积为 $\dfrac{17}{8}$.

【例 3-51】(2012 年资阳 25 题) 如图 3-42 所示,抛物线 $y=\dfrac{1}{4}x^2+x+m$ 的顶点在直线 $y=x+3$ 上,过点 $F(-2,2)$ 的直线交该抛物线于 M,N 两点(点 M 在点 N 的左边),$MA\perp x$ 轴于点 A,$NB\perp x$ 轴于点 B.

(1) 先通过配方求抛物线的顶点坐标(坐标可用含 m 的代数式表示),再求 m 的值;
(2) 设点 N 的横坐标为 a,试用含 a 的代数式表示点 N 的纵坐标,并说明 $NF=NB$;
(3) 若射线 NM 交 x 轴于点 P,且 $PA\times PB=\dfrac{100}{9}$,求点 M 的坐标.

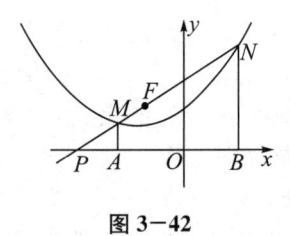

图 3-42

【解析】(2) 抛物线的解析式为 $y=\dfrac{1}{4}x^2+x+2$,焦点为 $F(-2,2)$,准线为 $y=0$. 由抛物线定义,可证 $NF=NB$.

(3) 由抛物线定义,可得 $|MF|=|MA|$,连接 AF,FB,可证 $\triangle PFA\sim\triangle PBF$,得 $PA\times PB=PF^2$,可得点 P 的坐标,进而得直线 PF 的解析式,易得点 M 的坐标为 $\left(-3,\ \dfrac{5}{4}\right)$.

【例 3-52】(2014 年玉林 26 题) 给定直线 l:$y=kx$,抛物线 C:$y=ax^2+bx+1$.

(1) 当 $b=1$ 时,l 与 C 相交于 A,B 两点,其中点 A 为 C 的顶点,点 B 与点 A 关于原点对称,求 a 的值.
(2) 若把直线 l 向上平移 k^2+1 个单位长度得到直线 r,则无论非零实数 k 取何值,直线 r 与抛物线 C 都只有一个交点.
①求此抛物线的解析式;
②若点 P 是此抛物线上任一点,过点 P 作 $PQ\parallel y$ 轴且与直线 $y=2$ 交于 Q 点,O 为原点. 求证:$OP=PQ$.

【解析】(2) ②由①知抛物线的解析式为 $y=-\dfrac{1}{4}x^2+1$,焦点为 $O(0,0)$,准线为 $y=2$. 由抛物线定义,可得 $OP=PQ$,$y=-\dfrac{1}{4}x^2+1$ 上的任意一点到准线 $y=2$ 的距离等于该点到焦点 $O(0,0)$ 的距离,即证得 $OP=PQ$.

60

【例 3-53】（**2015 年泉州 26 题**）抛物线 $y=\dfrac{1}{4}x^2$ 上任意一点到点（0，1）的距离与到直线 $y=-1$ 的距离相等，你可以利用这一性质解决问题.

问题解决：

如图 3-43 所示，在平面直角坐标系中，直线 $y=kx+1$ 与 y 轴交于点 C，与函数 $y=\dfrac{1}{4}x^2$ 的图像交于 A，B 两点，分别过 A，B 两点作直线 $y=-1$ 的垂线，交于 E，F 两点.

(1) 写出点 C 的坐标，并说明 $\angle ECF=90°$；

(2) 在 △PEF 中，点 M 为 EF 的中点，点 P 为动点.

① 求证：$PE^2+PF^2=2(PM^2+EM^2)$；

② 已知 $PE+PF=3$，以 EF 为一条对角线作平行四边形 $CEDF$，若 $1<PD<2$，试求 CP 的取值范围.

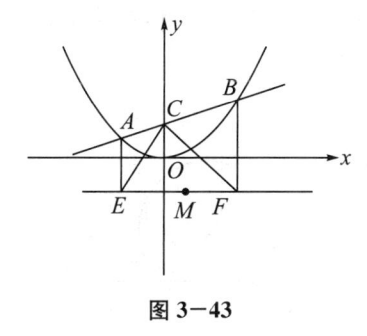

图 3-43

【解析】(1) 抛物线的解析式为 $y=\dfrac{1}{4}x^2$，焦点为 $C(0,1)$，准线为 $y=-1$. 由抛物线定义得 $AC=AE$，$BC=BF$，于是 $\angle AEC=\angle ACF$，$\angle BCF=\angle BFC$，又因为 $\angle AEC+\angle CEF+\angle BFC+\angle CFE=180°$，$\angle ACE+\angle FCE+\angle FCB=180°$，$\angle CEF+\angle CFE+\angle FCE=180°$，得 $\angle ACE+\angle BCF=\angle ECF=90°$.

【例 3-54】（**2015 年资阳 24 题**）已知直线 $y=kx+b(k\neq 0)$ 过点 $F(0,1)$，与抛物线 $y=\dfrac{1}{4}x^2$ 相交于 B，C 两点.

(1) 如图 3-44 所示，当点 C 的横坐标为 1 时，求直线 BC 的解析式.

(2) 在（1）的条件下，点 M 是直线 BC 上一动点，过点 M 作 y 轴的平行线，与抛物线交于点 D，是否存在这样的点 M，使得以点 M，D，O，F 为顶点的四边形为平行四边形？若存在，求出点 M 的坐标；若不存在，请说明理由.

(3) 如图 3-45 所示，设以点 $B(m,n)$（$m<0$），过点 $E(0,-1)$ 的直线 $l\parallel x$ 轴，$BR\perp l$ 于点 R，$CS\perp l$ 于点 S，连接 FR，FS，试判断 △RFS 的形状，并说明理由.

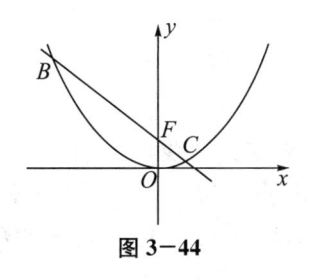

图 3-44 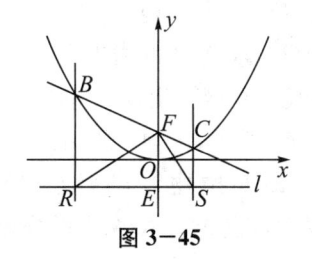 图 3-45

【解析】(3) 抛物线的解析式为 $y=\dfrac{1}{4}x^2$，焦点为 $F(0, 1)$，准线为 $y=-1$. 由抛物线定义，可得 $BR=BF$，$CF=CS$，所以 $\angle RFE=\angle BFR$，$\angle EFS=\angle CFS$，$\angle RFS=\dfrac{1}{2}\angle BFS=90°$，得 $\triangle RFS$ 是直角三角形.

【例 3-55】（2017 年绵阳 24 题）如图 3-46 所示，已知抛物线 $y=ax^2+bx+c(a\neq 0)$ 的图像的顶点坐标是 (2, 1)，过点 (4, 2)，直线 $y=\dfrac{1}{2}x+1$ 与抛物线交于 B，D 两点，以 BD 为直径作圆，圆心为点 C，圆 C 与直线 m 交于对称轴右侧的点 $M(t, 1)$，直线 m 上每一点的纵坐标都等于 1.

(1) 求抛物线的解析式；

(2) 证明：圆 C 与 x 轴相切；

(3) 过点 B 作 $BE\perp m$，垂足为点 E，再过点 D 作 $DF\perp m$，垂足为点 F，求 $BE：MF$ 的值.

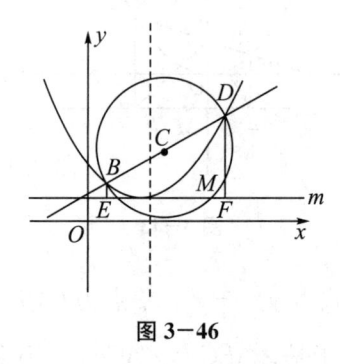

图 3-46

【解析】(2) 由 (1) 得抛物线的解析式为 $y=\dfrac{1}{4}x^2-x+2$，焦点为 (2, 2)，准线为 $y=0$. 因为 BD 的中点到直线 $y=0$ 的距离为 $\dfrac{y_1+y_2}{2}+\dfrac{p}{2}=\dfrac{y_1+y_2}{2}+1$，又 $|BD|=y_1+y_2+p=y_1+y_2+2$，所以 BD 的中点到直线 $y=0$ 的距离是 BD 的一半. 因此，直线 $y=0$ 与以 BD 为直径的圆相切.

【例 3-56】（2019 年武汉 24 题）已知抛物线 C_1：$y=(x-1)^2-4$ 和 C_2：$y=x^2$.

(1) 如何将抛物线 C_1 平移得到抛物线 C_2？

(2) 如图 3-47 所示，抛物线 C_1 与 x 轴正半轴交于点 A，直线 $y=-\dfrac{4}{3}x+b$ 经过点 A，交抛物线 C_1 于另一点 B. 请你在线段 AB 上取一点 P，过点 P 作直线 $PQ/\!/y$ 轴，交抛物线 C_1 于点 Q，连接 AQ.

①若 $AP=AQ$，求点 P 的横坐标；

②若 $PA=PQ$，直接写出点 P 的横坐标.

(3) 如图 3-48 所示，$\triangle MNE$ 的顶点 M，N 在抛物线 C_2 上，点 M 在点 N 右边，两条直线 ME，NE 与抛物线 C_2 均有唯一公共点，ME，NE 均与 y 轴不平行. 若 $\triangle MNE$ 的面积为 2，设 M，N 两点的横坐标分别为 m，n，求 m 与 n 的数量关系.

图 3-47　　　　　图 3-48

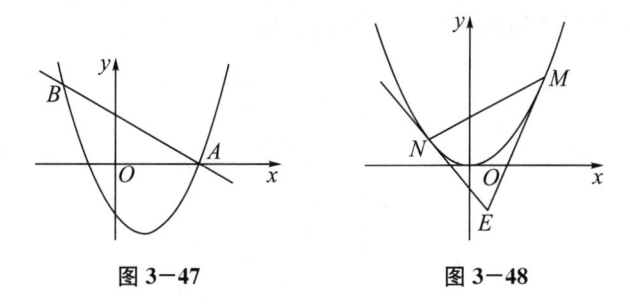

【解析】 （3）由题意知 ME，NE 为抛物线的切线，易得点 E 的坐标为 $\left(\dfrac{m+n}{2}, mn\right)$，则 MN 的中点 F 的坐标为 $\left(\dfrac{m+n}{2}, \dfrac{m^2+n^2}{2}\right)$，故 EF∥y 轴，且 $EF = \dfrac{m^2+n^2}{2} - mn = \dfrac{1}{2}(m-n)^2$. 所以 $S_{\triangle MNE} = \dfrac{1}{2}(m-n) \cdot \dfrac{1}{2}(m-n)^2 = 2$，可得 $m-n=2$.

【例 3-57】（2020 年宜宾 25 题）如图 3-49 所示，已知二次函数图像的顶点在原点，且点（2，1）在二次函数的图像上，过点 $F(0, 1)$ 作 x 轴的平行线交二次函数的图像于 M，N 两点.

（1）求二次函数的表达式；

（2）点 P 为平面内一点，当△PMN 为等边三角形时，求点 P 的坐标；

（3）在二次函数的图像上是否存在一点 E，使得以点 E 为圆心的圆过点 F 和点 N，且与直线 $y=-1$ 相切？若存在，求出点 E 的坐标，并求⊙E 的半径；若不存在，说明理由.

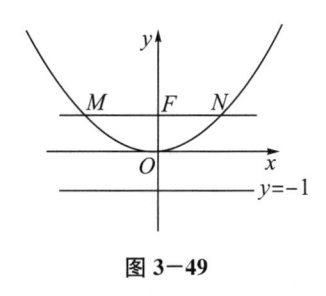

图 3-49

【解析】（3）抛物线的解析式为 $y=\dfrac{1}{4}x^2$，焦点为 $F(0, 1)$，准线为 $y=-1$.（3）本质上是在抛物线上找一点 E，使得 $EF=EN$ 且等于点 E 到 $y=-1$ 的距离. 由抛物线的定义可知 EF 等于点 E 到 $y=-1$ 的距离，所以问题转化为找到使 $EF=EN$ 的点 E. 显然点 E 位于 FN 中垂线与抛物线的交点处，易得 $E\left(1, \dfrac{1}{4}\right)$.

【例 3-58】（2020 年滨州 26 题）如图 3-50 所示，抛物线的顶点为 $A(h, -1)$，与 y 轴交于点 $B\left(0, -\dfrac{1}{2}\right)$，点 $F(2, 1)$ 为其对称轴上的一个定点.

（1）求这条抛物线的函数解析式；

（2）已知直线 l 是过点 $C(0, -3)$ 且垂直于 y 轴的定直线，若抛物线上的任意一点 $P(m, n)$ 到直线 l 的距离为 d，求证：$PF=d$；

（3）已知坐标平面内的点 $D(4, 3)$，请在抛物线上找一点 Q，使△DFQ 的周长最小，并求此时△DFQ周长的最小值及点Q的坐标.

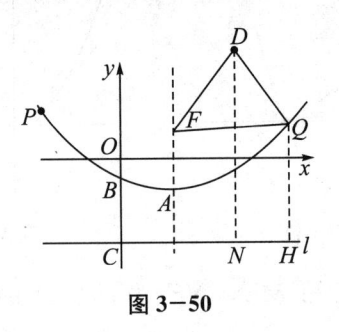

图 3-50

【解析】（2）抛物线的解析式为 $y=\dfrac{1}{8}(x-2)^2-1$，焦点为 $F(2,1)$，准线 $l: y=-3$，由抛物线定义得 $PF=d$；

（3）过点 Q 作 $QH\perp$ 直线 l 于点 H，过点 D 作 $DN\perp$ 直线 l 于点 N. △DFQ 的周长为 $DF+DQ+FQ$，$DF=2\sqrt{2}$，由抛物线定义可知 $DQ+FQ=DQ+QH$，当 D，Q，H 三点共线时，$DQ+QH$ 最小，为 $DN=3$，点 Q 在线段 DN 上，此时△DFQ 的周长的最小值为 $2\sqrt{2}+3$，$Q\left(4,-\dfrac{1}{2}\right)$.

第 4 章 研究中考数学试题的解法

"问题是数学的心脏"，美国数学家 P. R. Halmos 认为"数学家存在的主要理由是解问题，数学的真正组成部分是问题和解". 可见，数学问题和问题的解决在数学活动中非常重要. 在数学活动中数学问题是数学研究的对象，而解决问题不仅是数学研究的目标，同时也是数学活动的最基本形式和主要内容，在数学活动中起着不可替代的作用. 解决问题是数学学习的核心内容，是掌握数学、学会数学思维的基本途径，是评价学习的重要方式. 正如 G. Polya 在《数学的发现》序言中所说，"中学数学的首要任务就是加强解题训练". 他还曾说过，"掌握数学就意味着善于解一些要求独立思考、思路合理、见解独到和有发明创造的题". 由此可见，解题研究在数学活动中占有十分重要的地位. 解法研究是研究中考试题最重要的内容. 对中考试题的解法研究一般可以从一题多解、多题一解入手，从解答失误分析、解答策略提炼、错解分析、解后反思等视角展开. 一题多解是指对一道试题所涉及内容从横向和纵向进行把握，立足于不同的角度，运用不同的方法进行探讨，进而获得多种解法[①].

案例 8 《怎样解题表》指导下的解题实践[②]
——以 2012 年成都中考 24 题为例

解题是数学学习的主要形式和重要内容，是一种实践性技能. 解题能力的提升需要实践，而实践的开展往往需要在解题理论的指导下进行. 对于解题理论的研究，波利亚取得了引人瞩目的成就，其名著《怎样解题》中的《怎样解题表》把解题分为四个阶段：理解题目、拟定方案、执行方案、回顾[③]. 这四个阶段逐次递进，构成了一个紧密的解题系统. 《怎样解题表》中详细阐述了在解题系统下如何解题，如何学会解题. 因此，《怎样解题表》指导下的解题实践对于学生解题能力的提高有益. 下面在《怎样解题表》指导下，以 2012 年成都中考第 24 题为例，构建一个完整的解题实践过程.

【例 4－1】（**2012 年成都 24 题**）见第 1 章例 1－9.

如图 4－1 所示.

[①] 刘成龙，余小芬. 研究中考试题的几点方法 [J]. 中学数学研究，2008（9）：4—10.
[②] 郑云升，向婉诗，刘成龙.《怎样解题表》指导下的解题实践 [J]. 数学教学通讯（中旬），2012（2）：48—51.
[③] 波利亚. 怎样解题 [M]. 涂泓，冯承天，译. 上海：上海科技教育出版社，2007.

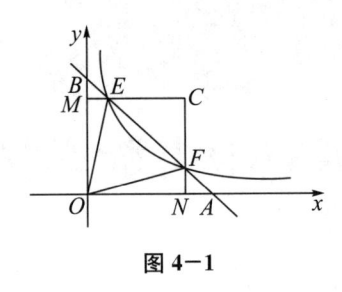

图 4-1

一、理解题目

理解题目又称为弄清题意或审题.谁都知道这是解题工作的第一步,没有审题的开头就没有解题工作的后续,没有审题的明晰就难有"思路探求"的成功.[①] 波利亚指出:"对你所不理解的问题做出答复是愚蠢的."[②] 因此,解题者的首要任务是理解题目.理解题目主要指弄清已知条件是什么(逻辑起点),需要求或证明什么(推理目标),逻辑起点到推理目标之间的纽带是什么.具体来讲,解题者应该搞清楚:未知量是什么?已知数据有哪些?已知条件是什么?哪些条件处于支配地位,是解题的核心要素?哪些条件预示着解题的方向?由已知条件能推出哪些结论?等等.理解题目一般要经历两个过程:直观感知和信息处理.直观感知是指对信息源提供信息的初步接受,即弄清字面意义;信息处理是指对初步接受信息进行筛选、加工,包括弄懂数学含义、识别题目模式、揭示解题方向.

1. 初步审题——直观感知(弄清字面意义)

待求目标 $\dfrac{S_1}{S_2}$:两个三角形面积之比.

已知条件:

(1) 直线 AB 过反比例函数 $y=\dfrac{k}{x}$ 的图像上 E,F 两点;

(2) $EM \perp y$ 轴于点 M,$FN \perp x$ 轴于点 N;

(3) $\dfrac{BE}{BF}=\dfrac{1}{m}$;

(4) $\triangle CEF$ 与 $\triangle OEF$ 为共边三角形.

2. 再次审题——信息处理(模式识别、条件表征、数学含义)

a. 模式识别——问题解决的逻辑起点

直线 AB 过反比例函数 $y=\dfrac{k}{x}$ 的图像上 E,F 两点 $\xrightarrow{\text{模式识别}}$ 基本图(如图 4-2 所示).

[①] 罗增儒. 数学审题审什么,怎么审?[J]. 中学数学教学参考,2012 (4):39-43.
[②] 波利亚. 怎样解题[M]. 涂泓,冯承天,译. 上海:上海科技教育出版社,2007.

图 4-2

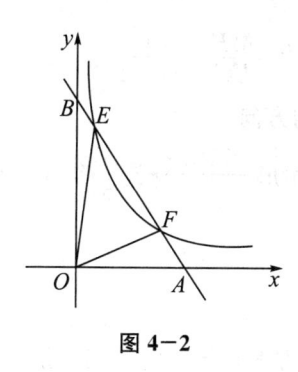

由基本图可得：

① $x_E y_E = x_F y_F = k$；

② $BE = AF$.

说明：①显然成立，下面从两个角度证明②.

思路 1 设 $E\left(a, \dfrac{k}{a}\right)$, $F\left(b, \dfrac{k}{b}\right)$，直线 AB：$y = cx + d$，将点 E，F 代入 AB，得 $y = -\dfrac{kx}{ab} + \dfrac{k}{a} + \dfrac{k}{b}$，于是 $B\left(0, \dfrac{k}{a} + \dfrac{k}{b}\right)$，$A(a+b, 0)$，故 $ME = AN$，$BN = NF$，$BE = AF$.

思路 2 如图 4-3 所示，过点 F 作 $FD \perp BO$ 于点 D，过点 E 作 $EW \perp AO$ 于点 W，因为 $\dfrac{BE}{BF} = \dfrac{1}{m}$，所以 $\dfrac{ME}{DF} = \dfrac{1}{m}$，因为 $ME \cdot EW = k = FN \cdot DF$，所以 $\dfrac{ME}{DF} = \dfrac{FN}{EW} = \dfrac{1}{m} = \dfrac{BE}{BF} = \dfrac{AF}{AE}$，得 $\dfrac{BE + EF}{BE} = \dfrac{AF + EF}{AF}$，于是 $\dfrac{EF}{BE} = \dfrac{EF}{AF}$，故 $BE = AF$.

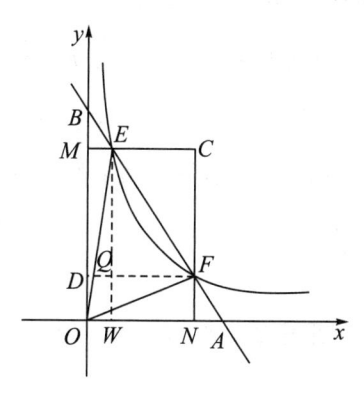

图 4-3

b. 条件表征——问题解决的关键

$EM \perp y$ 轴于 M，$FN \perp x$ 轴于 N $\xrightarrow{\text{条件表征}}$ ③ $S_{\triangle OME} = S_{\triangle ONF} = \dfrac{k}{2}$；④ $\triangle BEM \cong \triangle AFN$；⑤四边形 $ONCM$ 为矩形；⑥ $\triangle BME \backsim \triangle FCE \backsim \triangle FNA$；⑦ $S_2 = S_{\text{四边形}MEFD}$.

说明：③⑤⑥显然成立，由②可立得④，下面证明⑦.

如图 4-3 所示，过点 F 作 $FD \perp BO$ 于点 D，交 OE 于点 Q，因为 $S_{\text{四边形}MEDQ} + S_{\triangle DQO} = \dfrac{k}{2} = S_{\triangle FOQ} + S_{\triangle QDO}$，所以 $S_{\text{四边形}MEDQ} = S_{\triangle FOQ}$，于是 $S_2 = S_{\text{四边形}MEFD}$.

67

$$\frac{BE}{BF}=\frac{1}{m} \xrightarrow{\text{条件表征}} \text{⑧} \frac{BE}{EF}=\frac{BM}{CF}=\frac{ME}{EC}=\frac{1}{m-1}.$$

c. 数学含义——问题解决的方向

$\triangle CEF$ 与 $\triangle OEF$ 为共边三角形 $\xrightarrow{\text{数学含义}}$ ⑨ $\dfrac{S_1}{S_2}$ 等于 EF 边上对应高之比.

二、拟定方案

拟定方案即制定解题方案. 方案是解题的蓝图，是基于题意制定的解题思路. 从系统论来看，一个数学问题就是一个相对独立的系统，对系统的处理（解题）就是把系统中一个个零散的信息按照一定顺序串在一起形成一个有机整体. 解题就是搭建逻辑起点到推理目标间的一个通路. 事实上，信息间的组合方式有很多，有的组合方式是一个回路，有的组合方式是一个通路，就像迷宫内部有很多路径，有的路径不能通向出口，有的路径通向出口，如何及时调整并找到有效的路径呢？"你以前见过它吗？或者你见过同样的题目以一种稍微不同的形式出现吗？你知道一道和它相关的题目吗？"[①] 这是解题者应该不断提醒自己的问题，同时在深入理解题目的基础上，必须进一步弄清题目各个数据是如何相关的，未知量和条件之间有什么关联，逻辑起点到推理目标间存在的差异，从而拟定一个有效、正确的解题方案. 由于解题者对信息处理的深度和广度不同，制定的方案往往会有差异.

角度1 局部入手

把 S_1，S_2 当成两个独立的量，分别表示如下：

S_1 的计算方式有两种：$S_1=\dfrac{1}{2}CE \cdot CF$；$S_1=\dfrac{1}{2}EF \cdot h_1$（$h_1$ 为 EF 边上的高）.

S_2 的计算方式有多种：$S_2=S_{\text{四边形}CNOM}-S_1-S_{\triangle OME}-S_{\triangle OFN}$；$S_2=S_{\triangle EOA}-S_{\triangle FOA}$；$S_2=S_{\triangle BOF}-S_{\triangle BOE}$；$S_2=\dfrac{1}{2}EF \cdot h_2$（$h_2$ 为 EF 边上的高）；$S_2=S_{\text{四边形}MEFD}$；等等.

角度2 整体入手

把 $\dfrac{S_1}{S_2}$ 看成一个整体，相当于求比值，将 S_1，S_2 的计算方式代入，把面积比转化成线段比.

三、执行方案

执行方案是方案的具体实施，是解题方法的具体呈现阶段. 执行方案时往往会因为方案不具有操作性，或方案存在缺陷，或方案过于复杂而难以实施. 因此，执行方案的过程必将是一个不断试误、调整的过程. 从弄清题意到执行方案一般要经历五个阶段：分析问

---

① 波利亚. 怎样解题[M]. 涂泓，冯承天，译. 上海：上海科技教育出版社，2007.

题—形成方案—执行方案—调整方案—执行方案. 解题者需要不断调整解题方案,以提高解题行为的有效性和正确性.

思路 1 由 $S_1=\frac{1}{2}EF \cdot h_1$,$S_2=\frac{1}{2}EF \cdot h_2$ 直接计算 S_1,S_2 时,需要求 h_1,h_2,但是直接求 h_1,h_2 是很困难的,难以实施.

思路 2 利用坐标容易表示 CE,CF,进而求得 S_1,S_2.

方法 1 如图 4-3 所示,过点 F 作 $FD \perp BO$ 于点 D,过点 E 作 $EW \perp AO$ 于点 W. 由 ④$\triangle BEM \cong \triangle AFN$ 及 ⑧$\frac{BE}{EF}=\frac{BM}{CF}=\frac{ME}{EC}=\frac{1}{m-1}$,可得 $\frac{ME}{DF}=\frac{FN}{EW}=\frac{1}{m}$. 设点 E 的坐标为 (x,my),则点 F 的坐标为 (mx,y),所以 $S_1=\frac{1}{2}(mx-x)(my-y)=\frac{1}{2}(m-1)^2 xy$. 又 $S_2=S_{四边形CNOM}-S_1-S_{\triangle OME}-S_{\triangle OFN}=mx \cdot my-\frac{1}{2}(m-1)^2 xy-\frac{1}{2}y \cdot mx=\frac{1}{2}(m^2-1) \cdot xy$,所以 $\frac{S_1}{S_2}=\dfrac{\frac{1}{2}(m-1)^2 xy}{\frac{1}{2}(m^2-1)xy}=\frac{m-1}{m+1}$.

思路 3 从整体的角度来看,$\frac{S_1}{S_2}=\frac{h_1}{h_2}$,只需求出对应高的比值即可.

方法 2 如图 4-4 所示,设 $C(a,b)$,则 $E\left(\frac{k}{b},b\right)$,$F\left(a,\frac{k}{a}\right)$,$\frac{S_1}{S_2}=\frac{CG}{OH}$,又 $\frac{BM}{FC}=\frac{ME}{EC}$,即 $\frac{BM}{b-\frac{k}{a}}=\dfrac{\frac{k}{b}}{b-\frac{k}{b}}$,得 $BM=\frac{k}{a}$. 又 $\triangle CFG \backsim \triangle OBH$,所以 $\frac{CG}{OH}=\frac{CF}{OB}=\dfrac{b-\frac{k}{a}}{b+\frac{k}{a}}=\frac{ab-k}{ab+k}$,又因为 $\frac{BE}{BF}=\frac{ME}{DF}$,即 $\frac{1}{m}=\dfrac{\frac{k}{b}}{a}$,得 $ab=mk$,所以 $\frac{S_1}{S_2}=\frac{mk-k}{mk+k}=\frac{m-1}{m+1}$.

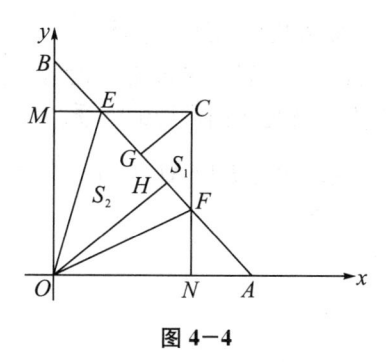

图 4-4

方法 3 易知 $\frac{S_1}{S_2}=\frac{CG}{OH}$,又 $\triangle BOA \backsim \triangle FCE$,所以 $\frac{CG}{OH}=\frac{AB}{EF}$,由 ②$BE=AF$ 及 ⑧$\frac{BE}{EF}=\frac{1}{m-1}$,可得 $\frac{CG}{OH}=\frac{AB}{EF}=\frac{m-1}{m+1}$.

思路 4 由 $S_2=S_{四边形MEFD}$,于是 $\frac{S_1}{S_2}$ 可以转化为线段和差的比值.

方法 4 由⑦ $S_2 = S_{四边形MEFD}$，可得 $\dfrac{S_1}{S_2} = \dfrac{S_1}{S_{四边形MEFD}} = \dfrac{\frac{1}{2}EC \cdot CF}{\frac{1}{2}(ME+DF) \cdot CF} = \dfrac{EC}{ME+DF} = \dfrac{DF-ME}{ME+DF}$，又因为 $\dfrac{BE}{BF} = \dfrac{1}{m}$，所以 $\dfrac{ME}{DF} = \dfrac{1}{m}$，得 $DF = mME$，于是 $\dfrac{S_1}{S_2} = \dfrac{m-1}{m+1}$.

四、回顾

回顾即反思. 波利亚指出："通过回顾完整的答案，重新斟酌、审查结果及导致结果的途径，能够巩固知识，并培养学生的解题能力. 没有任何一个题目是彻底完成了的，总还会有些事情可以做."[①] 涂荣豹指出，回顾解题即在进行了必要的解题后，回过头来对自己的解题活动加以分析. 回顾解题是解题学习的重要环节，包括检验解答、讨论解法、推广结果和思维活动反思等方面.

反思 1 在多样的解法中，能否找出问题解答的核心？

仔细研究，不难发现各种方法最核心的地方是相似，反比例函数仅仅是包裹在外的一层面纱（提供基本数据、面积转化的方式）. 如图 4-5 所示，图形中隐藏着两种基本的相似图形：A 字型相似和 Z 字型相似. 即 $\triangle BME \backsim \triangle FCE$，$\triangle BME \backsim \triangle BDF$.

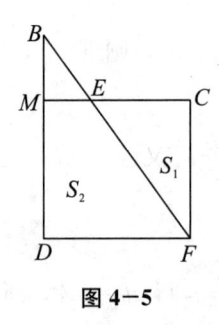

图 4-5

反思 2 在多样的解法中，能否找出问题的本质？

华罗庚说："复杂的问题要善于'退'，足够地'退'，退到最原始而不失重要性的地方.""原始而不失重要性的地方"就是我们常说的本质.

本质：如图 4-6 所示，已知四边形 $DFCM$ 为矩形，$\dfrac{ME}{MC} = \dfrac{1}{m}$，则 $\dfrac{S_1}{S_2} = \dfrac{m-1}{m+1}$.

证明：$\dfrac{S_1}{S_2} = \dfrac{\frac{1}{2}EC \cdot CF}{\frac{1}{2}(ME+DF) \cdot CF} = \dfrac{m-1}{m+1}$.

[①] 波利亚. 怎样解题 [M]. 涂泓，冯承天，译. 上海：上海科技教育出版社，2007.

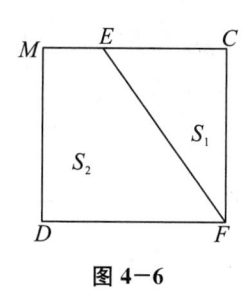

图 4-6

你能用不同的方式推导这个结果吗? 你能一眼就看出它来吗?[①] 立足于问题的本质, 可以得到优秀的解答方法.

优美解 1 设 $S_{\triangle BME}=1$, 则 $S_1=(m-1)^2$, $S_2=m^2-1$, 所以 $\dfrac{S_1}{S_2}=\dfrac{m-1}{m+1}$.

反思 3 $\dfrac{S_1}{S_2}=\dfrac{m-1}{m+1}$ 中 "$m-1$" 可以看成 Rt$\triangle CEF$ 的边 EF, 那么 "$m+1$" 能否看成是与 Rt$\triangle CEF$ "匹配" 的三角形的对应边呢?

根据前文可知, $BE=FA=$ "1", $EF=$ "$m-1$", 于是 BA 可以看成 "$m+1$", 但 $S_{\triangle OBA}\neq S_2$, 有没有以 BA 为边的三角形面积等于 S_2 呢? 因此, 任务聚焦在寻找面积为 S_2、以 BA 为边的三角形上.

优美解 2 如图 4-7 所示, 过点 E, F 分别作 x 轴、y 轴的垂线相交于点 P, 连接 PB, PA. 易知 $S_{\triangle PEF}=S_1$, $S_{\triangle PAB}=S_2$, 于是 $\dfrac{S_1}{S_2}=\dfrac{EF}{AB}=\dfrac{m-1}{m+1}$.

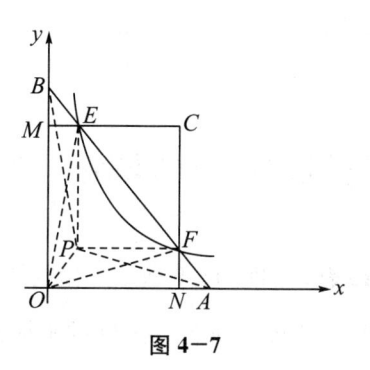

图 4-7

反思 4 $\dfrac{S_1}{S_2}=\dfrac{m-1}{m+1}$ 中 "$m-1$" 可以看成 Rt$\triangle CEF$ 的边 EF, 那么 "$m+1$" 能看成是哪一个与 Rt$\triangle CEF$ "匹配" 的三角形的对应边呢?

易知 $EM=$ "1", $DF=$ "m", 于是 $BM+DF=$ "$m+1$", 很自然想到把 EM "嫁接" 到 DF 上.

优美解 3 如图 4-8 所示, 延长 FD 到点 T, 使得 $DT=ME$, 连接 TE 交 DM 于点 S. 显然 $\triangle EMS\cong\triangle TDS$, 于是 $S_2=S_{\triangle EFT}$, 所以 $\dfrac{S_1}{S_2}=\dfrac{EC}{TF}=\dfrac{m-1}{m+1}$.

[①] 波利亚. 怎样解题 [M]. 涂泓, 冯承天, 译. 上海: 上海科技教育出版社, 2007.

图 4-8

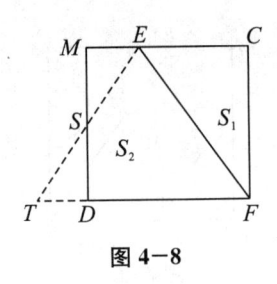

反思 5 要说明 $\dfrac{S_1}{S_2}=\dfrac{m-1}{m+1}$，而 $\dfrac{m-1}{m+1}=\dfrac{S_2}{S_{\triangle OAB}}$ 显然成立，于是只需证明 $\dfrac{S_2}{S_{\triangle OAB}}=\dfrac{S_1}{S_2}$ 即可.

优美解 4 易证 $\triangle CEF \backsim \triangle OAB$，于是 $\dfrac{EF}{AB}=\dfrac{h_1}{h_2}$，所以 $\dfrac{1}{4}EF^2 h_2^2=\dfrac{1}{4}EF\cdot h_1\cdot AB\cdot h_2$，即 $S_2^2=S_1 S_{\triangle OAB}$，得 $\dfrac{S_2}{S_{\triangle OAB}}=\dfrac{S_1}{S_2}$，又 $\dfrac{S_2}{S_{\triangle OAB}}=\dfrac{m-1}{m+1}$，所以 $\dfrac{S_1}{S_2}=\dfrac{m-1}{m+1}$.

反思 6 随着 m 变化，S_1，S_2 在变化，在变化的过程中哪些核心关系不发生变化？

不变的关系是 $AF=BE$，$S_2=S_{四边形MEFD}$.

基于核心不变关系，你能把问题推广到更一般的情形吗？

注：推广可参见第 6 章案例 25.

对于解题教学，罗增儒教授指出："我们有理由坚信，学生不是学不会，而是不会学，或暂时未学会，关键是解题教学缺少促进自觉、显化理解的环节，是环节不完整、办法未到位."该案例基于《怎样解题表》，构建了一个完整的解题实践过程. 不难看出，四个环节的层层深入把解题活动推向了高潮. 学生对《怎样解题表》的运用从模仿走向自觉运用、自发感悟，必将预示解题能力从模仿走向成熟.

案例 9 一道中考试题的一般解法、通解及高等解法[①]

【例 4-2】（2013 年河南 23 题）如图 4-9 所示，抛物线 $y=-x^2+bx+c$ 与直线 $y=\dfrac{1}{2}x+2$ 交于 C，D 两点，其中点 C 在 y 轴上，点 D 的坐标为 $\left(3,\dfrac{7}{2}\right)$，点 P 是 y 轴右侧的抛物线上一动点，过点 P 作 $PE\perp x$ 轴于点 E，交 CD 于点 F.

（Ⅰ）略；

（Ⅱ）略；

（Ⅲ）若存在点 P，使 $\angle PCF=45°$，请直接写出相应的点 P 的坐标.

---

① 苏鹏，郑云升，刘成龙. 一道中考试题的一般解法、通解及高等解法[J]. 理科考试研究（初中），2018（5）：2-5.

图 4-9

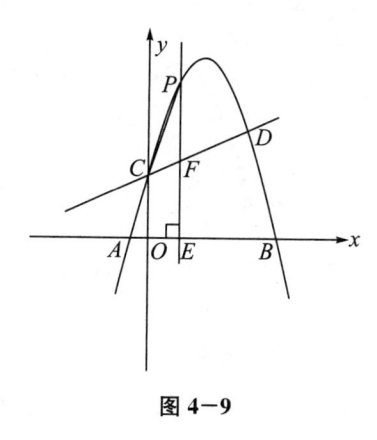

一、试题的一般解法

试题的一般解法指试题的常规解答方法,最接近学生实际的解法,即通性通法. 这里介绍直接法和间接法.

视角1 直接法

【解析】 直接设点 $P\left(m,-m^2+\frac{7}{2}m+2\right)$,并建立关于 m 的方程.

解法1 如图 4-10 所示,当点 P 位于直线 CD 上方时,设点 P_1 的横坐标为 m,则 $P_1\left(m,-m^2+\frac{7}{2}m+2\right)$,$F\left(m,\frac{1}{2}m+2\right)$,过点 C 作 $CM\perp PE$ 于点 M,则 $CM=m$,$EM=2$,所以 $FM=y_F-EM=\frac{1}{2}m$,$\tan\angle CFM=2$,在 $\mathrm{Rt}\triangle CFM$ 中,由勾股定理得 $CF=\frac{\sqrt{5}}{2}m$. 过点 P_1 作 $PN\perp CD$ 于点 N,则 $P_1N=FN\cdot\tan\angle P_1FN=FN\cdot\tan\angle CFM=2FN$. 因为 $\angle P_1CF=45°$,所以 $P_1N=CN$,而 $P_1N=2FN$,所以 $FN=CF=\frac{\sqrt{5}}{2}m$,$P_1N=2FN=\sqrt{5}m$,在 $\mathrm{Rt}\triangle P_1FN$ 中,得 $P_1F=\sqrt{FN^2+PN^2}=\frac{5}{2}m$. 因为 $P_1F=-m^2+\frac{7}{2}m+2-\left(\frac{1}{2}m+2\right)=-m^2+3m=\frac{5}{2}m$,整理得 $m^2-\frac{1}{2}m=0$,解得 $m=0$(舍去)或 $m=\frac{1}{2}$,所以 $P_1\left(\frac{1}{2},\frac{7}{2}\right)$.

同理,当 P 位于直线 CD 下方时,得 $P_2\left(\frac{23}{6},\frac{13}{18}\right)$.

综上,符合条件的点 P 为 $\left(\frac{1}{2},\frac{7}{2}\right)$ 或 $\left(\frac{23}{6},\frac{13}{18}\right)$.

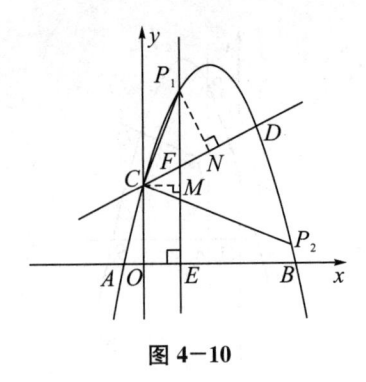

图 4-10

【评注】 解法 1 中直接设点 P 坐标，把问题转化为求 m 的值. 而建立关于 m 的方程借助了 $PF = PF$ 这一等量关系，即用 m 从勾股定理和坐标差分别来表示 PF. 这一过程中，通过作垂线构造相似三角形得到了直角三角形边的比值关系.

视角 2 间接法

【解析】 点 P 是直线 CP 与抛物线 $y = -x^2 + \dfrac{7}{2} + 2$ 的交点，于是求点 P 的坐标可转化为求直线 CP 的解析式. 点 C 的坐标已知，于是转化成求直线 CP 上异于点 C 的任意一点的坐标.

解法 2 (1) 如图 4-11 所示，当 P 在直线 CD 上方时，延长 DC 交 x 轴于点 G，过点 C 作 $CH \perp CD$ 交 x 轴于点 H，易得 CH：$y = -2x + 2$，于是 $H(1, 0)$，又 $G(-4, 0)$，故 $CG = 2\sqrt{5}$，$CH = \sqrt{5}$，因为 $\angle PCF = 45°$，由角平分线定理可得 $\dfrac{CG}{CH} = \dfrac{GR}{RH}$，得 $\dfrac{GR}{RH} = 2$，又 $GH = 5$，于是 $GR = \dfrac{10}{3}$，得 $R\left(-\dfrac{2}{3}, 0\right)$，又因为 $C(0, 2)$，所以 CP_1：$y = 3x + 2$，联立 $\begin{cases} y = 3x + 2 \\ y = -x^2 + \dfrac{7}{2}x + 2 \end{cases}$，得 $P_1\left(\dfrac{1}{2}, \dfrac{7}{2}\right)$.

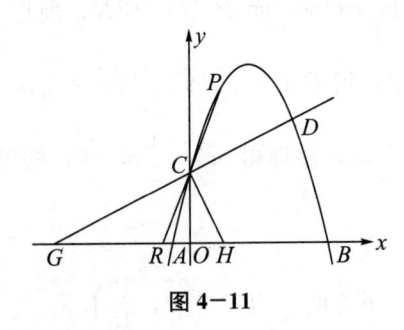

图 4-11

(2) 当点 P 在直线 CD 下方时，由题意可知 $CP_1 \perp CP_2$，且 CP_2：$y = -\dfrac{1}{3}x + 2$，联立 $\begin{cases} y = -\dfrac{1}{3}x + 2 \\ y = -x^2 + \dfrac{7}{2}x + 2 \end{cases}$，得 $P_2\left(\dfrac{23}{6}, \dfrac{13}{18}\right)$.

【评注】 解法 2 中通过延长 DC，PC，利用特殊角 $\angle P_1CF=45°$ 构造出了 $Rt\triangle GCH$ 的角平分线 CR，并利用角平分线的性质得到了"关键点" R 的坐标，进而求得直线 CP 的解析式.

需要说明的是，在求得 P_1 的坐标的基础上，P_2 的坐标很容易得到. 因此，下面只讨论位于直线 CP 上方的点 P 的坐标.

解法 3 如图 4-12 所示，延长 DC 交 x 轴于点 G，过点 G 作 PC 的垂线交 PC 的延长线于点 H，于是 $\triangle CGH$ 为等腰直角三角形，由解法 2 可知 $CG=2\sqrt{5}$，于是 $GH=CH=\sqrt{10}$，又因为 $\triangle RGH \backsim \triangle RCO$，于是 $\dfrac{GH}{CO}=\dfrac{GR}{CR}=\dfrac{HR}{OR}$，得 $\dfrac{\sqrt{10}}{2}=\dfrac{HR}{OR}=\dfrac{4-OR}{\sqrt{10}-HR}$，得 $OR=\dfrac{2}{3}$，于是 $R\left(-\dfrac{2}{3}, 0\right)$，以下步骤同解法 2.

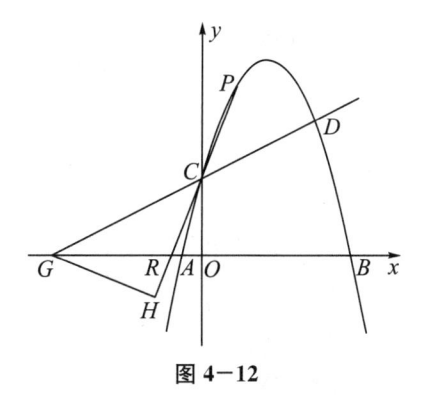

图 4-12

【评注】 解法 3 中通过相似得到了"关键点" R 的坐标，与解法 2 比较没有使用角平分线的性质.

解法 4 如图 4-13 所示，过点 D 作 $DQ \perp y$ 轴，交 y 轴于点 Q，过点 D 作 CD 的垂线交 CP 的延长线于点 H，过点 H 作 $HG \perp DQ$ 于点 G，易得 $\triangle CDH$ 为等腰直角三角形，所以 $CD=DH$，易知 $\triangle HGD \cong \triangle DQC$，所以 $HG=DQ=3$，$DG=CQ=\dfrac{3}{2}$，于是 $H\left(\dfrac{3}{2}, \dfrac{13}{2}\right)$，得直线 CP 的解析式：$y=3x+2$，以下步骤同解法 2.

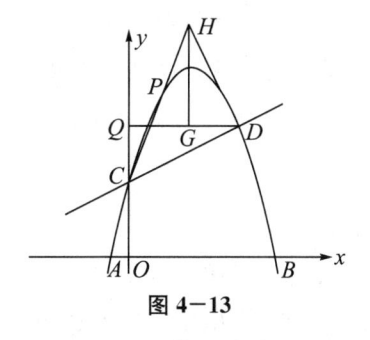

图 4-13

【评注】 解法 4 中利用特殊角 $45°$ 构造了等腰直角三角形，并进一步通过构造全等三角形求得"关键点" H 的坐标，进而求得直线 CP 的解析式. 解法 2、3、4 的共性是求直线 CP 上异于 C，P 的点，进而得到直线 CP 的解析式.

二、试题的通解

通解是指问题的统一解法. 这里用平移法给出试题的解法.

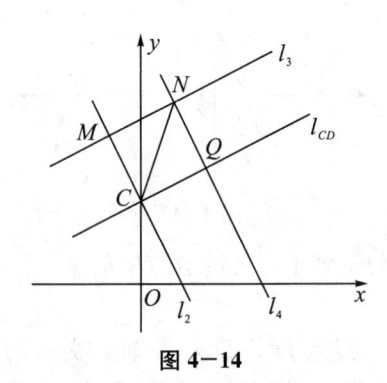

解法 5 如图 4-14 所示,当点 P 在直线 CD 上方时,过点 C 作直线 $l_2 \perp CD$,易得 l_2:$y = -2x + 2$;将直线 CD 向上平移 n 个单位得到直线 l_3,易得 l_3:$y = \dfrac{1}{2}x + 2 + n$;将直线 l_2 向右平移 n 个单位得到直线 l_4,易得 l_4:$y = -2x + 2n + 2$,四边形 $CMNQ$ 为正方形. 于是 $\angle NCQ = 45°$,联立 $\begin{cases} y = \dfrac{1}{2}x + 2 + n \\ y = -2x + 2n + 2 \end{cases}$,解得 $x = \dfrac{2}{5}n$,$y = \dfrac{6}{5}n + 2$,故 $N\left(\dfrac{2}{5}n, \dfrac{6}{5}n + 2\right)$,由点 $C(0, 2)$,$N\left(\dfrac{2}{5}n, \dfrac{6}{5}n + 2\right)$,可得 l_{CN}:$y = 3x + 2$,联立 $\begin{cases} y = 3x + 2 \\ y = -x^2 + \dfrac{7}{2}x + 2 \end{cases}$,得 $P\left(\dfrac{1}{2}, \dfrac{7}{2}\right)$.

图 4-14

【评注】 平移法在初中阶段算得上是一种很巧妙的办法. 平移法的本质在于通过平移构造矩形,且使矩形的对角线和边的夹角满足已知条件,于是两条"已知"直线的交点即为"关键点". 通解中通过向上、向右平移 n 个单位构造以 C 为顶点的正方形 $CMNQ$,对角线 CN 与直线 CD 所在直线成 $45°$ 角,直线 CN 与抛物线的交点即为 P. 特别地,为计算的方便,n 可取任意的数值. 事实上,通过对 CQ 向上、CM 向右平移量的调整,可以得到 $\angle NCQ$ 的不同值,比如,CQ 向上平移 $\sqrt{3}$,CM 向右平移 1,可得 $\angle NCQ = 60°$;CQ 向上平移 1,CM 向右平移 $\sqrt{3}$,可得 $\angle NCQ = 30°$;CQ 向上平移 1,CM 向右平移 $\tan\alpha$,可得 $\angle NCQ = \dfrac{\pi}{2} - \alpha$.

因此,原问题可以进行变式.

变式 原题中改 $\angle PCF = 30°$,其他条件不变,求点 P 的坐标.

解 (1) 如图 4-15 所示,当点 P 在直线 CD 上方时,过点 C 作直线 $l_2 \perp CD$,易得 l_2:$y = -2x + 2$;将直线 CD 向上平移 1 个单位得到直线 l_3,易得 l_3:$y = \dfrac{1}{2}x + 3$;将直线 l_2 向右平移 $\sqrt{3}$ 个单位得到直线 l_4,易得 l_4:$y = -2x + 2 + 2\sqrt{3}$,四边形 $CMNQ$

为长方形. 于是 $\angle NCQ = 30°$, 联立 $\begin{cases} y = \dfrac{1}{2}x + 3 \\ y = -2x + 2 + 2\sqrt{3} \end{cases}$, 解得 $x = \dfrac{4\sqrt{3} - 2}{5}$, $y = \dfrac{2\sqrt{3} + 14}{5}$, 故 $N\left(\dfrac{4\sqrt{3} - 2}{5}, \dfrac{2\sqrt{3} + 14}{5}\right)$, 由点 $C(0, 2)$, $N\left(\dfrac{4\sqrt{3} - 2}{5}, \dfrac{2\sqrt{3} + 14}{5}\right)$, 可得 $l_{CN}: y = \dfrac{8 + 5\sqrt{3}}{11}x + 2$, 联立 $\begin{cases} y = -x^2 + \dfrac{7}{2}x + 2 \\ y = \dfrac{8 + 5\sqrt{3}}{11}x + 2 \end{cases}$, 得 $P\left(\dfrac{61 - 10\sqrt{3}}{22}, \dfrac{225\sqrt{3} + 822}{242}\right)$.

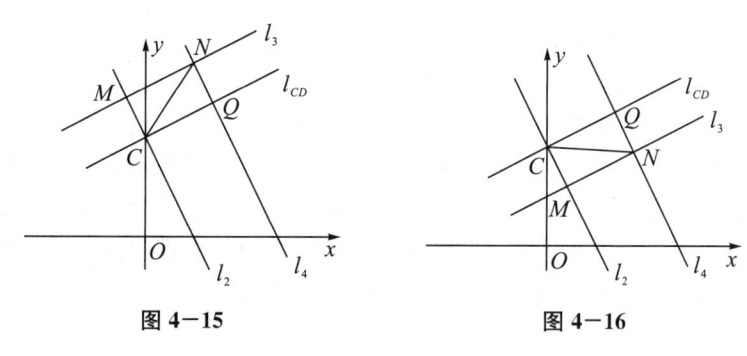

图 4-15   图 4-16

(2) 如图 4-16 所示, 当点 P 在直线 CD 下方时, 过点 C 作直线 $l_2 \perp CD$, 易得 $l_2: y = -2x + 2$; 将直线 CD 向下平移 1 个单位得到直线 l_3, 易得 $l_3: y = \dfrac{1}{2}x + 1$; 将直线 l_2 向右平移 $\sqrt{3}$ 个单位得到直线 l_4, 易得 $l_4: y = -2x + 2 + 2\sqrt{3}$, 四边形 $CMNQ$ 为长方形. 于是 $\angle NCQ = 30°$, 联立 $\begin{cases} y = \dfrac{1}{2}x + 1 \\ y = -2x + 2 + 2\sqrt{3} \end{cases}$, 解得 $x = \dfrac{4\sqrt{3} - 2}{5}$, $y = \dfrac{2\sqrt{3} + 4}{5}$, 故 $N\left(\dfrac{4\sqrt{3} - 2}{5}, \dfrac{2\sqrt{3} + 4}{5}\right)$, 由点 $C(0, 2)$, $N\left(\dfrac{4\sqrt{3} - 2}{5}, \dfrac{2\sqrt{3} + 4}{5}\right)$, 可得 $l_{CN}: y = \dfrac{3 - 5\sqrt{3}}{11}x + 2$, 联立 $\begin{cases} y = -x^2 + \dfrac{7}{2}x + 2 \\ y = \dfrac{3 - 5\sqrt{3}}{11}x + 2 \end{cases}$, 得 $P\left(\dfrac{71 + 10\sqrt{3}}{22}, \dfrac{-325\sqrt{3} + 547}{242}\right)$.

【评注】 当 $\angle PCF = 30°$ 时, 解法 1、2、3、4 中部分方法失灵, 而通法依然具有强大的功效. 事实上, $\angle PCF = \theta$ ($0° < \theta < 90°$) 都能运用通法解答.

三、试题的高等解法

高等解法是指涉及高中或大学知识的解法. 事实上, 该试题隐含了高中数学中夹角公式这一背景, 下面从夹角公式这一背景给出试题的解法.

夹角公式: 设直线 l_1, l_2 的斜率存在, 分别为 k_1, k_2, l_1 与 l_2 的夹角为 θ, 则 $\tan\theta = \left|\dfrac{k_1 - k_2}{1 + k_1 k_2}\right|$. (注: 两直线的夹角是指两直线所成的小于 90° 的角, 故正切值始终为正)

解法 6 设直线 CP 的函数表达式为 $y=kx+2$，由夹角公式可得 $\tan 45°=\left|\dfrac{k-\dfrac{1}{2}}{1+\dfrac{1}{2}k}\right|$，得 $k=3$ 或 $k=-\dfrac{1}{3}$. 故 CP_1，CP_2 所在的直线分别为 $y=3x+2$，$y=-\dfrac{1}{3}x+2$. 以下步骤同前面.

四、解后反思

案例中的一般方法较为烦琐，但最常规，学生最容易想到；通解抓住了解决该类问题的要害，但学生不易想到；高等解法抓住夹角公式背景，运用夹角公式来解答，非常优化，但这引起了我们的担心：对于一些参加过数学竞赛或老师补讲过夹角公式的学生来讲，无疑占尽优势，显然对于那些不知道夹角公式的学生来讲是不公平的，我们揣测命题者命制高中数学背景的中考试题有考查学生潜质和培养学生超前学习意识之意，这是一个较好的导向．但我们认为以高中或大学知识为背景命题时，应设置试题的一般解法和高等解法难度相当．因此，在平常的解题教学中，我们仍需坚持一般解法的主体地位．

案例 10　2019 年成都中考 28 题的多解[①]

【例 4－3】（2019 年成都 28 题）如图 4－17 所示，抛物线 $y=ax^2+bx+c$ 经过点 $A(-2,5)$，与 x 轴相交于 $B(-1,0)$，$C(3,0)$ 两点．

(1) 求抛物线的函数表达式；

(2) 点 D 在抛物线的对称轴上，且位于 x 轴的上方，将△BCD 沿直线 BD 翻折得到△$BC'D$，若点 C' 恰好落在抛物线的对称轴上，求点 C' 和点 D 的坐标；

(3) 设点 P 是抛物线上位于对称轴右侧的一点，点 Q 在抛物线的对称轴上，当△CPQ 为等边三角形时，求直线 BP 的函数表达式.

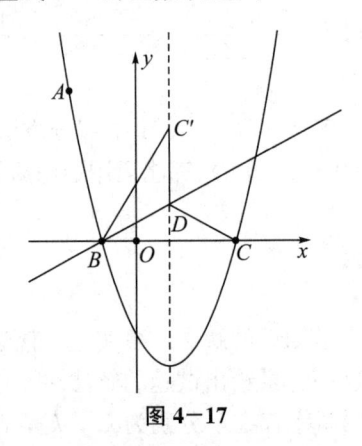

图 4－17

[①] 唐瑞，游娇，刘成龙. 2019 年成都中考 28 题的多解及变式 [J]. 数理化学习（初中），2020 (8)：16-18，25.

一、(2) 的多解

解法 1 设 $D(1, a)$，得 $CD = \sqrt{4+a^2}$，则 $C'(1, a+\sqrt{4+a^2})$. 因为 $\triangle BDC'$ 由 $\triangle BDC$ 翻折得到，所以 $S_{\triangle BDC'} = S_{\triangle BDC}$，即 $2a = \sqrt{4+a^2}$，得 $a^2 = \dfrac{4}{3}$，又因为 $a > 0$，所以 $a = \dfrac{2\sqrt{3}}{3}$，故 $D\left(1, \dfrac{2\sqrt{3}}{3}\right)$，$C'(1, 2\sqrt{3})$.

解法 2 因为 $\triangle BDC'$ 由 $\triangle BDC$ 翻折得到，所以 $BC' = BC$. 设 $D(1, a)$，则 $C'(1, a+\sqrt{4+a^2})$，已知 $C(3, 0)$，$B(-1, 0)$，则 $\sqrt{4+(a+\sqrt{4+a^2})^2} = 4$，得 $a^2 = \dfrac{4}{3}$，又因为 $a > 0$，所以 $a = \dfrac{2\sqrt{3}}{3}$，得到 $D\left(1, \dfrac{2\sqrt{3}}{3}\right)$，$C'(1, 2\sqrt{3})$.

解法 3 连接 CC'，设 $x = 1$ 与 x 轴的交点为 Q. 由题意，$C'Q$ 为 BC 的中垂线，得到 $BD = DC$，$BC' = C'C$，所以 $\triangle BC'C$ 为等边三角形，$\triangle BDC$ 为等腰三角形，$C'Q$ 为 $\angle BC'C$ 的角平分线，BD 为 $\angle C'BC$ 的角平分线，BD 交 $C'Q$ 于点 D，点 D 为 $\triangle BC'C$ 的内心. 设点 N 为 BC' 的中点，点 N 在 y 轴上，设 $N(0, y_0)$，$D(1, a)$，$B(-1, 0)$，则 $BN = \dfrac{1}{2}BC' = \dfrac{1}{2}BC$，$\sqrt{1+y_0^2} = 2$，解得 $y_0 = \sqrt{3}$，则 $N(0, \sqrt{3})$，点 D 为 $\triangle BC'C$ 的内心，得 $DN = DQ$，则 $\sqrt{1+(a-\sqrt{3})^2} = \sqrt{a^2}$，解得 $a = \dfrac{2\sqrt{3}}{3}$，$D\left(1, \dfrac{2\sqrt{3}}{3}\right)$，$C'(1, 2\sqrt{3})$.

二、(3) 的多解

解法 1 由题意知，$\triangle CPQ$ 为等边三角形，所以 $CP = PQ = QC$. 分类讨论如下：

①当点 P 在 x 轴上方时，点 Q 在 x 轴上方. 设 $P(x_P, y_P)$，$Q(1, y_Q)$，其中 $y_P = x_P^2 - 2x_P - 3$. 又 $C(3, 0)$，所以 $|CP| = \sqrt{(x_P-3)^2 + y_P^2}$，$|PQ| = \sqrt{(1-x_P)^2 + (y_Q - y_P)^2}$，$|QC| = \sqrt{4 + y_Q^2}$，则 $\begin{cases} \sqrt{(x_P-3)^2 + y_P^2} = \sqrt{(1-x_P)^2 + (y_Q-y_P)^2} \\ \sqrt{(1-x_P)^2 + (y_Q-y_P)^2} = \sqrt{4+y_Q^2} \end{cases}$，得 $P\left(\dfrac{9+\sqrt{3}}{3}, \dfrac{4\sqrt{3}+1}{3}\right)$.

设直线 BP 的函数表达式为 $y = kx + b$，联立 $\begin{cases} 0 = -k + b \\ \dfrac{4\sqrt{3}+1}{3} = \dfrac{9+\sqrt{3}}{3}k + b \end{cases}$，解得 $\begin{cases} k = \dfrac{\sqrt{3}}{3} \\ b = \dfrac{\sqrt{3}}{3} \end{cases}$，所以直线 BP 的函数表达式为 $y = \dfrac{\sqrt{3}}{3}x + \dfrac{\sqrt{3}}{3}$.

②当点 P 在 x 轴下方时，点 Q 在 x 轴下方. 同①可得 $P\left(\dfrac{9-\sqrt{3}}{3}, -\dfrac{4\sqrt{3}-1}{3}\right)$，设直线 BP 的函数表达式为 $y = k'x + b'$，联立 $\begin{cases} 0 = -k' + b' \\ -\dfrac{4\sqrt{3}-1}{3} = \dfrac{9-\sqrt{3}}{3}k' + b' \end{cases}$，解得 $\begin{cases} k' = -\dfrac{\sqrt{3}}{3} \\ b' = -\dfrac{\sqrt{3}}{3} \end{cases}$，所

以直线 BP 的函数表达式为 $y=-\frac{\sqrt{3}}{3}x-\frac{\sqrt{3}}{3}$.

综上，直线 BP 的函数表达式为 $y=\frac{\sqrt{3}}{3}x+\frac{\sqrt{3}}{3}$ 或 $y=-\frac{\sqrt{3}}{3}x-\frac{\sqrt{3}}{3}$.

解法 2 ①当点 P 在 x 轴上方时，如图 4-18 所示，点 Q 在 x 轴上方. 延长 BD 交抛物线于点 E，点 F 在对称轴 $x=1$ 上，并且 $CE=CF$，连接 CC'，$C'E$. 由题意可知，$BC=BC'$，BP 为 $\angle C'BC$ 的角平分线，易得 $EC'=EC$，所以 $EC'=EC=CF$. 又因为点 F 在 $x=1$ 上，所以 $BF=CF$，那么 $CF=CE$，$BF=C'E$. 由 (2) 知 $\triangle BCC'$ 为等边三角形，所以 $CC'=CB$，所以 $\triangle EC'\cong\triangle CFB$，那么 $\angle FCB=\angle ECC'$，因为 $\angle FCB+\angle C'CF=\angle ECC'+\angle C'CF$，所以 $\angle ECF=\angle C'CB=60°$. 又因为 $CE=CF$，所以 $\triangle CEF$ 为等边三角形，则点 E 即是点 P，点 F 即是点 Q. 又因为 $B(-1,0)$，$D\left(1,\frac{2\sqrt{3}}{3}\right)$，设直线 BP 的函数表达式为 $y=kx+b$，联立 $\begin{cases}0=-k+b\\ \frac{2\sqrt{3}}{3}=k+b\end{cases}$，解得 $\begin{cases}k=\frac{\sqrt{3}}{3}\\ b=\frac{\sqrt{3}}{3}\end{cases}$，

所以直线 BP 的函数表达式为 $y=\frac{\sqrt{3}}{3}x+\frac{\sqrt{3}}{3}$.

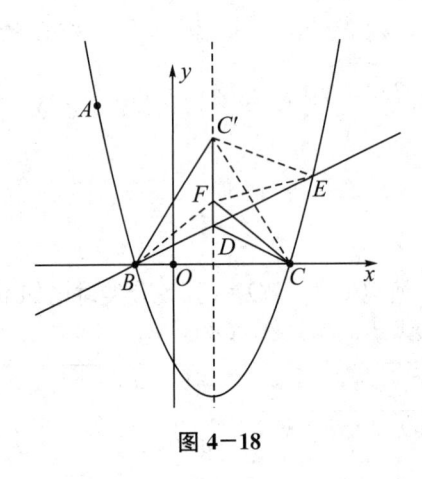

图 4-18 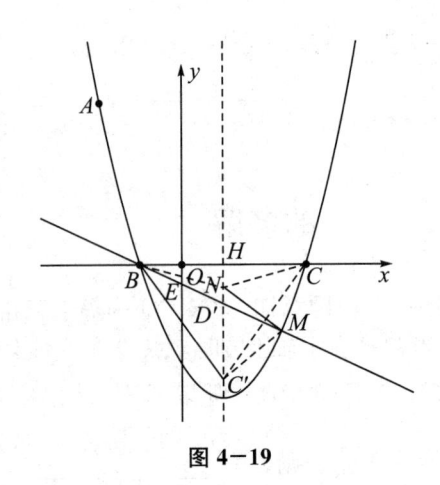　　　　　图 4-19

②当点 P、点 Q 在 x 轴下方时，如图 4-19 所示，作 BD 关于 x 轴对称，与对称轴 $x=1$ 交于点 D'. 设 BD' 交抛物线于点 M，点 N 在对称轴 $x=1$ 上，并且 $CM=CN$，连接 CC'，$C'M$. 解法同①，可得 $\triangle CMC'\cong\triangle CNB$，那么 $\angle NCB=\angle MCC'$，因为 $\angle NCB+\angle C'CN=\angle MCC'+\angle C'CN$，所以 $\angle MCN=\angle C'CB=60°$. 又因为 $CM=CN$，所以 $\triangle CMN$ 为等边三角形，则点 M 即是点 P，点 N 即是点 Q. 又因为 $B(-1,0)$，$D\left(1,\frac{2\sqrt{3}}{3}\right)$，设直线 BP 的函数表达式为 $y=k'x+b'$，联立 $\begin{cases}0=-k'+b'\\ -\frac{2\sqrt{3}}{3}=k'+b'\end{cases}$，解得

$\begin{cases}k'=-\frac{\sqrt{3}}{3}\\ b'=-\frac{\sqrt{3}}{3}\end{cases}$，所以直线 BP 的函数表达式为 $y=-\frac{\sqrt{3}}{3}x-\frac{\sqrt{3}}{3}$.

综上，直线 BP 的函数表达式为 $y=\dfrac{\sqrt{3}}{3}x+\dfrac{\sqrt{3}}{3}$ 或 $y=-\dfrac{\sqrt{3}}{3}x-\dfrac{\sqrt{3}}{3}$.

解法 3 取（2）问中的点 $D\left(1,\dfrac{2\sqrt{3}}{3}\right)$，$C'(1,2\sqrt{3})$，连接 CC'. 因为 $BC'=BC$，$\angle C'BC=60°$，所以 $\triangle C'CB$ 为等边三角形. 分类讨论如下：

①当点 P 在 x 轴上方时，如图 4-20 所示，点 Q 在 x 轴上方. 连接 BQ，$C'P$. 因为 $\triangle PCQ$，$\triangle C'CB$ 为等边三角形，所以 $CQ=CP$，$BC=C'C$，$\angle PCQ=\angle C'CB=60°$，那么 $\angle BCQ=\angle C'CP$，得到 $\triangle BCQ \cong \triangle C'CP$，进而有 $BQ=CQ$，又因为点 Q 在抛物线的对称轴上，所以 $BQ=CQ$，那么 $C'P=CQ=CP$，因为 $BC'=BC$，所以 BP 垂直平分 CC'. 由翻折的性质可知，BD 垂直平分 CC'，所以点 D 在直线 BP 上. 设直线 BP 的函数表达式为 $y=kx+b$，联立 $\begin{cases}0=-k+b\\ \dfrac{2\sqrt{3}}{3}=k+b\end{cases}$，解得 $\begin{cases}k=\dfrac{\sqrt{3}}{3}\\ b=\dfrac{\sqrt{3}}{3}\end{cases}$，所以直线 BP 的函数表达式为 $y=\dfrac{\sqrt{3}}{3}x+\dfrac{\sqrt{3}}{3}$.

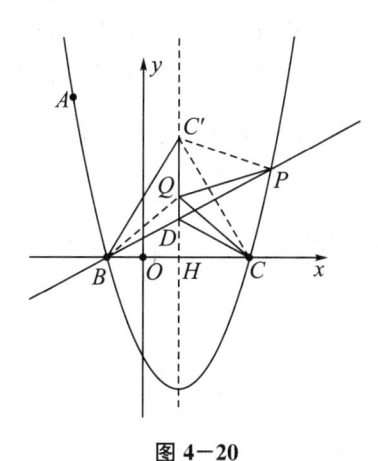

图 4-20

②当点 P 在 x 轴下方时，如图 4-21 所示，点 Q 在 x 轴下方. 因为 $\triangle PCQ$，$\triangle C'CB$ 为等边三角形，所以 $CQ=CP$，$BC=C'C$，$\angle PCQ=\angle C'CB=\angle CC'B=60°$，那么 $\angle BCP=\angle C'CQ$，于是得到 $\triangle BCP \cong \triangle C'CQ$，所以 $\angle CBP=\angle CC'Q$，因为 $BC'=CC'$，$C'H\perp BC$，所以 $\angle CC'Q=\dfrac{1}{2}\angle CC'B=30°$，那么 $\angle CBP=30°$.

设 BP 与 y 轴相交于点 E，在 $\mathrm{Rt}\triangle BOE$ 中，$OE=OB\cdot\tan\angle CBP=OB\cdot\tan 30°=\dfrac{\sqrt{3}}{3}$，所以点 E 的坐标为 $\left(0,-\dfrac{\sqrt{3}}{3}\right)$. 设直线 BP 的函数表达式为 $y=k'x+b'$，联立 $\begin{cases}0=-k'+b'\\ -\dfrac{\sqrt{3}}{3}=b'\end{cases}$，解得 $\begin{cases}k'=-\dfrac{\sqrt{3}}{3}\\ b'=-\dfrac{\sqrt{3}}{3}\end{cases}$，所以直线 BP 的函数表达式为 $y=-\dfrac{\sqrt{3}}{3}x-\dfrac{\sqrt{3}}{3}$.

综上，直线 BP 的函数表达式为 $y=\dfrac{\sqrt{3}}{3}x+\dfrac{\sqrt{3}}{3}$ 或 $y=-\dfrac{\sqrt{3}}{3}x-\dfrac{\sqrt{3}}{3}$.

图 4-21

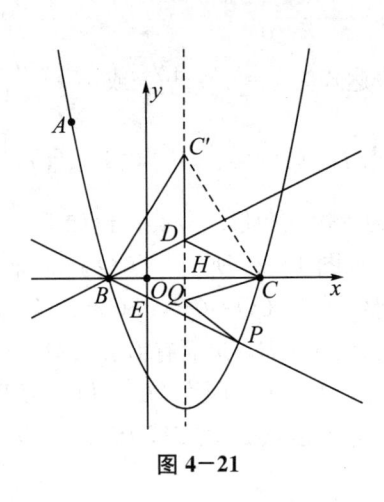

解法 4 取（2）问中的点 $D\left(1, \dfrac{2\sqrt{3}}{3}\right)$，$C'(1, 2\sqrt{3})$，分类讨论如下：

①当点 P、点 Q 在 x 轴上方时，如图 4-22 所示．设 BD 交抛物线于点 E，$\triangle BCE$ 外接圆的圆心为点 F，连接 FC，EF．因为 $C'D$ 垂直平分 BC，所以点 F 在对称轴 $x=1$ 上，由（2）知，$\angle DBC=30°$，所以 $\angle EFC=60°$，又因为 $FE=FC$，所以 $\triangle FEC$ 是等边三角形，则点 E 即是点 P，点 F 即是点 Q．又因为 $B(-1, 0)$，$D\left(1, \dfrac{2\sqrt{3}}{3}\right)$，设直线 BP 的函数表达式为 $y=kx+b$，联立 $\begin{cases} 0=-k+b \\ \dfrac{2\sqrt{3}}{3}=k+b \end{cases}$，解得 $\begin{cases} k=\dfrac{\sqrt{3}}{3} \\ b=\dfrac{\sqrt{3}}{3} \end{cases}$，所以直线 BP 的函数表达式为 $y=\dfrac{\sqrt{3}}{3}x+\dfrac{\sqrt{3}}{3}$．

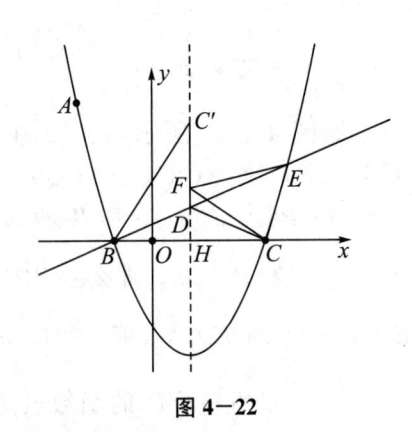

图 4-22

②当点 P、点 Q 在 x 轴下方时，如图 4-23 所示．将 BD 关于 x 轴对称，与对称轴 $x=1$ 交于点 D'．设 BD' 交抛物线于点 M，$\triangle BMC$ 外接圆的圆心为点 N，连接 NM，NC．因为 $C'D'$ 垂直平分 BC，所以点 N 在对称轴 $x=1$ 上，由翻折的性质可知，$\angle CBM=30°$，所以 $\angle CNM=60°$，又因为 $NC=MN$，所以 $\triangle CMN$ 是等边三角形，那么点 M 即是点 P，点 N 即是点 Q．又因为 $B(-1, 0)$，$D'\left(1, -\dfrac{2\sqrt{3}}{3}\right)$，设直线 BP 的函数表达式为

$y=k'x+b'$，联立 $\begin{cases} 0=-k'+b' \\ -\dfrac{2\sqrt{3}}{3}=k'+b' \end{cases}$，解得 $\begin{cases} k'=-\dfrac{\sqrt{3}}{3} \\ b'=-\dfrac{\sqrt{3}}{3} \end{cases}$，所以直线 BP 的函数表达式为 $y=-\dfrac{\sqrt{3}}{3}x-\dfrac{\sqrt{3}}{3}$.

综上，直线 BP 的函数表达式为 $y=\dfrac{\sqrt{3}}{3}x+\dfrac{\sqrt{3}}{3}$ 或 $y=-\dfrac{\sqrt{3}}{3}x-\dfrac{\sqrt{3}}{3}$.

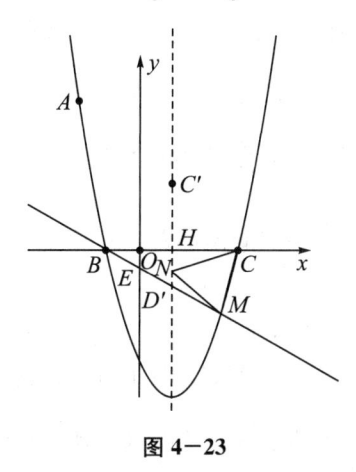

图 4—23

案例 11 2018 年成都中考 27 题的多解[①]

张奠宙先生指出："在日常的中学数学教学中，能够用高等数学的思想、观点、方法去解释和理解中学数学问题的例子很多．重要的是，作为一名数学教师应该具有这样的思维意识．"事实上，初中数学的很多试题都含有高等数学（包含高中）背景，只有充分认识高等数学（包含高中）背景，才能深刻理解一些试题的来龙去脉，才能搞好初中数学的教学和研究工作．下面给出 2018 年成都中考 27 题（2）、（3）问一般解法的同时，介绍多种高等解法．

【例 4—4】（**2018 年成都 27 题**）在 $\text{Rt}\triangle ABC$ 中，$\angle ACB=90°$，$AB=\sqrt{7}$，$AC=2$，过点 B 作直线 $m\parallel AC$，将 $\triangle ABC$ 绕点 C 顺时针旋转得到 $\triangle A'B'C$（点 A，B 的对应点分别为 A'，B'），射线 CA'，CB' 分别交直线 m 于点 P，Q.

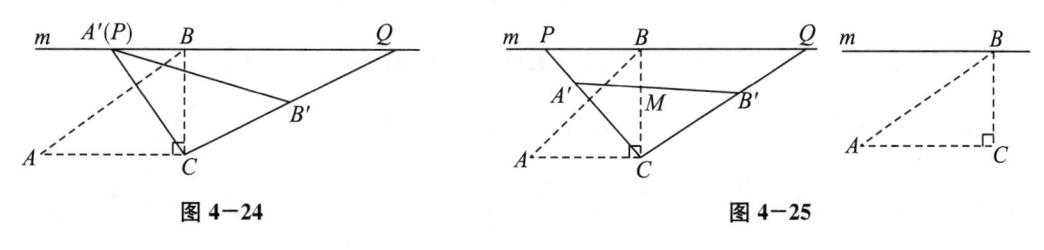

图 4—24   图 4—25

[①] 蒲丹，游娇，刘成龙. 2018 年成都中考 27 题的多解及变式 [J]. 数理化学习（初中），2019（12）：27—30.

(1) 如图 4-24 所示，当点 P 与点 A' 重合时，求 $\angle ACA'$ 的度数；

(2) 如图 4-25 所示，设 $A'B$ 与 BC 的交点为 M，当点 M 为 $A'B'$ 的中点时，求线段 PQ 的长；

(3) 在旋转过程中，当点 P，Q 分别在 CA'，CB' 的延长线上时，试探究四边形 $PA'B'Q$ 的面积是否存在最小值. 若存在，求出四边形 $PA'B'Q$ 的最小面积；若不存在，请说明理由.

解 （1）因为 $AC = A'C = 2$，$\angle ACB = 90°$，$m \parallel AC$，所以 $\angle A'BC = 90°$，故 $\cos\angle A'CB = \dfrac{BC}{A'C} = \dfrac{\sqrt{3}}{2}$，$\angle A'CB = 30°$，所以 $\angle ACA' = 60°$.

(2) **方法 1** 因为点 M 为 $A'B'$ 的中点，所以 $\angle A'CM = \angle MA'C$. 由旋转的性质得 $\angle MA'C = \angle A$，所以 $\angle A = \angle A'CM$，于是 $\tan\angle PCB = \tan\angle A = \dfrac{\sqrt{3}}{2}$，得 $PB = \dfrac{\sqrt{3}}{2}BC = \dfrac{3}{2}$. 因为 $\tan\angle Q = \tan\angle PCB = \dfrac{\sqrt{3}}{2}$，所以 $BQ = BC \times \dfrac{2}{\sqrt{3}} = \sqrt{3} \times \dfrac{2}{\sqrt{3}} = 2$，故 $PQ = PB + BQ = \dfrac{7}{2}$.

方法 2 如图 4-26 所示，取 $A'C$，$B'C$ 的中点 E，F，连接 ME，MF. 在 $Rt\triangle A'CB'$ 中，因为点 M 是 $A'B'$ 的中点，所以有 $CM = A'M = B'M = \dfrac{1}{2}A'B' = \dfrac{\sqrt{7}}{2}$，所以 $\triangle A'CM$，$\triangle B'CM$ 为等腰三角形. 又因为点 E，F 分别是 $A'C$，$B'C$ 的中点，所以 $ME \perp A'C$，$MF \perp B'C$. 因为 $\angle MEC = \angle PBC = 90°$，$\angle PCB = \angle MCE$，所以 $\angle EMC = \angle BPC$，故 $\triangle BPC \sim \triangle EMC$. 同理，$\triangle BQC \sim \triangle FMC$，有 $\dfrac{ME}{PB} = \dfrac{EC}{BC}$，$\dfrac{MF}{QB} = \dfrac{FC}{BC}$. 又因为 $EC = \dfrac{1}{2}A'C = 1$，$FC = \dfrac{1}{2}B'C = \dfrac{\sqrt{3}}{2}$，所以 $ME = \sqrt{MC^2 - EC^2} = \dfrac{\sqrt{3}}{2}$，$MF = \sqrt{MC^2 - FC^2} = 1$，得 $PB = \dfrac{3}{2}$，$QB = 2$，故 $PQ = PB + QB = \dfrac{3}{2} + 2 = \dfrac{7}{2}$.

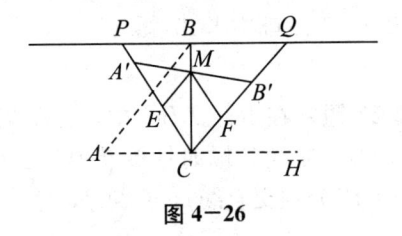

图 4-26

注：方法 1、2 展示的是初中数学的常规解法，下面给出（2）的高等解法.

方法 3 因为点 M 为 $Rt\triangle A'CB'$ 斜边的中点，所以 $CM = \dfrac{1}{2}A'B' = \dfrac{1}{2}AB = \dfrac{\sqrt{7}}{2}$. 由余弦定理得 $\cos\angle A'CM = \dfrac{BC}{PC} = \dfrac{A'C^2 + CM^2 - A'M^2}{2A'C \cdot CM} = \dfrac{2\sqrt{7}}{7}$，所以 $PC = \dfrac{\sqrt{21}}{2}$. 同理，$\cos\angle B'CM = \dfrac{BC}{QC} = \dfrac{CM^2 + B'C^2 - B'M^2}{2CM \cdot B'C} = \dfrac{\sqrt{21}}{7}$，所以 $QC = \sqrt{7}$. 因为 $\triangle A'B'C$ 是由

△ABC 旋转而得到的,所以△PCQ 是直角三角形,故 $PQ=\sqrt{PC^2+QC^2}=\dfrac{7}{2}$.

方法 4 如图 4-27 所示,过点 A',B' 分别作 x 轴的垂线,交 x 轴于点 N,H. 设 $\angle A'CA=\theta$,则 $\angle QCH=\dfrac{\pi}{2}-\theta$. 由题可知 $A'(-2\cos\theta,2\sin\theta)$,$B'(\sqrt{3}\sin\theta,\sqrt{3}\cos\theta)$,所以直线 $A'C$ 的解析式:$y=-\tan\theta\cdot x$,直线 $B'C$ 的解析式:$y=\cot\theta\cdot x$. 又因为 $P_y=Q_y=\sqrt{3}$,所以有 $\sqrt{3}=-\tan\theta\cdot x$,故 $P\left(-\dfrac{\sqrt{3}}{\tan\theta},\sqrt{3}\right)$. 同理得 $Q(\sqrt{3}\tan\theta,\sqrt{3})$. 因为 $M\left(\dfrac{-2\cos\theta+\sqrt{3}\sin\theta}{2},\dfrac{2\sin\theta+\sqrt{3}\cos\theta}{2}\right)$,且点 M 在 y 轴上,所以 $\dfrac{-2\cos\theta+\sqrt{3}\sin\theta}{2}=0$,故 $\tan\theta=\dfrac{2\sqrt{3}}{3}$,$\dfrac{1}{\tan\theta}=\dfrac{\sqrt{3}}{2}$,得 $|PQ|=|\sqrt{3}\tan\theta|+\left|\dfrac{\sqrt{3}}{\tan\theta}\right|=\dfrac{7}{2}$.

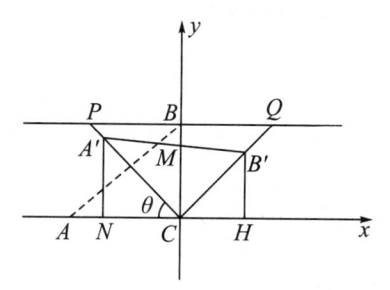

图 4-27

方法 5 如图 4-28 所示,过点 P,Q 分别作 x 轴的垂线,交 x 轴于点 E,F,过点 A',B' 分别作 x 轴的垂线,交 x 轴于点 N,H. 设 $\angle A'CA=\theta$,则 $\angle QCH=\dfrac{\pi}{2}-\theta$. 所以 $A'(-2\cos\theta,2\sin\theta)$,$B'(\sqrt{3}\sin\theta,\sqrt{3}\cos\theta)$,$M\left(\dfrac{-2\cos\theta+\sqrt{3}\sin\theta}{2},\dfrac{2\sin\theta+\sqrt{3}\cos\theta}{2}\right)$. 因为点 M 在 y 轴上,则 $\dfrac{-2\cos\theta+\sqrt{3}\sin\theta}{2}=0$,所以 $\tan\theta=\dfrac{2\sqrt{3}}{3}$,$\dfrac{1}{\tan\theta}=\dfrac{\sqrt{3}}{2}$. 在△PEC 中,$\tan\theta=\dfrac{\sqrt{3}}{EC}=\dfrac{2\sqrt{3}}{3}$,所以 $EC=\dfrac{3}{2}$. 又因为 $\tan\left(\dfrac{\pi}{2}-\theta\right)=\dfrac{\sqrt{3}}{CF}=\dfrac{\sqrt{3}}{2}$,解得 $CF=2$,所以 $|PQ|+|CE|+|CF|=\dfrac{7}{2}$.

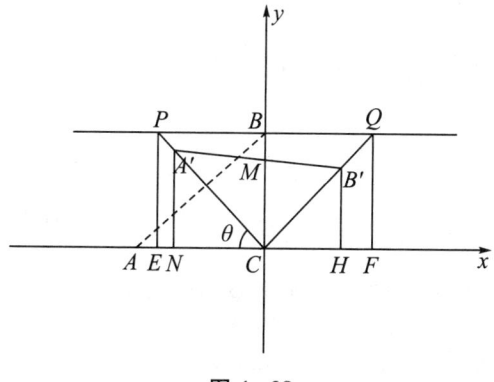

图 4-28

(3) 因为 $S_{四边形PA'B'Q} = S_{\triangle PCQ} - S_{\triangle A'CB'} = S_{\triangle PCQ} - \sqrt{3}$，所以 $S_{四边形PA'B'Q}$ 最小，只需 $S_{\triangle PCQ}$ 最小，而 $S_{\triangle PCQ} = \frac{1}{2}PQ \times BC = \frac{\sqrt{3}}{2}PQ$，于是 PQ 最小即可.

方法1 取 PQ 的中点 G，因为 $\angle PCQ = 90°$，所以 $CG = \frac{1}{2}PQ$. 当 CG 最小时，PQ 最小，所以当 $CG \perp PQ$，即 CG 与 CB 重合时，PQ 最小. 所以 $CG_{\min} = \sqrt{3}$，$PQ_{\min} = 2\sqrt{3}$，得 $(S_{\triangle PCQ})_{\min} = 3$，$S_{四边形PA'B'Q} = 3 - \sqrt{3}$.

注：方法1展示的是初中数学的常规解法，下面给出（3）的高等解法.

方法2 设 $PB = x$，$BQ = y$. 由射影定理得 $xy = 3$，所以当 PQ 最小时，$x + y$ 最小，所以 $(x+y)^2 = x^2 + y^2 + 2xy = x^2 + y^2 + 6 \geqslant 2xy + 6 = 12$. 当 $x = y = \sqrt{3}$ 时，"="成立，所以 $PQ = \sqrt{3} + \sqrt{3} = 2\sqrt{3}$. 所以 $(S_{\triangle PCQ})_{\min} = 3$，$S_{四边形PA'B'Q} = 3 - \sqrt{3}$.

方法3 设 $\angle PCB = \alpha$，$\alpha \in \left(0, \frac{\pi}{2}\right)$，由题可知 $PQ = BC\tan\angle PCB + BC\tan\angle BCQ = BC\tan\alpha + BC\tan\left(\frac{\pi}{2} - \alpha\right) = BC\tan\alpha + BC\cot\alpha = BC\frac{\sin^2\alpha + \cos^2\alpha}{\sin\alpha\cos\alpha} = BC\frac{2}{\sin 2\alpha}$. 因为 $BC = \sqrt{3}$，所以 $PQ = 2\sqrt{3}\frac{1}{\sin 2\alpha}$，所以 $\sin 2\alpha$ 取最大值时有 $PQ_{\min}$，即当 $(\sin 2\alpha)_{\max} = 1$ 时，$PQ_{\min} = 2\sqrt{3}$，得 $S_{四边形PA'B'Q} = 3 - \sqrt{3}$.

方法4 $\angle PCB = \alpha$，$\alpha \in \left(0, \frac{\pi}{2}\right)$，由题可知 $PQ = BC\tan\angle PCB + BC\tan\angle BCQ = BC\tan\angle PCB + BC\tan\left(\frac{\pi}{2} - \angle PCB\right) = BC\tan\alpha + BC\tan\left(\frac{\pi}{2} - \alpha\right) = BC\tan\alpha + BC\cot\alpha = BC\left(\tan\alpha + \frac{1}{\tan\alpha}\right)$. 因为 $\alpha \in \left(0, \frac{\pi}{2}\right)$，所以 $\tan\alpha \in (0, +\infty)$，得 $BC\left(\tan\alpha + \frac{1}{\tan\alpha}\right) \geqslant BC \cdot 2\sqrt{\tan\alpha \cdot \frac{1}{\tan\alpha}} = 2BC = 2\sqrt{3}$，所以 $PQ \geqslant 2\sqrt{3}$，当且仅当 $\tan\alpha = \frac{1}{\tan\alpha}$ 时取"=". 故 $PQ_{\min} = 2\sqrt{3}$，$S_{四边形PA'B'Q} = 3 - \sqrt{3}$.

方法5 如图 4-29 所示，设 $\angle BCQ = \alpha$，所以 $\angle B'CN = \frac{\pi}{2} - \alpha$，$\angle A'CH = \alpha$，则 $B'\left(\sqrt{3}\cos\left(\frac{\pi}{2} - \alpha\right), \sqrt{3}\cos\alpha\right) = (\sqrt{3}\sin\alpha, \sqrt{3}\cos\alpha)$，$A'(-2\cos\alpha, 2\sin\alpha)$，所以 $k_{CB'} = \frac{\sqrt{3}\cos\alpha}{\sqrt{3}\sin\alpha} = \cot\alpha$，$k_{CA'} = \frac{2\sin\alpha}{-2\cos\alpha} = -\tan\alpha$，则 $y_{CP} = -x\tan\alpha$，$y_{CQ} = x\cot\alpha$. 因为点 P，Q 的纵坐标都为 $\sqrt{3}$，所以 $x_P = -\frac{\sqrt{3}}{\tan\alpha} = -\sqrt{3}\cot\alpha$，$x_Q = \frac{\sqrt{3}}{\cot\alpha} = \sqrt{3}\tan\alpha$，所以 $PQ = x_Q - x_P = \sqrt{3}\tan\alpha + \sqrt{3}\cot\alpha = 2\sqrt{3}\frac{1}{\sin 2\alpha}$. 因为 $\alpha \in \left(0, \frac{\pi}{2}\right)$，所以 $2\alpha \in (0, \pi)$，$\sin 2\alpha \in (0, 1]$，当 $\sin 2\alpha = 1$ 时，$PQ_{\min} = 2\sqrt{3}$，所以 $S_{四边形PA'B'Q} = 3 - \sqrt{3}$.

图 4-29

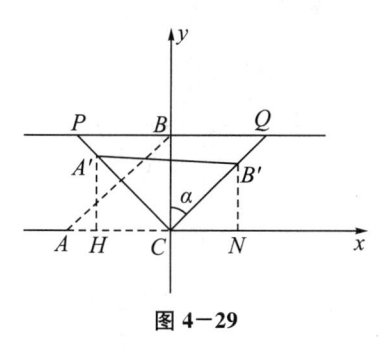

不难看出,高等解法为试题的解答提供了更为宽阔的视野,为认识试题的本质提供了更深刻的角度. 因此,在中考试题的研究中高等解法成为不可或缺的视角.

案例 12　2018 年常州 28 题（Ⅲ）的解法研究[①]

【例 4-5】（2018 年常州 28 题）如图 4-30 所示,二次函数 $y=-\frac{1}{3}x^2+bx+2$ 的图像与 x 轴交于点 A，B，与 y 轴交于点 C，点 A 的坐标为（-4,0），点 P 是抛物线上一点（点 P 与点 A，B，C 不重合）.

（Ⅰ）略；

（Ⅱ）略；

（Ⅲ）连接 AC，BC，判断 $\angle CAB$ 和 $\angle CBA$ 的数量关系,并说明理由.

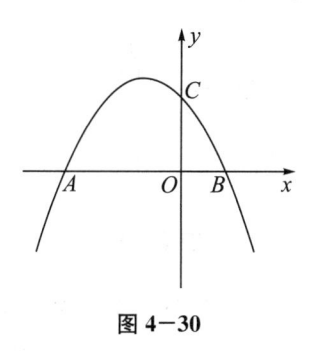

图 4-30

视角 1　构造"半倍角模型"

解法 1　如图 4-31 所示,在 x 轴的正半轴上取 A',使 $BA'=BC$,则 $\angle CBA=2\angle CA'B$. 由题可得 $OB=\frac{3}{2}$，$OC=2$，则 $BA'=BC=\frac{5}{2}$，$OA'=OB+BA'=4$，故 $OA'=OA$，从而有 $CA'=CA$，因此 $\angle CBA=2\angle CA'B$，即 $\angle CBA=2\angle CAB$.

[①] 王昌林,罗萍双,刘成龙. 一道中考压轴题的解法研究 [J]. 理科考试研究（初中）,2019（4）：5-7.

图 4-31

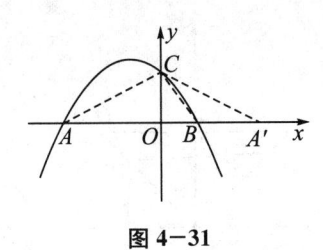

解法 2 如图 4-32 所示，取点 C 关于 x 的对称点 C'，连接 AC'，作 $CG \perp AC'$ 于点 G，可得 $\tan \angle CAG = \dfrac{CG}{AG} = \dfrac{4}{3}$，且 $\tan \angle OBC = \dfrac{OC}{OB} = \dfrac{4}{3}$，故 $\angle CAG = \angle OBC$，从而有 $\angle CBA = 2\angle CAB$.

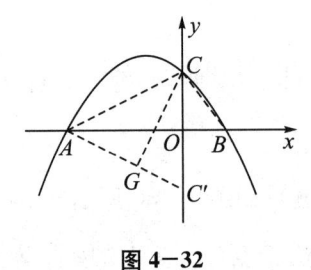

图 4-32

解法 3 如图 4-33 所示，在 OA 边上取点 B'，使 $AB' = CB'$，则 $\angle OB'C = 2\angle CAB$. 设 $AB' = CB' = x$，$OB' = 4 - x$，可得 $\tan \angle OB'C = \tan \angle OBC = \dfrac{4}{3}$，故 $\angle CBA = 2\angle CAB$.

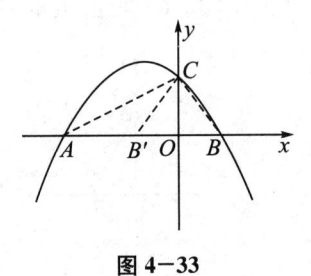

图 4-33

解法 4 如图 4-34 所示，作 $Rt\triangle OAC$ 斜边 AC 上的中线 OM 以及高线 OH，则 $\angle OMC = 2\angle CAB$，可得 $\tan \angle OMC = \tan \angle OBC = \dfrac{4}{3}$，故 $\angle CBA = 2\angle CAB$.

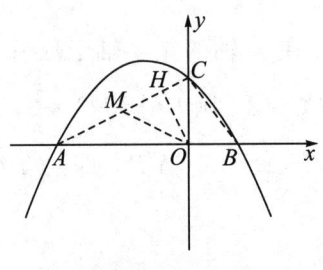

图 4-34

视角 2 利用角平分线

解法 5 如图 4-35 所示,作 $\angle ABC$ 的角平分线,交 y 轴于点 K,再作 $KT \perp BC$ 于点 T,可证 $Rt\triangle OKB \cong Rt\triangle TKB$,则 $OB=TB=\dfrac{3}{2}$,$CT=CB-TB=1$,设 $OK=TK=x$,$CK=2-x$,在 $Rt\triangle CKT$ 中,$x^2+1=(2-x)^2$,解得 $x=\dfrac{3}{4}$,即 $OK=\dfrac{3}{4}$,故 $\tan\angle OBK=\dfrac{OK}{OB}=\dfrac{1}{2}$. 又 $\tan\angle CAO=\dfrac{OC}{OA}=\dfrac{1}{2}$,故 $\angle CAO=\angle OBK$,从而有 $\angle CBA = 2\angle CAB$.

图 4-35

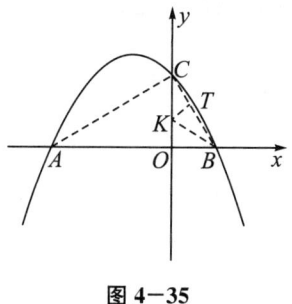

解法 6 如图 4-36 所示,作对称轴 $x=-\dfrac{5}{4}$ 与线段 AC 交于点 P,连接 BP 交 y 轴于点 D,过点 D 作 $DF \perp BC$. 要证 BP 为 $\angle ABC$ 的角平分线,需证 $Rt\triangle ODB \cong Rt\triangle FDB$,即证 $OD=OF=\dfrac{3}{4}$,由于 $\dfrac{OD}{EP}=\dfrac{OB}{BE}=\dfrac{6}{11}$ 且 $EP=\dfrac{11}{8}$,则 $OD=\dfrac{3}{4}$,即 BP 为 $\angle ABC$ 的角平分线,得 $\angle CBA=2\angle CAB$.

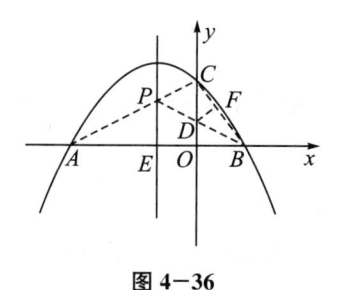

图 4-36

解法 7 如图 4-37 所示,作对称轴 $x=-\dfrac{5}{4}$ 与线段 BC 的延长线交于点 P,连接 AP. 易得 $\triangle ABP$ 为等腰三角形,即 $\angle CBA=\angle PAB$,要证 $\angle CBA=2\angle CAB$,只需证 $\angle PAB=2\angle CAB$,即 AC 为 $\angle PAB$ 的角平分线,由于 $\tan 2\alpha=\dfrac{2\tan\alpha}{1-\tan^2\alpha}$,且 $\tan\angle CAB=\dfrac{1}{2}$,$\tan\angle PAB=\dfrac{4}{3}$,二倍角等式成立,则 $\angle CBA=2\angle CAB$.

图 4-37

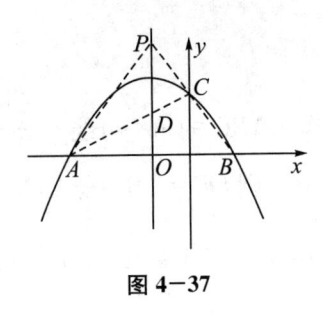

视角 3 利用三角函数

解法 8 易得 $AB = \dfrac{11}{2}$，$AO = 4$，$OB = \dfrac{3}{2}$，$OC = 2$，$AC = 2\sqrt{5}$，$BC = \dfrac{5}{2}$. 如图 4-38 所示，根据 $\sin 2\alpha = 2\sin\alpha\cos\alpha$ 及 $\sin\angle CBA = \dfrac{4}{5}$，$\sin\angle CAB = \dfrac{\sqrt{5}}{5}$，$\cos\angle CAB = \dfrac{2\sqrt{5}}{5}$，则 $\angle CBA = 2\angle CAB$.

图 4-38

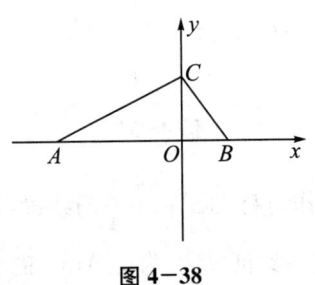

解法 9 如图 4-38 所示，根据 $\cos 2\alpha = 1 - 2\sin^2\alpha$ 及 $\cos\angle CBA = \dfrac{3}{5}$，$\sin\angle CAB = \dfrac{\sqrt{5}}{5}$，则 $\angle CBA = 2\angle CAB$.

解法 10 如图 4-38 所示，根据 $\tan 2\alpha = \dfrac{2\tan\alpha}{1 - \tan^2\alpha}$ 及 $\tan\angle CBA = \dfrac{4}{3}$，$\tan\angle CAB = \dfrac{1}{2}$，则 $\angle CBA = 2\angle CAB$.

解法 11 如图 4-38 所示，易得 $AB = \dfrac{11}{2}$，$AO = 4$，$OB = \dfrac{3}{2}$，$OC = 2$，$AC = 2\sqrt{5}$，$BC = \dfrac{5}{2}$，根据余弦定理得 $\cos A = \dfrac{b^2 + c^2 - a^2}{2bc}$，则 $\cos\angle CAB = \dfrac{2\sqrt{5}}{5}$，$\cos\angle CBA = \dfrac{3}{5}$，$\cos 2\alpha = 2\cos^2\alpha - 1$，则 $\angle CBA = 2\angle CAB$.

案例 13 2013 年武汉中考 16 题的错解及正解

【例 4-6】（2013 年武汉 16 题）如图 4-39 所示，点 E，F 是正方形 $ABCD$ 的边 AD 上两个动点，满足 $AE=DF$. 连接 CF 交 BD 于点 G，连接 BE 交 AG 于点 H. 若正方形的边长为 2，则线段 DH 长度的最小值是_____.

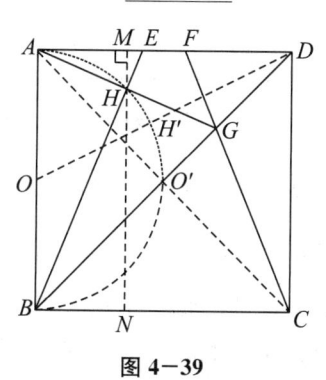

图 4-39

一、试题的错解

参考答案：因为 $AE=DF$，在正方形 $ABCD$ 中，易证 $\triangle ABE \cong \triangle DCF$，故 $\angle ABE=\angle DCF$. 又因为 $\angle DCF+\angle BCG=90°$，所以 $\angle ABE+\angle BCG=90°$. 由正方形 $ABCD$ 的性质，易证 $\triangle ABG \cong \triangle CBG$，所以 $\angle BAG=\angle BCG$，所以 $\angle ABE+\angle BCG=\angle ABE+\angle BAG=90°$，故 $BE\perp AH$ 于点 H. 因此，点 H 的运动轨迹为以 AB 为直径的半圆. 因此 DH 最短时，点 D，H 和圆心 O 在一条直线上，此时点 H 位置在点 H' 上，由于点 O 为 AB 的中点，所以 $DO=\sqrt{AD^2+AO^2}=\sqrt{2^2+1^2}=\sqrt{5}$，所以 $DH'=DO-OH'=DO-OA=\sqrt{5}-1$.

上述解答中的"点 H 的运动轨迹为以 AB 为直径的半圆"不正确，应为"点 H 的运动轨迹为以 AB 为直径的 $\frac{1}{4}$ 圆 $\overset{\frown}{AHO'}$". 下面从两个角度认识点 H 的运动轨迹.

1. 从特殊位置感知点 H 的运动轨迹为 $\frac{1}{4}$ 圆

（1）如图 4-40 所示，当点 E 与 A 重合时，点 F 与 D 重合，点 G 与 D 重合，所以点 H 与 A 重合.

（2）如图 4-41 所示，当点 E 与 AD 的中点 Q 重合时，点 E，F 重合，点 H 为如图

---

① 余小芬，豆小燕，刘成龙. 一道中考试题的错解、正解及变式 [J]. 理科考试研究（初中），2017（6）：1-3.
② 万维中考命题研究中心. 2013 年全国中考真题超详解 25 套（数学）[M]. 乌鲁木齐：新疆青少年出版社，2013.

4-41 所示位置.

(3) 如图 4-42 所示，当点 E 与 D 重合时，点 F 与 A 重合，点 G 与 O' 重合，所以点 H 也与 O' 重合.

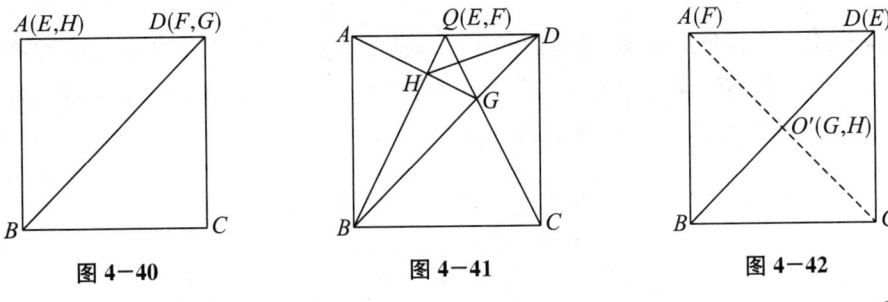

图 4-40   图 4-41   图 4-42

所以从点 E 在边 AD 上的几个特殊位置，可以初步感受点 H 的运动轨迹为 $\overparen{AHO'}$.

2. 证明点 H 的运动轨迹为 $\frac{1}{4}$ 圆

证明 （1）当点 E 不与 A 重合时，如图 4-39 所示，过点 H 作 AD 的垂线交 AD 于点 M，交 BC 于点 N. 由 $AH \perp BE$ 可知，点 H 在以 AB 为直径、AB 的中点为圆心的圆上. 易证 $\triangle AHE \backsim \triangle BAE$，所以 $\frac{AE}{BE} = \frac{HM}{AH}$. 设 $AE = DF = a$ $(0 < a \leqslant 2)$，则 $BE = \sqrt{AB^2 + AE^2} = \sqrt{4 + a^2}$，又 $AH = \frac{AB \cdot AE}{BE} = \frac{2a}{\sqrt{4+a^2}}$，所以 $\frac{a}{\sqrt{4+a^2}} = \frac{HM}{\frac{2a}{\sqrt{4+a^2}}}$，即 $HM = \frac{2a^2}{4+a^2}$，所以 $HN = MN - HM = 2 - \frac{2a^2}{4+a^2} = \frac{8}{4+a^2}$，又 $0 < a \leqslant 2$，所以 $1 \leqslant \frac{8}{4+a^2} < 2$，即 $1 \leqslant HN < 2$.

（2）当点 E 与 A 重合时，显然点 H 与 A 重合.

综上，点 H 的运动轨迹为以 AB 为直径的 $\frac{1}{4}$ 圆.

二、试题的正解

正解 1 将参考答案中"点 H 的运动轨迹为以 AB 为直径的半圆"改为"点 H 的运动轨迹为以 AB 为直径的 $\frac{1}{4}$ 圆"即可.

正解 2 （1）当点 E 不与 A 重合时，如图 4-43 所示，以 B 为坐标原点，BC 所在直线为 x 轴，BA 所在直线为 y 轴，建立平面直角坐标系.

第4章 研究中考数学试题的解法

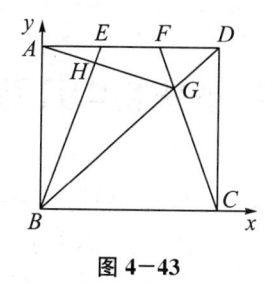

设 $AE = DF = a$ $(0 < a \leqslant 2)$，则 $B(0,0)$，$A(0,2)$，$C(2,0)$，$D(2,2)$，$E(a,2)$，$F(2-a,2)$. 可得直线 CF 的方程为 $y = -\frac{2}{a}x + \frac{4}{a}$，直线 BD 的方程为 $y = x$，联立 $\begin{cases} y = -\frac{2}{a}x + \frac{4}{a} \\ y = x \end{cases}$，得点 G 的坐标为 $\left(\frac{4}{a+2}, \frac{4}{a+2}\right)$，所以直线 AG 的方程为 $y = -\frac{a}{2}x + 2$，又直线 BE 的方程为 $y = \frac{2}{a}x$，联立 $\begin{cases} y = -\frac{a}{2}x + 2 \\ y = \frac{2}{a}x \end{cases}$，求得交点 H 为 $\left(\frac{4a}{a^2+4}, \frac{8}{a^2+4}\right)$. 因此 $|HD|^2 = \left(\frac{4a}{a^2+4} - 2\right)^2 + \left(\frac{8}{a^2+4} - 2\right)^2 = \frac{8(a^4 - 2a^3 + 6a^2 - 8a + 8)}{(a^2+4)^2} = \frac{8(a^2+4)(a^2-2a+2)}{(a^2+4)^2} = \frac{8(a^2-2a+2)}{a^2+4} = \frac{8(a^2+4-2a-2)}{a^2+4} = 8\left(1 - 2 \cdot \frac{a+1}{a^2+4}\right)$. 又 $\frac{a^2+4}{a+1} = \frac{a^2+2a+1+3-2a}{a+1} = \frac{(a+1)^2 - 2(a+1) + 5}{a+1} = (a+1) + \frac{5}{a+1} - 2 = \left(\sqrt{a+1} - \frac{\sqrt{5}}{\sqrt{a+1}}\right)^2 + 2\sqrt{5} - 2 \geqslant 2\sqrt{5} - 2$，当且仅当 $\sqrt{a+1} = \frac{\sqrt{5}}{\sqrt{a+1}}$，即 $a = \sqrt{5} - 1$ 时取得等号，所以 $0 < \frac{a+1}{a^2+4} \leqslant \frac{1}{2\sqrt{5}-2} = \frac{\sqrt{5}+1}{8}$，故 $\frac{3-\sqrt{5}}{4} \leqslant 1 - 2 \cdot \frac{a+1}{a^2+4} < 1$，所以 $6 - 2\sqrt{5} \leqslant |HD|^2 < 8$.

(2) 当点 E 与 A 重合时，显然点 H 与 A 重合，$|HD|^2 = |AD|^2 = 4$.

综上，$|HD|^2_{\min} = 6 - 2\sqrt{5}$，$|HD|_{\min} = \sqrt{6-2\sqrt{5}} = \sqrt{5 - 2\sqrt{5} + 1} = \sqrt{(\sqrt{5}-1)^2} = \sqrt{5} - 1$.

【评注】正解1通过分析出点 H 的运动轨迹，再根据几何图形中两点之间线段最短求出 $|HD|$ 的最小值；正解2直接表示出 $|HD|^2$ 并借助配方法求出 $|HD|$ 的范围，回避了对点 H 的运动轨迹是以 AB 为直径的 $\frac{1}{4}$ 圆的证明.

案例 14　解析法在解决初中几何问题中的应用[①]

解析法是沟通几何问题和代数问题的重要桥梁. 利用坐标系将点表示为有序数组，建立起点与有序数组之间的一一对应，由此将线、面表示为一个方程，几何问题就归结为代数问题. 解析法在中考和竞赛中深受命题者的青睐，几何问题借助解析法转化为代数问题时常能化繁为简.

类型 1　长度之间等量关系

【例 4-7】（2015 年绵阳 25 题）如图 4-44 所示，在边长为 2 的正方形 $ABCD$ 中，点 G 是 AD 延长线上的一点，且 $DG=AD$，动点 M 从点 A 出发，以每秒 1 个单位的速度沿着 ACG 的路线向点 G 匀速运动（点 M 不与 A，G 重合），设运动时间为 t 秒，连接 BM 并延长交 AG 于点 N. 当点 N 在 AD 边上时，若 $BN \perp NH$，NH 交 $\angle CDG$ 的角平分线于点 H，求证：$BN=NH$.

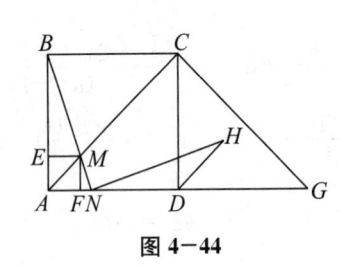

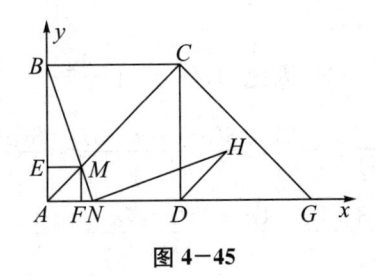

图 4-44

图 4-45

解　如图 4-45 所示，以 AG，AB 所在直线分别为 x 轴、y 轴，A 为坐标原点，建立平面直角坐标系，且过点 H 作垂线交 x 轴于点 H'，设点 M 的运动时间为 t，$0 < t < 2\sqrt{2}$，则 $|AM|=t$，$A(0, 0)$，$B(0, 2)$，$C(2, 2)$，$D(2, 0)$，$G(4, 0)$，且由 $|AM|=t$，得 $M\left(\dfrac{\sqrt{2}}{2}t, \dfrac{\sqrt{2}}{2}t\right)$，则直线 NB 的方程：$y=(t-2\sqrt{2})x+2$，故 $N\left(\dfrac{2}{2\sqrt{2}-t}, 0\right)$，且直线 NH 的方程：$y=\dfrac{1}{2\sqrt{2}-t}\left(x-\dfrac{2}{2\sqrt{2}-t}\right)$，直线 DH 的方程：$y=x-2$，联立得 $H\left(\dfrac{2}{2\sqrt{2}-t}+t, \dfrac{2}{2\sqrt{2}-t}\right)$，则 $|AB|=|NH'|=2$，$|HH'|=|AN|=\dfrac{2}{2\sqrt{2}-t}$，于是 $BN=NH$.

类型 2　垂直或平行证明

【例 4-8】如图 4-46 所示，$\triangle ABC$ 为等腰直角三角形，$\angle C=90°$，点 M，N 分别为边 AC 和 BC 的中点，点 D 在射线 BM 上，且 $BD=2BM$，点 E 在射线 NA 上，且 $NE=2NA$，求证：$BD \perp DE$.

[①]　严豪东，刘成龙. 解析法在解六类平面几何问题中的应用 [J]. 理科考试研究（初中），2018（2）：10-12.

解 如图 4-47 所示,以点 C 为坐标原点,CB,CA 所在直线分别为 x 轴、y 轴,建立平面直角坐标系,则 $C(0,0)$. 假设 $CB=2$,有 $N(-1,0)$,$B(-2,0)$,$M(0,1)$,$A(0,2)$,$E(1,4)$,$D(2,2)$,则 $k_{BD}=2$,$k_{ED}=-\dfrac{1}{2}$,于是 $k_{BD} \cdot K_{ED}=-1$,可得 $BD \perp DE$.

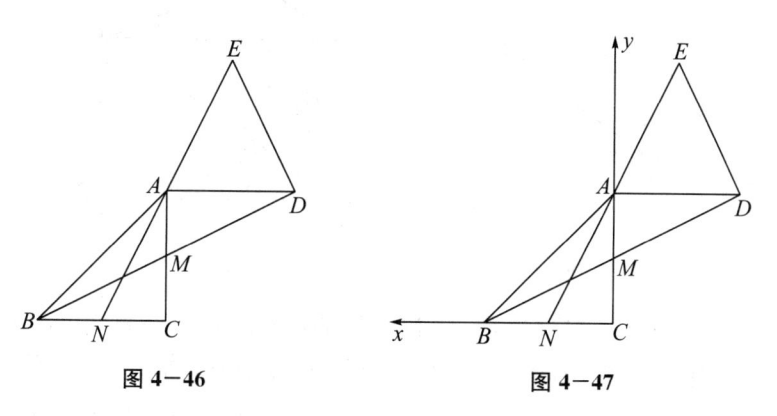

图 4-46

图 4-47

类型 3 长度求解

【例 4-9】 如图 4-48 所示,在 $\triangle ABC$ 中,两边 AB,AC 分别为 $AB=x$,$AC=y$,$\angle CAB=120°$,AD 为 $\angle CAB$ 的角平分线,则 $AD=\dfrac{xy}{x+y}$.

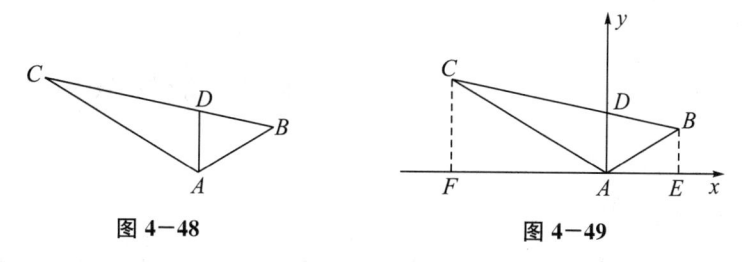

图 4-48

图 4-49

证明 如图 4-49 所示,以 A 为坐标原点,AD 所在直线和 AD 的垂线分别为 y 轴、x 轴,建立平面直角坐标系,于是 $B\left(\dfrac{\sqrt{3}x}{2},\dfrac{x}{2}\right)$,$C\left(-\dfrac{\sqrt{3}y}{2},\dfrac{y}{2}\right)$,设直线 BC 的方程为 $y=kx+b$,于是 $\begin{cases}\dfrac{x}{2}=\dfrac{\sqrt{3}}{2}kx+b\\\dfrac{y}{2}=-\dfrac{\sqrt{3}}{2}ky+b\end{cases}$,消去 k,得 $b=\dfrac{xy}{x+y}$,得 $AD=\dfrac{xy}{x+y}$.

类型 4 面积最值

【例 4-10】(2014 年绵阳 24 题) 如图 4-50 所示,矩形 $ABCD$ 中,$AB=4$,$AD=3$,把矩形沿直线 AC 折叠,使点 B 落在点 E 处,AE 交 CD 于点 F,连接 DE.

(1) 求证:$\triangle DCE \cong \triangle EDA$;

(2) 求 DF 的值;

(3) 如图 4-50 所示,若点 P 为线段 EC 上一动点,过点 P 作 $\triangle AEC$ 的内接矩形,使其定点 Q 落在线段 AE 上,定点 M, N 落在线段 AC 上,当线段 PE 的长为何值时,矩形 $PQMN$ 的面积最大?并求出其最大值.

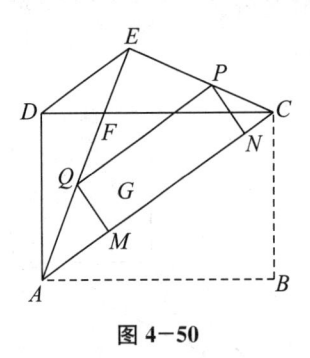

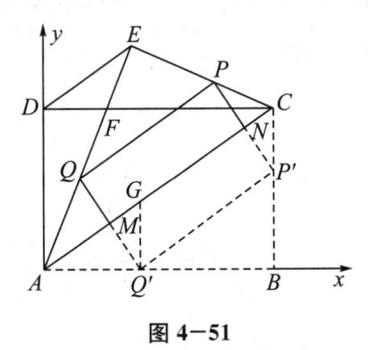

图 4-50

图 4-51

解 如图 4-51 所示,在直线 BC 上找点 P 的对称点 P',在直线 AB 上找点 Q 的对称点 Q',且以点 A 为坐标原点,AB,AD 所在直线分别为 x 轴、y 轴,建立平面直角坐标系,则 $A(0,0)$,$B(4,0)$,$F\left(\dfrac{7}{8}, 3\right)$,$D(0,3)$,且设点 $P'(4, y')$ $(0 < y' < 3)$.

又 $PP' \perp AC$,$Q'P' \parallel AC$,$k_{AC} = \dfrac{3}{4}$,直线 PP':$y = -\dfrac{4}{3}(x-4) + y'$,直线 AC:$y = \dfrac{3}{4}x$,直线 $Q'P'$:$y = \dfrac{3}{4}(x-4) + y'$,联立得 $Q'\left(-\dfrac{4}{3}(y'-3), 0\right)$,$S_{矩形PQMN} = S_{\triangle ABC} - S_{\triangle AQ'G} - S_{\triangle Q'BP'} = -\dfrac{4}{3}(y'-3)^2 + 3$.

要使矩形 $PQMN$ 的面积最大,则当 $y' = \dfrac{3}{2}$,即 $PE = \dfrac{3}{2}$ 时,最大面积为 $S_{矩形PQMN} = 3$.

类型 5 比例问题

【例 4-11】(**2010 年济宁 22 题**)如图 4-52 所示,四边形 $ABCD$ 为正方形,点 P 为边 BC 延长线上的一点,点 E 为 DP 的中点,DP 的垂直平分线交边 DC 于点 M,交边 AB 的延长线于点 N.

(1) 求证:$DP = MN$;

(2) 若 $AB = 12$,$CP = 6$,求 EM 与 EN 的比值.

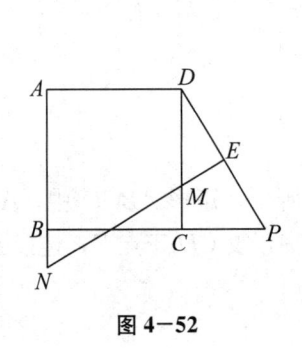

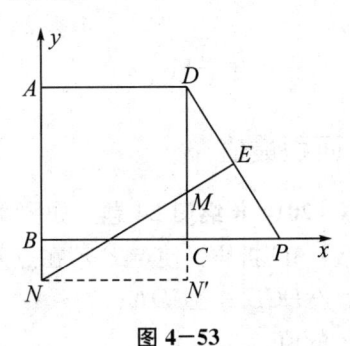

图 4-52

图 4-53

解 (1) 如图 4-53 所示，设 $BC=a$，$CP=b$，则 $P(a+b, 0)$，$D(a, a)$，$E\left(\dfrac{2a+b}{2}, \dfrac{a}{2}\right)$，$k_{DP}=\dfrac{a}{b}$，直线 NE：$y=\dfrac{b}{a}x-\dfrac{2ab+b^2}{2a}+\dfrac{a}{2}$，且 $M\left(0, \dfrac{a}{2}-\dfrac{b^2}{2a}\right)$，$N\left(0, \dfrac{a}{2}-\dfrac{b^2}{2a}-b\right)$，$N'\left(a, \dfrac{a}{2}-\dfrac{b^2}{2a}-b\right)$，$|NN'|=a$，$NN'=DC$，$\angle DCP=\angle MNN'=90°$，故 $\triangle MNN' \cong \triangle PDC$，则 $DP=MN$.

(2) 由 $a=12$，$b=6$，得 $E(15, 6)$，$D(12, 12)$，$P(18, 0)$，$N\left(0, -\dfrac{3}{2}\right)$，$M\left(12, \dfrac{9}{2}\right)$，则 $\dfrac{EM}{EN}=1-\dfrac{MN}{EN}=1-\dfrac{6\sqrt{5}}{\dfrac{15\sqrt{5}}{2}}=\dfrac{1}{5}$.

类型 6　范围问题

【例 4-12】 如图 4-54 所示，已知点 P 是线段 AB 上的任意一点（不含端点 A，B），分别以 AP，BP 为斜边在 AB 的同侧作等腰 $Rt\triangle APD$ 和 $Rt\triangle BPE$，连接 AE 交 PD 于点 M，连接 BD 交 PE 于点 N.

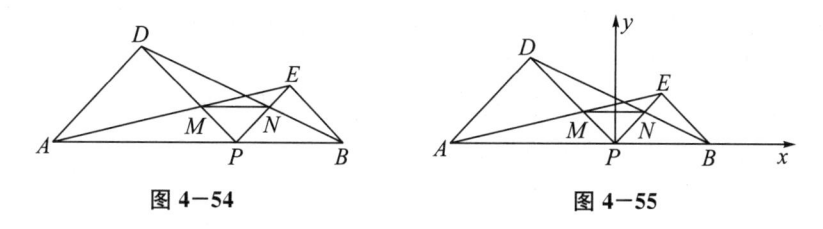

图 4-54　　　图 4-55

(1) 求证：① $MN \parallel AB$；② $\dfrac{1}{MN}=\dfrac{1}{AP}+\dfrac{1}{BP}$.

(2) 若 $AB=4$，当点 P 在 AB 上运动时，求 MN 的取值范围.

解 ① 如图 4-55 所示，以 P 为原点，PB 所在直线为 x 轴，过点 P 作垂直于 PB 的直线为 y 轴，建立直角坐标系，其中 $AP+BP$ 为一定值. 令 $AP=-2a$，$BP=2b$，则 $P(0, 0)$，$A(-2a, 0)$，$B(2b, 0)$，$D(-a, a)$，$E(b, b)$，且直线 DP：$y=-x$，直线 PE：$y=x$，直线 AE：$y=-x+\dfrac{2ab}{2a+b}$，直线 BD：$y=\dfrac{-ax}{a-2b}+\dfrac{ab}{a-2b}$，联立得 $x_m=\dfrac{-ab}{a+b}$，$y_m=\dfrac{ab}{a+b}$，$x_n=\dfrac{ab}{a+b}$，$y_n=\dfrac{ab}{a+b}$，则 $MN \parallel AB$.

② $\left|\dfrac{1}{MN}\right|=\dfrac{1}{\dfrac{2ab}{a+b}}=\dfrac{a+b}{2ab}$，$\left|\dfrac{1}{AP}+\dfrac{1}{BP}\right|=\dfrac{1}{2a}+\dfrac{1}{2b}=\dfrac{a+b}{2ab}$，故得 $\dfrac{1}{MN}=\dfrac{1}{AP}+\dfrac{1}{BP}$.

(2) 当 $AB=4$ 时，$b=2-a$，故 $|MN|=\dfrac{2(2a-a^2)}{2}$. 当 $a=1$ 时，$|MN|_{\max}=1$，则可得 $0<|MN|\leqslant 1$.

案例 15　旋转在解中考数学试题中的应用[①]

把一个平面图形绕着平面内某一点转动一个角度的图形变换叫作图形的旋转. 这个点叫作旋转中心, 转动的角叫作旋转角. 旋转具有以下性质: 对应点到旋转中心的距离相等; 对应点与旋转中心所连线段的夹角等于旋转角; 旋转前后的图形全等. 旋转是数学解题的好帮手. 下面以中考试题为例, 介绍旋转在解题中的应用.

一、利用旋转求线段长度（或长度最值）

【例 4-13】（2017 年株洲 10 题）如图 4-56 所示, 在等腰直角三角形 DEF 中, $\angle EDF = 90°$, $\angle QDF = \angle QED = \angle QFE$, $DQ = 1$, 则 $EQ + FQ =$ _____.

【解析】 如图 4-56 所示, 将 DQ 绕点 D 分别逆时针旋转 $90°$, 顺时针旋转 $90°$ 至 DA, DB, 连接 AQ, AF, BQ, BE. 由旋转知 $\angle QDA = 90°$, 即 $\angle 1 + \angle 4 = 90°$, 又 $\angle 1 + \angle 5 = 90°$, 故 $\angle 4 = \angle 5$, 结合 $DE = DF$, 易证 $\triangle DEQ \cong \triangle DFA$, 从而有 $\angle 2 = \angle 6$. 由等腰直角三角形 DEF, 得 $\angle 3 + \angle 7 = 45°$, 又 $\angle 6 = \angle 2 = \angle 3$, 故 $\angle 6 + \angle 7 = 45°$, 即 $\angle QFA = 45°$. 又 $\angle 1 = \angle 2$, $\angle 1 + \angle 5 = 90°$, 故 $\angle 2 + \angle 5 = 90°$, 即 $\angle EQD = 90°$, 故 $\angle DAF = 90°$.

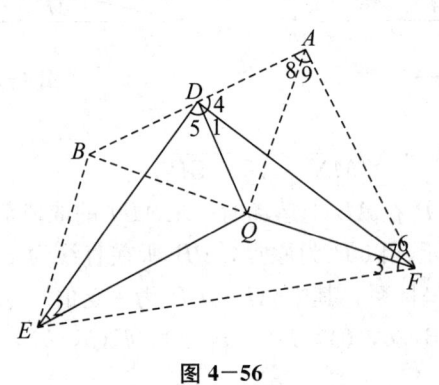

图 4-56

在 $Rt\triangle DQA$ 中, $DQ = DA = 1$, 故 $AQ = \sqrt{2}$ 且 $\angle 8 = 45°$, 故 $\angle 9 = \angle DAF - \angle 8 = 45°$. 于是 $\triangle AQF$ 为等腰直角三角形, 且 $QF = QA = \sqrt{2}$. 同理可得 $\triangle BEQ$ 为等腰直角三角形, $BQ = BE = \sqrt{2}$, $EQ = \sqrt{BE^2 + BQ^2} = 2$.

综上, $EQ + FQ = 2 + \sqrt{2}$.

【评注】 容易推出 $\angle EQD = 90°$, 但在 $Rt\triangle DQE$ 中, 仅已知 DQ 的长度, 无法求解出三角形的其他边、角大小. 故根据 "$DE = DF$, $\angle EQF = 90°$", 将已知线段 DQ 旋转, 从而产生更多已知长度的线段, 同时将已知的三个 "分散" 角联系起来, 并构造出直角三角形, 结合勾股定理求解出线段长度.

[①] 何椪鑫, 余小芬, 刘英. 旋转在解中考数学试题中的应用 [J]. 理科考试研究（初中）, 2017 (11): 5-8.

【例4-14】（**2016年河南22题**）如图4-57所示，在平面直角坐标系中，点 A 的坐标为 $(2,0)$，点 B 的坐标为 $(5,0)$，点 P 为线段 AB 外一动点，且 $PA=2$，$PM=PB$，$\angle BPM=90°$，请直接写出线段 AM 长的最大值.

【解析】 如图4-57所示，连接 BM，将 $\triangle APM$ 绕着点 P 顺时针旋转 $90°$ 得到 $\triangle NPB$，故 $AM=BN$．因此，求 AM 长的最大值可转化为求 BN 长的最大值.

连接 AN，则 $\triangle APN$ 是等腰直角三角形，故 $PN=PA=2$，且 $AN=\sqrt{PN^2+PA^2}=2\sqrt{2}$．又 $AB=3$，$BN \leqslant AB+AN=3+2\sqrt{2}$，故当点 N 在线段 BA 的延长线上时，线段 BN 长最大，最大值为 $3+2\sqrt{2}$，即线段 AM 长的最大值为 $3+2\sqrt{2}$.

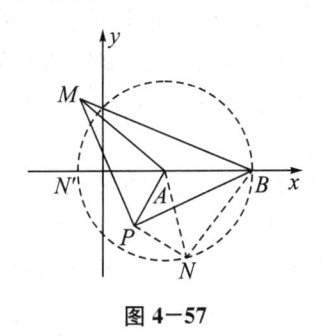

图4-57

【评注】 本例巧借旋转"转移"求解对象，又通过 $AN=2\sqrt{2}$，分析出动点 N（依赖于点 P）在以 A 为圆心，$2\sqrt{2}$ 为半径的圆上运动．故易知当点 N 在线段 BA 的延长线上时，线段 BN 长最大.

二、利用旋转求（或证明）边的关系

【例4-15】 （**2017年铁岭25题**）如图4-58所示，$\triangle ABC$ 中，$\angle BAC$ 为钝角，$\angle B=45°$，点 P 是边 BC 延长线上一点，以点 C 为顶点，CP 为边，在射线 BP 下方作 $\angle PCF=\angle B$．反向延长射线 CF，交射线 BA 于点 C'，将 $\angle PCF$ 沿 CC' 方向平移，使顶点 C 落在点 C' 处，记平移后的 $\angle PCF$ 为 $\angle P'C'F'$，将 $\angle P'C'F'$ 绕点 C' 顺时针旋转角 α $(0°<\alpha<45°)$，$C'F'$ 交线段 BC 于点 M，$C'P'$ 交射线 BC 于点 N，请写出线段 BM，MN 与 CN 之间的数量关系.

【解析】 线段 BM，MN 与 CN 满足的数量关系为：$MN^2=BM^2+CN^2$，下面进行证明. 如图4-58所示，因为 $\angle B=\angle PCF=\angle BCC'=45°$，所以 $\triangle BCC'$ 是等腰直角三角形. 将 $\triangle C'BM$ 绕点 C' 逆时针旋转 $90°$ 得到 $\triangle C'CG$，连接 GN．由旋转知，$\angle MC'G=90°$，$CG=BM$，$\angle C'CG=\angle B=45°$，故 $\angle GCB=\angle C'CG+\angle C'CB=90°$，从而 $\angle GCN=90°$．故在 $Rt\triangle GCN$ 中，$GN^2=CG^2+CN^2=BM^2+CN^2$．又 $\angle NC'G=\angle MC'G-\angle MC'N=90°-45°=45°$，结合 $C'M=C'G$，易证 $\triangle C'MN \cong \triangle C'GN$，故 $MN=GN$，证得 $MN^2=BM^2+CN^2$.

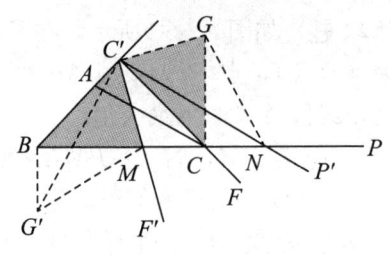

图 4-58

【评注】 本例解决的关键是将"静态"的条件"$C'B=C'C$，$\angle BC'C=90°$"看作"动态"过程，即线段 $C'C$ 是线段 $C'B$ 绕点 C' 逆时针旋转90°的结果．又由结论与线段 BM 直接相关，从而想到将△$C'BM$ 整体旋转，将线段 BM 等价转化为线段 GC，再在直角三角形中利用勾股定理解决问题．本例也可将△$C'CN$ 绕点 C' 逆时针旋转90°至△$C'BG'$（如图 4-58 所示），同理可证明结论．

【例 4-16】（2015 年资阳 10 题）如图 4-59 所示，在△ABC 中，$\angle ACB=90°$，$AC=BC=1$，点 E，F 为线段 AB 上两动点，且 $\angle ECF=45°$，过点 E，F 分别作 BC，AC 的垂线相交于点 M，垂足分别为点 H，G．求证：$EF^2=AF^2+BE^2$．

【解析】 因为 $AC=BC$，$\angle ACB=90°$，所以 $\angle A=\angle ABC=45°$．如图 4-59 所示，将△ACF 绕点 C 顺时针旋转90°至△BCD，连接 ED．由旋转知，$CF=CD$，$BD=AF$，$\angle ACF=\angle BCD$，$\angle FCD=90°$，所以 $\angle ECD=\angle FCD-\angle FCE=90°-45°=45°$，故 $\angle ECD=\angle FCE$，再结合 $CF=CD$，易证△$ECF\cong\triangle ECD$，从而 $EF=ED$．又 $\angle ABC=45°$，$\angle CBD=\angle A=45°$，所以 $\angle EBD=90°$，故在 Rt△EBD 中，$ED^2=BD^2+BE^2$，即 $EF^2=AF^2+BE^2$．

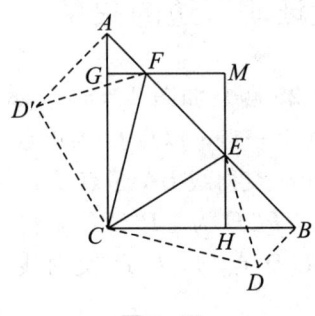

图 4-59

【评注】 本例解决的关键是抓住"$AC=BC$"这一等量关系，结合证明结论中线段 AF，将△ACF 进行旋转，从而"转移"线段位置，再利用全等、勾股定理等知识证明结论．当然，本例也可将△BCE 绕点 C 逆时针旋转90°至△ACD'（如图 4-59 所示），同理可证明结论．

三、利用旋转求角度

【例 4-17】（2015 年铁岭 25 题）如图 4-60 所示，已知点 D 是等腰直角三角形 ABC 斜边 BC 所在直线上一点（不与点 B 重合），连接 AD．若 $BD=\sqrt{3}CD$，求 $\angle BAD$ 的

度数.

【解析】①如图 4-60 所示,当点 D 在线段 BC 上时,将线段 AD_1 绕点 A 顺时针旋转 90°至线段 AE,连接 BE. 易知 $\triangle ABE \cong \triangle ACD_1$,$\angle EAB = \angle D_1AC$,$BE = CD_1$,$\angle ABC = \angle ACB = \angle ABE = 45°$,故 $\angle EBD_1 = \angle ABE + \angle ABC = 90°$,即 $BE \perp BC$. 因为 $BD = \sqrt{3}CD$,所以 $BD_1 = \sqrt{3}BE$. 故在 Rt$\triangle EBD_1$ 中,$\tan \angle BD_1E = \dfrac{BE}{BD_1} = \dfrac{\sqrt{3}}{3}$,$\angle BD_1E = 30°$. 又由旋转知 $\angle EAD_1 = 90°$,故 $\angle EBD_1 = \angle EAD_1 = 90°$,所以 A,D_1,B,E 四点共圆,故 $\angle EAB = \angle BD_1E = 30°$,从而 $\angle BAD_1 = 90° - 30° = 60°$.

图 4-60

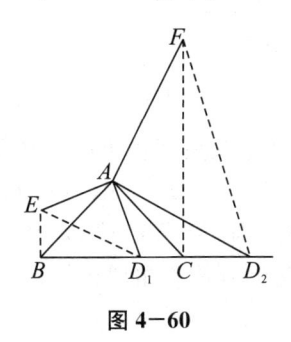

②如图 4-60 所示,当点 D 在 BC 的延长线上时,将线段 AD 绕点 A 逆时针旋转 90°至线段 AF,连接 CF. 同理可证 $\triangle BAD_2 \cong \triangle CAF$,$BD_2 = CF$,且 $CF \perp BD_2$,$\angle CFD_2 = 30°$. 故 $\angle FAD_2 = \angle FCD_2 = 90°$,所以 A,F,D_2,C 四点共圆,所以 $\angle CAD_2 = \angle CFD_2 = 30°$,故 $\angle BAD_2 = 90° + 30° = 120°$.

综上,$\angle BAD$ 的度数为 60°或 120°.

【评注】由条件"$BD = \sqrt{3}CD$"可转化为"$\dfrac{CD}{BD} = \dfrac{\sqrt{3}}{3}$",易联想到锐角三角函数的正切值:$\tan 30° = \dfrac{\sqrt{3}}{3}$,从而利用旋转"转移"$BD$,$CD$ 来构造直角三角形. 问题解决过程中体现了分类讨论、化归转换的数学思想.

四、利用旋转求面积

【例 4-18】 (2016 年本溪 25 题)如图 4-61 所示,已知 $\triangle ABC$ 为直角三角形,$\angle ACB = 90°$,点 P 是射线 CB 上一点(点 P 不与点 B,C 重合),线段 AP 绕点 A 顺时针旋转 90°得到线段 AQ,连接 QB 交射线 AC 于点 M. 若 $\dfrac{AC}{BC} = \dfrac{5}{2}$,点 P 在线段 CB 的延长线上,$CM = 2$,$AP = 13$,求 $\triangle ABP$ 的面积.

【解析】如图 4-61 所示,将 $\triangle ABC$ 绕点 A 顺时针旋转 90°,得到 $\triangle AB'C'$,连接 $B'Q$,显然 C',B',Q 三点共线. 设 $BC = 2x$,$AC = 5x$,故由旋转知 $B'C' = BC = 2x$,$AC = AC' = 5x$,$B'Q = BP$. 延长 BC 交 $C'Q$ 于点 N,易知四边形 $ACNC'$ 是正方形,$C'N = CN = AC = 5x$,故 $BN = BC + CN = 7x$. 又 $CM \parallel QN$,所以 $\dfrac{CM}{QN} = \dfrac{BC}{BN} = \dfrac{2}{7}$,由

$CM=2$,得 $QN=7$,所以 $BP=B'Q=B'N+NQ=3x+7$,$PC=BC+BP=2x+(3x+7)=5x+7$. 在 $Rt\triangle ACP$ 中,由 $AP^2=AC^2+PC^2$,得 $13^2=(5x)^2+(5x+7)^2$,解得 $x=1$ 或 $x=-\dfrac{12}{5}$(舍),所以 $BP=10$,$AC=5$,所以 $S_{\triangle ABP}=\dfrac{1}{2}\times BP\times AC=\dfrac{1}{2}\times 10\times 5=25$.

图 4-61

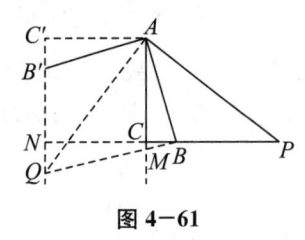

【评注】 求 $\triangle ABP$ 面积的关键是获得线段 BP,AC 的长度. 又 $Rt\triangle ACP$ 中,已知线段 AC,BC 的比例关系,故若能找到 BP 与 AC 或 BC 长度的关系,便可利用勾股定理建立方程,求出 BP,AC 的长度. 因而按照线段 AP 的旋转方式旋转 $\triangle ABC$,从而获得线段位置(平行)及长度关系,进而利用三角形相似、勾股定理求得结果. 求解过程中渗透了方程思想.

案例 16 例谈和角、差角公式在解中考题中的运用[①]

《论语·卫灵公》指出:"工欲善其事,必先利其器."工匠想要做好他的工作,一定要先让工具锋利. 解题也一样,需要好的策略作为指导. 好的策略不仅可以明确解题方向,减少解题盲目性,而且可以缩短考虑时间,提高解题效率. 和角、差角公式是高中数学的重要内容,是解答有关和角、差角中考试题的有力工具. 下面介绍和角、差角公式在解答中考试题中的应用.

一、和角、差角公式

(1) $\sin(\alpha\pm\beta)=\sin\alpha\cos\beta\pm\cos\alpha\sin\beta$;

(2) $\cos(\alpha\pm\beta)=\cos\alpha\cos\beta\mp\sin\alpha\sin\beta$;

(3) $\tan(\alpha\pm\beta)=\dfrac{\tan\alpha\pm\tan\beta}{1\mp\tan\alpha\tan\beta}$.

以上六个公式为和角、差角公式. 公式的证明略.

---

① 余小芬,刘成龙,豆小艳. 例谈和角、差角公式在解中考题中的运用[J]. 理科考试研究(初中),2017(7):6-8.

二、和角、差角公式的应用

以和角、差角公式为背景的中考试题很多,着重考查学生的数学素养和进一步学习的潜质. 下面给出和角、差角公式在解答中考试题中的应用.

【例 4-19】（2016 年临沂 19 题）一般地,当 α,β 为任意角时,$\sin(\alpha+\beta)$ 与 $\sin(\alpha-\beta)$ 的值可以用下面的公式求得:$\sin(\alpha+\beta)=\sin\alpha\cdot\cos\beta+\cos\alpha\cdot\sin\beta$;$\sin(\alpha-\beta)=\sin\alpha\cdot\cos\beta-\cos\alpha\cdot\sin\beta$.

例如,$\sin 90°=\sin(60°+30°)=\sin 60°\cdot\cos 30°+\cos 60°\cdot\sin 30°=\dfrac{\sqrt{3}}{2}\times\dfrac{\sqrt{3}}{2}+\dfrac{1}{2}\times\dfrac{1}{2}=1$.

类似地,可以求得 $\sin 15°$ 的值是_____.

解 $\sin 15°=\sin(45°-30°)=\sin 45°\cdot\cos 30°-\cos 45°\cdot\sin 30°=\dfrac{\sqrt{2}}{2}\times\dfrac{\sqrt{3}}{2}-\dfrac{\sqrt{2}}{2}\times\dfrac{1}{2}=\dfrac{\sqrt{6}-\sqrt{2}}{4}$.

【评注】 在初中阶段求 $\sin 15°$ 的值,常规的处理办法是:如图 4-62 所示,作出含有 15°角的直角三角形 AOB,在其内部构造底角为15°的等腰三角形 ABC,得到含有 30°角的直角三角形 BOC,进而得到边的关系,求得 $\sin 15°$ 的值. 本例直接以和角、差角公式本身为命题素材,为学生求 $\sin 15°$ 的值提供了简洁的方法. 运用公式解答本例,学生只需阅读公式的内容,再套用公式即可求值,这无疑体现了数学的简洁美.

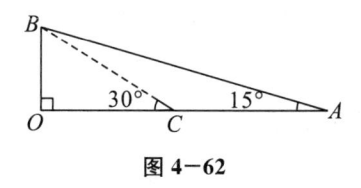

图 4-62

【例 4-20】（2015 年福州 16 题）在 Rt$\triangle ABC$ 中,$\angle ABC=90°$,$AB=BC=\sqrt{2}$. 将 $\triangle ABC$ 绕点 C 逆时针旋转60°,得到$\triangle MNC$,连接 BM,则 BM 的长是_____.

解 如图 4-63 所示,过点 M 作 BC 延长线的垂线交于点 G. 由题意,$\angle MCN=45°$,$\angle BCN=60°$,所以 $\angle MCG=75°$. 又 $MC=AC=\sqrt{AB^2+BC^2}=2$,故在 Rt$\triangle MGC$ 中,$MG=MC\cdot\sin 75°=2\sin(45°+30°)=2\times\left(\dfrac{\sqrt{2}}{2}\times\dfrac{\sqrt{3}}{2}+\dfrac{\sqrt{2}}{2}\times\dfrac{1}{2}\right)=\dfrac{\sqrt{6}+\sqrt{2}}{2}$,$GC=MC\cdot\cos 75°=2\cos(45°+30°)=2\times\left(\dfrac{\sqrt{2}}{2}\times\dfrac{\sqrt{3}}{2}-\dfrac{\sqrt{2}}{2}\times\dfrac{1}{2}\right)=\dfrac{\sqrt{6}-\sqrt{2}}{2}$. 所以在 Rt$\triangle MGB$ 中,$GB=GC+CB=\dfrac{\sqrt{6}+\sqrt{2}}{2}$,$MB=\sqrt{GM^2+GB^2}=\sqrt{\left(\dfrac{\sqrt{6}+\sqrt{2}}{2}\right)^2+\left(\dfrac{\sqrt{6}+\sqrt{2}}{2}\right)^2}=1+\sqrt{3}$.

图 4-63

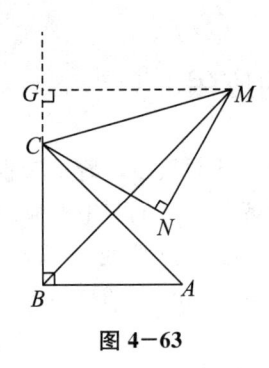

【评注】 解决本例的一般方法是：通过证明三角形全等，进而证明 $AC \perp BM$．直接运用正余弦的和角公式求得 MG，GC，巧妙地化解了问题的难点，减少了思考时间，提高了解题效率．

【例 4-21】（2014 年武汉 10 题）如图 4-64 所示，PA，PB 切 $\odot O$ 于 A，B 两点，CD 切 $\odot O$ 于点 E，交 PA，PB 于点 C，D．若 $\odot O$ 的半径为 r，$\triangle PCD$ 的周长等于 $3r$，则 $\tan \angle APB$ 的值是（　　）．

A. $\dfrac{5}{12}\sqrt{13}$ B. $\dfrac{12}{5}$ C. $\dfrac{3}{5}\sqrt{13}$ D. $\dfrac{2}{3}\sqrt{13}$

解 如图 4-64 所示，连接 OA，OB，OP，由 PA，PB 切 $\odot O$ 于 A，B 两点，CD 切 $\odot O$ 于点 E，得 $PA=PB$，$CA=CE$，$DB=DE$，且 $\angle OAP=\angle OBP=90°$，$\angle APO=\angle BPO$．故 $\triangle PCD$ 的周长为 $PC+CD+PD=PC+CA+BD+PD=PA+PB=3r$，所以 $PA=PB=\dfrac{3r}{2}$．在 $\text{Rt}\triangle PAO$ 中，$\tan \angle APO=\dfrac{AO}{AP}=\dfrac{r}{\frac{3r}{2}}=\dfrac{2}{3}$．所以 $\tan \angle APB = \tan 2\angle APO = \dfrac{2\tan \angle APO}{1-\tan^2 \angle APO} = \dfrac{12}{5}$．

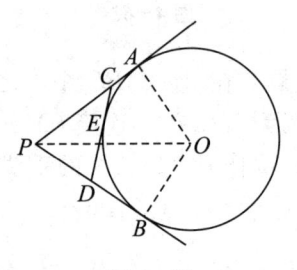

图 4-64

【评注】 本例的参考答案运用的是构造相似三角形，整个过程计算量大．运用正切的和角公式，思路清晰，运算简捷，真正意义上实现了"多想少算"．

【例 4-22】（2014 年重庆 18 题）如图 4-65 所示，正方形 $ABCD$ 的边长为 6，点 O 是对角线 AC，BD 的交点，点 E 在 CD 上，且 $DE=2CE$，连接 BE．过点 C 作 $CF \perp BE$，垂足为点 F，连接 OF，则 OF 的长为　　　　．

104

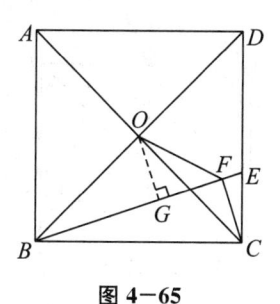

解 如图 4-65 所示，过点 O 作 BE 的垂线交 BE 于点 G. 由 $DE=2CE$，得 $CE=\frac{1}{3}CD=2$. 故在 Rt$\triangle EBC$ 中，$BE=\sqrt{BC^2+CE^2}=2\sqrt{10}$. 从而 $CF=\frac{BC \cdot CE}{BE}=\frac{6}{\sqrt{10}}$，$EF=\sqrt{EC^2-CF^2}=\frac{2}{\sqrt{10}}$. 又 $\sin\angle EBC=\frac{EC}{EB}=\frac{1}{\sqrt{10}}$，$\cos\angle EBC=\frac{BC}{BE}=\frac{3}{\sqrt{10}}$，所以 $\sin\angle OBG=\sin(45°-\angle EBC)=\sin 45°\cos\angle EBC-\cos 45°\sin\angle EBC=\frac{1}{\sqrt{5}}$. 又 $OB=\frac{1}{2}BD=3\sqrt{2}$，所以在 Rt$\triangle OBG$ 中，$OG=OB \cdot \sin\angle OBG=\frac{3\sqrt{2}}{\sqrt{5}}$，故 $BG=\sqrt{BO^2-OG^2}=\frac{6\sqrt{2}}{\sqrt{5}}$，从而 $GF=BE-BG-EF=\frac{3\sqrt{10}}{5}$. 故在 Rt$\triangle OGF$ 中，$OF=\sqrt{OG^2+GF^2}=\frac{6\sqrt{5}}{5}$.

【评注】 本例的参考答案使用的方法是：截取 $BG=CF$，证明 $\triangle OBG\cong\triangle OFC$，再利用勾股定理、射影定理求 OF. 其中截取是难点，证明三角形全等是重点. 上述解答中，利用正弦的差角公式，回避了构造和证明三角形全等.

【例 4-23】（2015 年重庆 18 题）如图 4-66 所示，在矩形 $ABCD$ 中，$AB=4\sqrt{6}$，$AD=10$. 连接 BD，$\angle DBC$ 的角平分线 BE 交 DC 于点 E. 现把 $\triangle BCE$ 绕点 B 逆时针旋转，记旋转后的 $\triangle BCE$ 为 $\triangle BC'E'$. 当射线 BE' 和射线 BC' 都与线段 AD 相交时，设交点分别为点 F，G. 若 $\triangle BFD$ 为等腰三角形，则线段 DG 的长为_____.

解 由题意，易得 $\angle FBD=\angle FDB=\angle DBC$. 由 BE 为 $\angle DBC$ 的角平分线，故 $\angle C'BD=\frac{1}{2}\angle DBC$. 所以 $\tan\angle DBC=\tan 2\angle C'BD$，即 $\frac{DC}{BC}=\frac{2\tan\angle C'BD}{1-\tan^2\angle C'BD}=\frac{2\sqrt{6}}{5}$，化简得 $\sqrt{6}\tan^2\angle C'BD+5\tan\angle C'BD-\sqrt{6}=0$，解得 $\tan\angle C'BD=\frac{\sqrt{6}}{6}$，$\tan\angle C'BD=-\sqrt{6}$（舍），从而 $\tan\angle C'BC=\tan(\angle C'BD+\angle DBC)=\frac{\tan\angle C'BD+\tan\angle DBC}{1-\tan\angle C'BD \cdot \tan\angle DBC}=\frac{17\sqrt{6}}{18}$.

如图 4-66 所示，过点 G 作 BC 的垂线交 BC 于点 H. 在 Rt$\triangle GBH$ 中，$BH=\frac{GH}{\tan\angle GBH}=\frac{GH}{\tan\angle C'BC}=\frac{72}{17}$，所以 $GD=HC=BC-BH=\frac{98}{17}$.

图 4-66

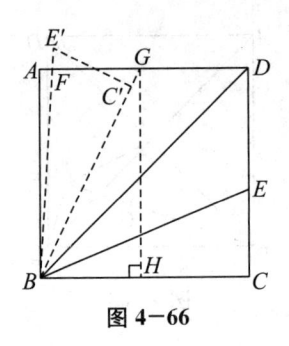

【评注】 本例所给的参考答案过程较为烦琐，方法很难想到：构造了三条辅助线，运用勾股定理 4 次，证明三角形全等 1 次，证明三角形相似 1 次．而通过运用正切的和角公式，使得解答思路直观．

【例 4-24】（2014 年山西 16 题）如图 4-67 所示，在 △ABC 中，∠BAC = 30°，AB = AC，AD 是 BC 边上的中线，∠ACE = $\frac{1}{2}$ ∠BAC，CE 交 AB 于点 E，交 AD 于点 F，若 BC = 2，则 EF 的长为_____．

解 由 AB = AC，∠BAC = 30°，得 ∠ABC = ∠ACB = 75°．又 ∠ACE = $\frac{1}{2}$ ∠BAC = 15°，所以 ∠FCD = 60°．故在 Rt△FCD 中，FD = CD · tan 60° = $\sqrt{3}$，FC = $\sqrt{FD^2 + CD^2}$ = 2.

如图 4-67 所示，过点 E 作 BC 的垂线交 BC 于点 G．在 Rt△EBG 中，EG = BG · tan 75°．又在 Rt△ECG 中，EG = CG · tan 60°．所以 BG · tan 75° = CG · tan 60°，即 (2 + $\sqrt{3}$)BG = $\sqrt{3}$CG．又 BG + CG = 2，故联立方程得 CG = $\frac{\sqrt{3}+1}{2}$，从而在 Rt△ECG 中，EC = 2CG = $\sqrt{3}$ + 1．故 EF = EC - FC = $\sqrt{3}$ - 1．

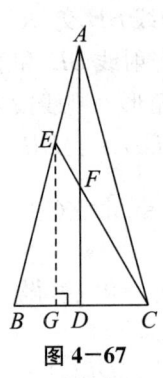

图 4-67

【评注】 本例主要考查等腰三角形的三线合一，难度较大．"传统"的解答可借助构造 ∠DCM = 45°，再证明三角形全等，得到相等线段，但构造辅助线的方法不易想到．上述解答中用到了正切的和角公式，降低了学生思维的难度．

第 5 章 研究中考数学试题的变式

变式是指相对于某种范式，不断变更问题情境或改变思维角度，使事物的非本质属性时隐时现，而事物的本质属性保持不变的变化方式.[1] 布鲁纳从心理学的角度指出："早期的多样化训练，是产生理智行为的条件之一，除非学生经历某些变化，否则难以形成一般编码."在布鲁纳看来，一般性编码就是较高层次的规则，而这无疑是我们通常意义上的程序性知识，或称技能，要形成一般性编码就要进行变式练习.[2] 张奠宙先生指出，"依靠变式提升演练水准"是数学教学的四个特征之一. 实践表明，变式对学生认识问题的本质、完善认知结构有积极的作用.

对于一个结构良好的数学问题，通过对条件、结论进行变式可以得到条件变式问题、结论变式问题和条件结论变式问题（以下称双向变式问题）. 条件变式的基本方式有三种：变"元素状态"、变"构造原件"、变"关联结构"；结论变式的基本方式也有三种：变"考查对象"、变"探索深度"、变"设问方式"[3]；双向变式的基本方式是条件变式的基本方式和结论变式的基本方式的组合. 一般地，通过一种方式变式已有问题（以下称本原问题）得到新问题（以下称变式问题）的方法称为一维变式；运用两种及以上方式变式已有问题得到新问题的方法称为高维变式. 显然，一维变式难度低于高维变式难度.

问题是变式的心脏，问题驱动变式活动开展，问题伴随变式的整个过程. 变式始于问题，达于问题. 因此，从本原问题和生成问题的视角来看，变式应遵循五大原则：典型性、不变性、适切性、科学性、创新性. 典型性是指本原问题应是具有特殊性的个案，应是具有普遍意义的问题；不变性是指问题变式要基于本原问题开展，要对本原问题在结构、解答方法等方面加以继承，做到变中不变；适切性是指问题变式要基于学生的实际情况展开，不宜过分降低或拔高；科学性是指由变式生成的新问题必须遵循科学原理，满足数学逻辑系统，符合客观事实，做到科学严谨；创新性是指由变式得到的新问题较本原问题具有新元素，是对本原问题的改进或创造，而不是对本原问题的简单变形.

案例 17 2014 年湘西中考 25 题的变式[4]

【例 5-1】（2014 年湘西 25 题）如图 5-1 所示，抛物线 $y=ax^2+bx+c$ 关于 y 轴对

---

[1] 梁梅芳. 加强变式教学 提高数学素质的实践与探索[J]. 广西师范学院学报（自然科学版），2003，20(z1)：276-278.
[2] 曾祥春，杨心德，钟福明. 变式练习的心理机制与教学设计[J]. 教育探索，2008，8(18)：79-81.
[3] 潘超. 试论数学问题改编的方式和要求[J]. 数学通报，2014 (6)：21-22.
[4] 本案例作者为宋西泠、余小芬.

称，它的顶点在坐标原点 O，点 $B\left(2, -\dfrac{4}{3}\right)$ 和点 $C(-3, -3)$ 两点均在抛物线上，点 $F\left(0, -\dfrac{3}{4}\right)$ 在 y 轴上，过点 $E\left(0, \dfrac{3}{4}\right)$ 作直线 l 与 x 轴平行.

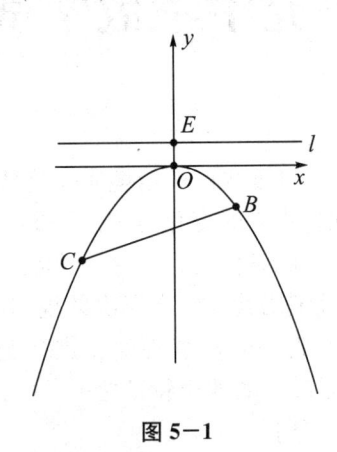

图 5-1

(1) 求抛物线的解析式和线段 BC 的解析式.

(2) 设点 $D(x, y)$ 是线段 BC 上的一个动点（点 D 不与点 B，C 重合），过点 D 作 x 轴的垂线，与抛物线交于点 G. 设线段 GD 的长度为 h，求 h 与 x 之间的函数关系式，并求当 x 为何值时，线段 GD 的长度 h 最大？最大长度 h 的值是多少？

(3) 若点 $P(m, n)$ 是抛物线上位于第三象限的一个动点，连接 PF 并延长，交抛物线于另一点 Q，过点 Q 作 $QS \perp l$，垂足为点 S，过点 P 作 $PN \perp l$，垂足为点 N，试判断 $\triangle FNS$ 的形状，并说明理由.

(4) 若点 $A(-2, t)$ 在线段 BC 上，点 M 为抛物线上的一个动点，连接 AF，当点 M 在何位置时，$MF + MA$ 的值最小？请直接写出此时点 M 的坐标与 $MF + MA$ 的最小值.

分析：由已知条件，易得抛物线的解析式为 $y = -\dfrac{1}{3}x^2$. 故由抛物线的定义，题干中的点 F 为抛物线的焦点，直线 l 为抛物线的准线. 尽管初中生不需要理解抛物线作为圆锥曲线的定义，但通过改变条件、变式结论，可给学生提供探究机会.

变换条件 如图 5-1 所示，抛物线 $y = ax^2 + bx + c$ 关于 y 轴对称，它的顶点在坐标原点 O，点 $B\left(2, -\dfrac{4}{3}\right)$ 和点 $C(-3, -3)$ 两点均在抛物线上，过点 $E\left(0, \dfrac{3}{4}\right)$ 作直线 l 与 x 轴平行.

在变换条件的基础上，围绕以下几个视角对试题问题进行变式.

视角 1 围绕抛物线的定义进行变式

变式 1 过抛物线上一点 P 向直线 l 作垂线，垂足为点 N，在 y 轴上是否总存在点 F，使 $PN = PF$ 恒成立. 若存在，请求出点 F 的坐标；若不存在，请说明理由.

在变式 1 确定出点 F 坐标的基础上，又可进行如下变式.

变式 2 过抛物线上一点 P 向直线 l 作垂线，垂足为点 N，求证：FN 平分 $\angle OFP$.

变式 3 点 P 为抛物线上的一个动点,以点 P 为圆心,PF 为半径画圆,判断直线 l 与圆 P 的位置关系,并说明理由.

变式 4 点 P 为抛物线上的一个动点,连接 PF 并延长,交抛物线于另一点 Q,过点 Q 作 x 轴的垂线交直线 l 于点 S,线段 MF 的中垂线交 l 于点 R,求 $\dfrac{NR}{MR}$ 的值.

视角 2 围绕线段最值问题进行变式

变式 5 点 $H\left(-\dfrac{3}{2}, t\right)$ 为抛物线上的一点,在线段 BC 上找点 K,使 $KH+KF$ 的值最小.

变式 6 在变式 5 的基础上,请在抛物线上找一点 M,使 $\triangle MKF$ 的周长最小,并求此时 $\triangle MKF$ 周长的最小值及点 M 的坐标.

视角 3 围绕三点共线问题进行变式

变式 7 点 P 为抛物线上的一个动点,线段 PF 与抛物线交于点 Q,过点 Q 作 x 轴的垂线交直线 l 于点 S,求证:点 P,O,N 三点共线.

变式 8 直线 $l: y=kx-1$ 与抛物线交于点 B_1,C_1,过点 C_1 作垂直于直线 $y=1$ 的直线,垂足为点 D_1.证明:对于每个给定的实数 k,都有点 B_1,O,D_1 三点共线.

变式 9 直线 $l: y=kx-t$ ($t>0$) 与抛物线交于点 B_2,C_2,过点 C_2 作垂直于直线 $y=t$ 的直线,垂足为点 D_2.证明:对于每个给定的实数 k,都有点 B_2,O,D_2 三点共线.

视角 4 围绕图形变化问题进行变式

变式 10 过抛物线上一点 P 向直线 l 作垂线,垂足为点 N,当 $\triangle NPF$ 是等边三角形时,求点 P 的坐标.

变式 11 点 P 为抛物线上的一个动点,连接 PF 并延长,交抛物线于另一点 Q.过点 P,O 作直线与直线 l 交于点 T,试问:点 P 在抛物线上运动时,四边形 $FETQ$ 是否为梯形?若是,请说明理由并证明;若不是,请指明其形状.

案例 18 2015 年成都中考 27 题的变式[①]

【例 5-2】(2015 年成都 27 题)已知 AC,EC 分别为四边形 $ABCD$ 和 $EFCG$ 的对角线,点 E 在 $\triangle ABC$ 内,$\angle CAE + \angle CBE = 90°$.

[①] 严豪东,刘成龙. 一道中考试题的多解及变式 [J]. 数学教学通讯(中旬),2018 (10):71-72,75.

图 5-2　　　　　　　图 5-3　　　　　　　图 5-4

(1) 如图 5-2 所示，当四边形 $ABCD$ 和 $EFCG$ 均为正方形时，连接 BF.

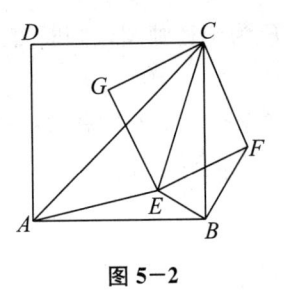

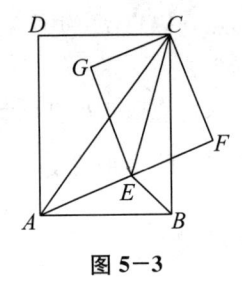

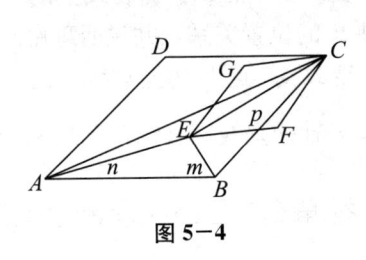

(i) 求证：$\triangle CAE \backsim \triangle CBF$；

(ii) 若 $BE=1$，$AE=2$，求 CE 的长.

(2) 如图 5-3 所示，当四边形 $ABCD$ 和 $EFCG$ 均为矩形，且 $\dfrac{AB}{BC}=\dfrac{EF}{FC}=k$ 时，若 $BE=1$，$AE=2$，$CE=3$，求 k 的值.

(3) 如图 5-4 所示，当四边形 $ABCD$ 和 $EFCG$ 均为菱形，且 $\angle DAB = \angle GEF = 45°$ 时，设 $BE=m$，$AE=n$，$CE=p$，试探究 m，n，p 三者之间满足的等量关系.（直接写出结果，不必写出解答过程）

变式视角 1

变式 1 已知 AC，EC 分别为四边形 $ABCD$ 和 $EFCG$ 的对角线，点 E 在 $\triangle ABC$ 内，四边形 $ABCD$ 和 $EFCG$ 均为菱形，设 $BE=m$，$AE=n$，$CE=p$，$\angle CAE + \angle CBE = 90°$.

(1) 如图 5-5 所示，当 $\angle DAB = \angle GEF = 30°$ 时，试探究 m，n，p 三者之间满足的等量关系.

(2) 当 $\angle DAB = \angle GEF = 60°$ 时，试写出 m，n，p 三者之间满足的等量关系；当 $\angle DAB = \angle GEF = \theta$ 时，试写出 m，n，p 三者之间满足的等量关系.

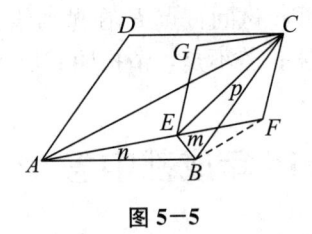

图 5-5

解 (1) 由 $\angle DAB = 30°$，得 $\angle ABC = 150°$，则在 $\triangle ABC$ 中，由余弦定理得 $AC^2 = AB^2 + BC^2 - 2BC \cdot AB\cos 150°$，解得 $AC = \dfrac{(\sqrt{6}+\sqrt{2})BC}{2}$. 因为 $\triangle ACE \backsim \triangle BCF$（证略），则 $\dfrac{CE}{CF} = \dfrac{\sqrt{6}+\sqrt{2}}{2}$，又 $EF = CE$，则 $EF = \dfrac{2m}{\sqrt{6}+\sqrt{2}}$，$BF = \dfrac{2n}{\sqrt{6}+\sqrt{2}}$，又 $EF^2 = BE^2 + BF^2$（证略），解得 $\dfrac{4p^2}{(\sqrt{6}+\sqrt{2})^2} = m^2 + \dfrac{4n^2}{(\sqrt{6}+\sqrt{2})^2}$.

(2) 当 $\angle DAB = \angle GEF = 60°$ 时，$\dfrac{p^2}{\sqrt{3}} = m^2 + \dfrac{n^2}{\sqrt{3}}$；当 $\angle DAB = \angle GEF = \theta$ 时，$\dfrac{p^2}{4\cos\theta^2} = m^2 + \dfrac{n^2}{4\cos\theta^2}$.

变式视角2　变图形

变式2　已知 AC，EC 分别为四边形 $ABCD$ 和 $EFCG$ 的对角线，点 E 在 $\triangle ABC$ 内，且 $\angle DAB = \angle GEF = 45°$，设 $BE = m$，$AE = n$，$CE = p$，$\angle CAE + \angle CBE = 90°$.

图 5-6　　　图 5-7

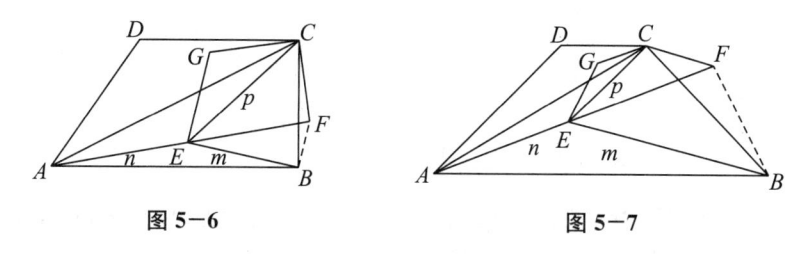

(1) 如图 5-6 所示，当四边形 $ABCD$ 和 $EFCG$ 均为直角梯形，且满足 $\dfrac{AB}{BC} = \dfrac{EF}{CF} = \sqrt{2} + 1$ 时，试探究 m，n，p 三者之间满足的等量关系.

(2) 如图 5-7 所示，当四边形 $ABCD$ 和 $EFCG$ 均为等腰梯形时，试问：m，n，p 三者之间还满足如上的等量关系吗？若能，请给出推导过程；若不能，请说明理由，并给出个条件.

解　(1) 由 $\dfrac{AB}{BC} = \sqrt{2} + 1$，得 $\angle CAB = 22.5°$，则 $\dfrac{AC}{BC} = \sqrt{4 + 2\sqrt{2}}$. 同理，$\dfrac{CE}{CF} = \dfrac{AC}{BC}$，且 $\angle ACE = \angle BCF$，则 $\triangle ACE \backsim \triangle BCF$，则 $BF = \dfrac{n}{\sqrt{4 + 2\sqrt{2}}}$. 又 $\angle CEF = 22.5°$，则 $EF = \dfrac{(\sqrt{2} + 1)p}{\sqrt{4 + 2\sqrt{2}}}$，且 $EF^2 = BE^2 + BF^2$. 解得 $\dfrac{(\sqrt{2} + 1)p^2}{2\sqrt{2}} = m^2 + \dfrac{n^2}{4 + 2\sqrt{2}}$.

(2) 不能. 在 $\triangle ACE \backsim \triangle BCF$ 中，$\angle CAE$，$\angle CEF$ 未知，$\dfrac{CE}{CF} = \dfrac{AC}{BC}$ 的比值未知，则无法推出 EF，BF，BE 的长度. 需补充条件：$\dfrac{CE}{CF} = \dfrac{AC}{BC} = \dfrac{3}{2}$.

变式视角3　变角、图形

变式3　已知点 E 在 $\triangle ABC$ 内，连接 AE，EB，设 $\angle CAE + \angle CBE = 90°$，$BE = m$，$AE = n$，$CE = p$.

(1) 如图 5-8 所示，若 $\triangle ABC$ 和 $\triangle EFC$ 均为等腰三角形，且 $\angle CAB = \angle CEF = 22.5°$，试探究 m，n，p 三者之间满足的等量关系；

(2) 如图 5-9 所示，若 $\triangle ABC$ 和 $\triangle EFC$ 均为等腰直角三角形，且 $\angle CAB = \angle CEF = 45°$，试探究 m，n，p 三者之间满足的等量关系；

(3) 如图 5-10 所示，若 $\triangle ABC$ 和 $\triangle EFC$ 均为直角三角形，且 $\angle CAB = \angle CEF =$

30°,试探究 m,n,p 三者之间满足的等量关系.

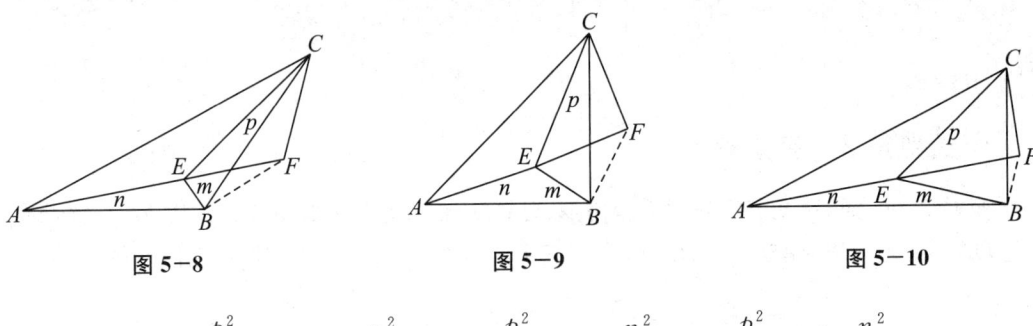

图 5-8   图 5-9   图 5-10

答案:(1) $\dfrac{p^2}{2+\sqrt{2}}=m^2+\dfrac{n^2}{2+\sqrt{2}}$;(2) $\dfrac{p^2}{2}=m^2+\dfrac{n^2}{2}$;(3) $\dfrac{p^2}{4}=m^2+\dfrac{n^2}{4}$.

变式视角 4 变角、图形、求解目标

变式 4(2015 年绵阳中考改编)已知 AC,CG 分别为菱形 $ABCD$ 和 $HGIC$ 的一条对角线,点 G 在 $\triangle ABC$ 内,$\angle CAG+\angle CBG=90°$. 如图 5-11 所示,四边形 $AECD$ 和 $HGFC$ 均为等腰梯形,$\angle DAB=\angle HGF=60°$,且恰好 $\angle IBE=45°$,已知 $CG=3m$,$BG=m$,求 $\cos\angle FIE$.(用含 m 的代数式来表示)

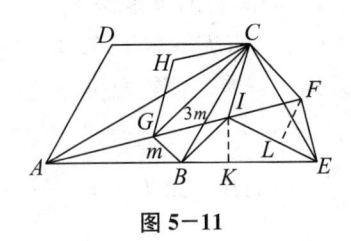

图 5-11

解 如图 5-11 所示,过点 I 作 BE 的垂线交 BE 于点 K,过点 F 作 IE 的垂线交 IE 于点 L. 由菱形 $ABCD$ 和 $HGIC$,且 $\angle DAB=\angle HGF=60°$,则 $AC=2BC\cos30°=\sqrt{3}BC$,$CG=2CI\cos30°=\sqrt{3}CI$,则 $\dfrac{AC}{BC}=\dfrac{CG}{CI}=\sqrt{3}$,$\angle BCI=\angle ACG$,则 $\triangle ACG\backsim\triangle BCI$,且 $\dfrac{GI}{BA}=\dfrac{CI}{BC}=\dfrac{CG}{CA}=\sqrt{3}$,则 $\triangle ABC\backsim\triangle CGI$,由 $CG=3m$,得 $GI=CI=\sqrt{3}m$,$AC=3\sqrt{3}m$,$BE=AB=3m$,又 $\angle CAG=\angle CBI$,$\angle CAG+\angle CBG=90°$,$\angle IBG=90°$,$GI^2=BI^2+BG^2$,则 $BI=\sqrt{2}m$. 又 $\angle IBE=45°$,则 $KI=BK=m$,$KE=2m$,$EI=\sqrt{5}m$,且 $\angle ECF=\angle BCI$,$BC=CE$,$CI=CF$,则 $\triangle ECF\cong\triangle BCI$,则 $CI=IF=\sqrt{3}m$,$EF=BI=\sqrt{2}m$,$EI=\sqrt{5}m$. 设 $IL=x$,$EL=\sqrt{5}-x$,得 $3m^2-x^2=2m^2-(\sqrt{5}-x)^2$,解得 $x=\dfrac{m^2+5}{2\sqrt{5}}$,$\cos\angle FIE=\dfrac{IL}{IF}=\dfrac{m^2+5}{2\sqrt{15}\,m}$.

变式 5(2016 年达州中考改编)已知 AC,CG 分别为菱形 $ABCD$ 和 $HGIC$ 的一条对角线,点 G 在 $\triangle ABC$ 内,$\angle CAG+\angle CBG=90°$. 如图 5-12 所示,四边形 $AECD$ 和 $HGFC$ 均为等腰梯形,$\angle DAB=\angle HGF=60°$,且已知 $CG=8\sqrt{3}m$,$BG=2\sqrt{7}m$,$IE=$

$10m$，求四边形 $CFEI$ 的面积.（用含 m 的代数式表示）

答案：$(24+16\sqrt{3})m^2$.

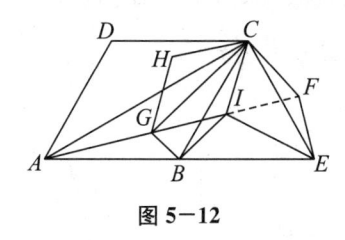

图 5—12

案例 19　对一道初三诊断试题的多角度分析[①]

【例 5-3】（2020 年成都金牛区一诊 25 题）如图 5—13 所示，二次函数 $y=-x^2+2x+3$ 的图像与 x 轴交于 A，B 两点，与 y 轴交于点 C，对称轴与 x 轴交于点 D，若点 P 为 y 轴上一个动点，连接 PD，则 $\dfrac{\sqrt{10}}{10}PC+PD$ 的最小值为　　　　.

视角 1　变设问方式

变式 1　如图 5—13 所示，二次函数 $y=-x^2+2x+3$ 的图像与 x 轴交于 A，B 两点，与 y 轴交于点 C，对称轴与 x 轴交于点 D，若点 E 为射线 CO 上一点，一动点 P 从点 C 出发，运动路径为 $C \to E \to D$，且点 P 在 CE 上的运动速度是在 ED 上的 $\sqrt{10}$ 倍，整个过程运动时间最少为　　　　.（用 v 表示在 ED 上的速度）

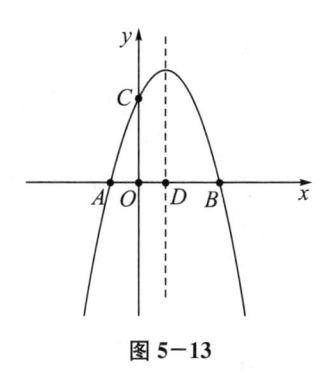

图 5—13

【解析】假设点 P 在 CE 上的速度为 $\sqrt{10}v$，在 ED 上的速度为 v，则总时间 $t = \dfrac{CE}{\sqrt{10}v} + \dfrac{ED}{v} = \dfrac{1}{v}\left(\dfrac{\sqrt{10}}{10}CE + DE\right)$，由例 5—3 的解答过程可知 $\dfrac{\sqrt{10}}{10}CE + DE$ 的最小值为 $\dfrac{3\sqrt{10}}{5}$，所以运动时间最少为 $\dfrac{3\sqrt{10}}{5v}$.

[①] 本例作者为刘成龙、向城.

变式2（2014年成都28题） 如图5-14所示，已知抛物线 $y=\dfrac{k}{8}(x+2)(x-4)$（k 为常数，且 $k>0$）与 x 轴从左至右依次交于 A，B 两点，与 y 轴交于点 C，经过点 B 的直线 $y=-\dfrac{\sqrt{3}}{3}x+b$ 与抛物线的另一交点为 D.

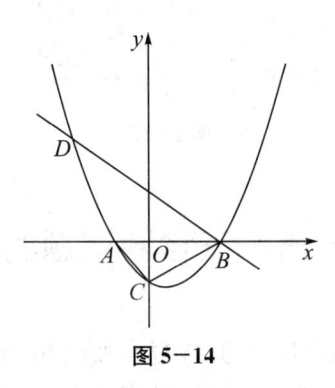

图5-14

（1）若点 D 的横坐标为 -5，求抛物线的函数表达式；

（2）若在第一象限的抛物线上有点 P，使得以点 A，B，P 为顶点的三角形与 $\triangle ABC$ 相似，求 k 的值；

（3）在（1）的条件下，设点 F 为线段 BD 上一点（不含端点），连接 AF，一动点 M 从点 A 出发，沿线段 AF 以每秒 1 个单位的速度运动到点 F，再沿线段 FD 以每秒 2 个单位的速度运动到点 D 后停止. 当点 F 的坐标是多少时，点 M 在整个运动过程中用时最少？

答案：(1) $y=\dfrac{\sqrt{3}}{9}(x+2)(x-4)$；(2) $k=\dfrac{4\sqrt{5}}{5}$ 或 $k=\sqrt{2}$；(3) $F(-2,2\sqrt{3})$.

视角2 变条件载体

变式3 如图5-15所示，点 P 为正方形 $ABCD$ 对角线 BD 上的一个动点，若 $AB=2$，则 $AP+BP+CP$ 的最小值为 _____.

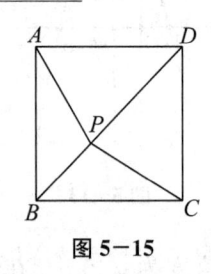

图5-15

变式4 如图5-16所示，在菱形 $ABCD$ 中，$AB=6$，$\angle ABC=150°$，点 P 是对角线 AC 上的一个动点，则 $PA+PB+PD$ 的最小值为 _____.

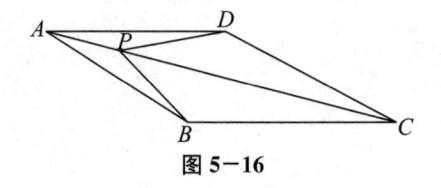

图5-16

变式5　如图 5-17 所示，AC 是圆 O 的直径，$AC=4$，$\overset{\frown}{BA}=120°$，点 D 是弦 AB 上的一个动点，那么 $OD+\dfrac{1}{2}BD$ 的最小值为_____．

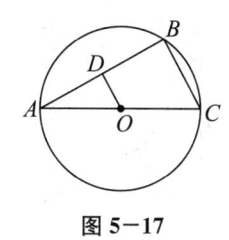

图 5-17

变式6　如图 5-18 所示，已知正方形 $ABCD$ 的边长为 4，$\odot B$ 的半径为 2，点 P 是 $\odot B$ 上的一个动点，那么 $PD+\dfrac{1}{2}PC$ 的最小值为_____．

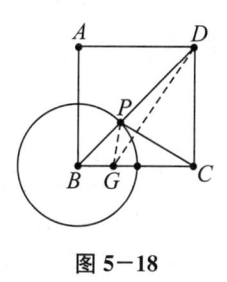

图 5-18

【解析】如图 5-18 所示，在 BC 上取一点 G，使得 $BG=1$．因为 $\dfrac{PB}{BG}=\dfrac{2}{1}=2$，$\dfrac{BC}{PB}=\dfrac{4}{2}=2$，所以 $\dfrac{PB}{BG}=\dfrac{BC}{PB}$．因为 $\angle PBG=\angle PBC$，所以 $\triangle PBG\backsim\triangle CBP$，$\dfrac{PG}{PC}=\dfrac{BG}{PB}=\dfrac{1}{2}$，所以 $PG=\dfrac{1}{2}PC$，$PD+\dfrac{1}{2}PC=DP+PG$．因为 $DP+PG\geqslant DG$，所以当点 D，G，P 三点共线时，$PD+\dfrac{1}{2}PC$ 的值最小，最小值为 $DG=\sqrt{4^2+3^2}=5$．

注：将动点在直线上运动变成动点在圆上运动，就演绎成另一经典问题——阿波罗尼斯圆（简称阿氏圆）.

案例 20　2013 年武汉 16 题的变式[①]

【例 5-4】（2013 年武汉 16 题）见第 4 章例 4-6.

变式1　如图 5-19 所示，已知 $ABCD$ 是正方形，PQ 为边 AD 所在的直线，点 E，F 分别为射线 DQ，AP 上两个动点，满足 $AE=DF$．连接 CF 交 BD 于点 G，连接 BE 交 AG 的延长线于点 H．若正方形的边长为 2，则线段 DH 长度的最小值是_____．

[①]　余小芬，豆小燕，刘成龙．一道中考试题的错解、正解及变式 [J]．理科考试研究，2017（6）：1-3.

说明：如图 5-19 所示，点 H 的运动轨迹为以 AB 为直径的 $\frac{1}{4}$ 圆 $\overset{\frown}{O'HB}$（B 为空心点）. 当点 H 与点 O' 重合时，DH 的值最小，为 $\sqrt{2}$.

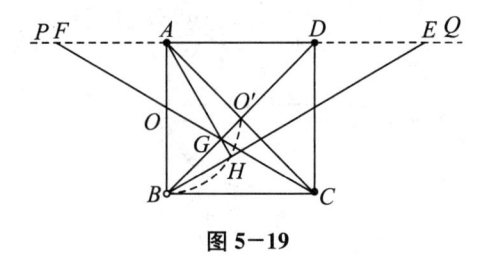

图 5-19

变式 2 如图 5-20 所示，已知 $ABCD$ 是正方形，PQ 为边 AD 所在的直线，点 D' 为点 D 关于点 A 的对称点. 点 E，F 分别为线段 AD'、射线 DQ 上两个动点，满足 $AE = DF$. CF 的延长线与 BD 的延长线交于点 G，连接 BE 交 AG 的反向延长线于点 H. 若正方形的边长为 2，则线段 DH 长度的最小值是_____.

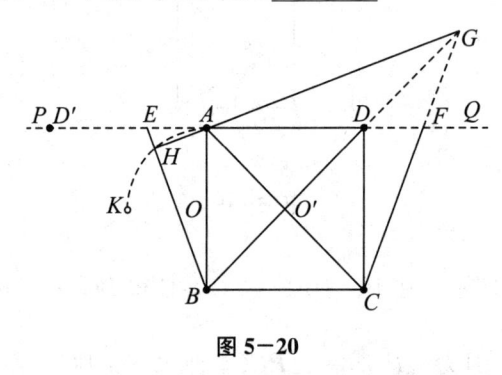

图 5-20

说明：如图 5-20 所示，点 H 的运动轨迹为以 AB 为直径的 $\frac{1}{4}$ 圆 $\overset{\frown}{AHK}$（K 为空心点）. 当点 H 与点 A 重合时，DH 的值最小，为 2.

变式 3 如图 5-21 所示，已知 $ABCD$ 是正方形，PQ 为边 AD 所在的直线，点 D' 为点 D 关于点 A 的对称点. 点 E，F 分别为射线 $D'P$、射线 DQ 上两个动点，满足 $AE = DF$. FC，DB 的延长线交于点 G，连接 BE 交 AG 于点 H. 若正方形的边长为 2，则线段 DH 长度的范围是_____.

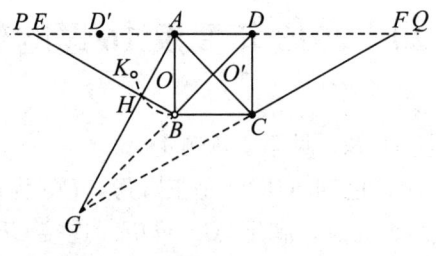

图 5-21

说明：如图 5-21 所示，点 H 的运动轨迹为以 AB 为直径的 $\frac{1}{4}$ 圆 $\overset{\frown}{KHB}$（K，B 为空

心点),且 $2\sqrt{2} < DH \leqslant \sqrt{5}+1$.

案例 21 2019 年成都中考 28 题的变式[①]

【**例 5-5**】(**2019 年成都 28 题**)见第 4 章例 4-3.

变式 1 其他条件不变,点 C' 恰好落在 y 轴上,求点 C' 和点 D 的坐标.

解 如图 5-22 所示,由题意,$BC'=BC=4$,并且 $S_{\triangle BDC'}=S_{\triangle BDC}$. 已知 $OB=1$, 在 Rt$\triangle OBC'$ 中,由勾股定理得 $OC'=\sqrt{BC^2-OB^2}$,所以 $C'(0,\sqrt{15})$. 设 $D(1,a)$, 直线 BD 与 y 轴交于点 H,抛物线的对称轴与 x 轴交于点 E,易知 $\triangle BOH \backsim \triangle BED$,所以 $\dfrac{BO}{BE}=\dfrac{OH}{ED}$,那么 $OH=\dfrac{1}{2}a$,$C'H=C'O-OH=\sqrt{15}-\dfrac{1}{2}a$,由三角形面积公式得到 $S_{\triangle BDC}=2a=S_{\triangle BDC'}=\sqrt{15}-\dfrac{1}{2}a$,解得 $a=\dfrac{2\sqrt{15}}{5}$,所以 $D\left(1,\dfrac{2\sqrt{15}}{5}\right)$.

变式 2 其他条件不变,点 C' 恰好落在抛物线上,求点 C' 和点 D 的坐标.

解 如图 5-23 所示,由题意 $BC'=BC=4$,并且 $S_{\triangle BDC'}=S_{\triangle BDC}$. 已知 $B(-1,0)$, 设 $C'(m, m^2-2m-3)$,$|BC'|^2=(m+1)^2+(m^2-2m-3)^2=16$,得 $C'\left(-\dfrac{1946}{1703},\dfrac{4509045}{2900209}\right)$. 设点 $D(1,a)$,直线 BD 的函数表达式为 $ax-2y+a=0$, $|BD|=\sqrt{4+a^2}$,点 C' 到直线 BD 的距离为 $h=\dfrac{\left|-\dfrac{1946}{1073}a-2\dfrac{4509045}{2900209}+a\right|}{\sqrt{4+a^2}}$. 又由 $S_{\triangle BDC'}=S_{\triangle BDC}$,得 $\dfrac{1}{2}h\sqrt{4+a^2}=2a$,所以 $a=\dfrac{9018090}{3668587}$,点 $D\left(1,\dfrac{9018090}{3668587}\right)$.

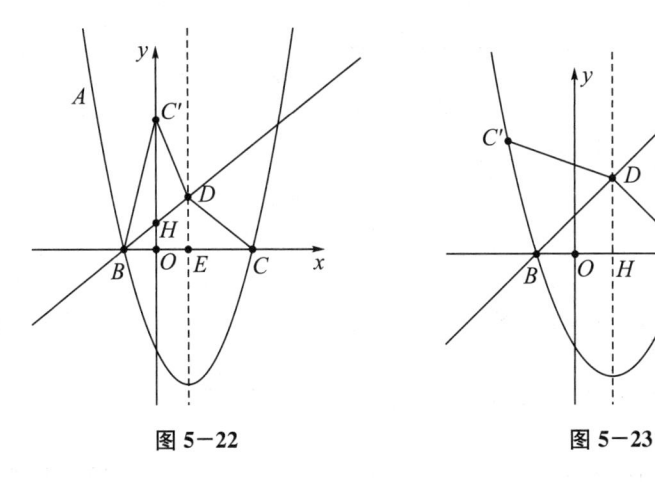

图 5-22

图 5-23

[①] 唐瑞,游娇,刘成龙. 2019 年成都中考 28 题的多解及变式 [J]. 数理化学习(初中),2020 (8):16-18, 25.

案例 22　2018 年成都中考 27 题的变式[①]

【例 5-6】（2018 年成都 27 题）见第 4 章例 4-4.

视角 1　变求解目标

在旋转过程时，当点 P，Q 分别在 CA'，CB' 的延长线上时，试探究四边形 $PA'B'Q$ 的面积是否存在最大值. 若存在，求出四边形 $PA'B'Q$ 的最大面积；若不存在，请说明理由.

解　因为 $S_{四边形PA'B'Q}=S_{\triangle PCQ}-S_{\triangle A'CB'}=S_{\triangle PCQ}-\sqrt{3}$，所以 $S_{四边形PA'B'Q}$ 最大，即 $S_{\triangle PCQ}$ 最大，所以 $S_{\triangle PCQ}=\dfrac{1}{2}PQ\times BC=\dfrac{\sqrt{3}}{2}PQ$. 设 $\angle PCB=\alpha$，$\alpha\in\left(0,\dfrac{\pi}{2}\right)$，由题意可知 $PQ=BC\tan\angle PCB+BC\tan\angle BCQ=BC\tan\angle PCB+BC\tan\left(\dfrac{\pi}{2}-\angle PCB\right)=BC\tan\alpha+BC\tan\left(\dfrac{\pi}{2}-\alpha\right)=BC\tan\alpha+BC\cot\alpha$. 因为 $\alpha\in\left(0,\dfrac{\pi}{2}\right)$，$\tan\alpha\in(0,+\infty)$，所以当 $\alpha\to\dfrac{\pi}{2}$ 时，$\tan\alpha\to+\infty$，所以 PQ 无最大值，即 $S_{\triangle PCQ}$ 无最大值，所以四边形 $PA'B'Q$ 无最大值.

视角 2　变角度

如图 5-24 所示，$\triangle ABC$ 是等边三角形，边长为 a. 以 $\triangle ABC$ 的边长 a 为距离作 AC 边的平行线 m，过点 C 作垂线交 m 于点 G. 将 $\triangle ABC$ 绕点 C 顺时针旋转得 $\triangle A'B'C$，射线 CA'，CB' 分别交直线 m 于点 P，Q. 试探究四边形 $PA'B'Q$ 的面积是否存在最小值. 若存在，求出四边形 $PA'B'Q$ 的最小面积；若不存在，请说明理由.

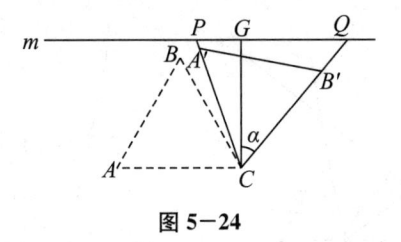

图 5-24

解　因为 $S_{四边形PA'B'Q}=S_{\triangle PCQ}-S_{\triangle A'CB'}=S_{\triangle PCQ}-\dfrac{\sqrt{3}}{8}a^2$，$S_{四边形PA'B'Q}$ 最小，即 $S_{\triangle PCQ}$ 最小，所以 $S_{\triangle PCQ}=\dfrac{1}{2}PQ\times GC=\dfrac{a}{2}PQ$. 设 $\angle QCG=\alpha$，则 $\angle PCG=\dfrac{\pi}{3}-\alpha$. 因为 $CG\perp m$，且 $CG=AC=A'C=a$，所以 $QG==a\tan\alpha$，$PG=a\tan\left(\dfrac{\pi}{3}-\alpha\right)=a\dfrac{\sqrt{3}-\tan\alpha}{1+\sqrt{3}\tan\alpha}$，得 $PQ=$

[①] 蒲丹，游娇，刘成龙. 2018 年成都中考 27 题的多解及变式 [J]. 数理化学习（初中），2019 (12)：27-30.

$QG + PG = a\tan\alpha + a\,\dfrac{\sqrt{3}-\tan\alpha}{1+\sqrt{3}\tan\alpha} = \sqrt{3}\,a\,\dfrac{1+\tan^2\alpha}{1+\sqrt{3}\tan\alpha}$. $\dfrac{1+\tan^2\alpha}{1+\sqrt{3}\tan\alpha} = \dfrac{1+\dfrac{\sin^2\alpha}{\cos^2\alpha}}{1+\sqrt{3}\dfrac{\sin\alpha}{\cos\alpha}} = \dfrac{\cos^2\alpha+\sin^2\alpha}{\cos^2\alpha+\sqrt{3}\sin\alpha\cos\alpha} = \dfrac{1}{\dfrac{1+\cos 2\alpha}{2}+\dfrac{\sqrt{3}}{2}\sin 2\alpha} = \dfrac{1}{\dfrac{1}{2}+\sin\left(\dfrac{\pi}{6}+2\alpha\right)}$. 因为 $\alpha\in\left(0,\dfrac{\pi}{3}\right)$，所以 $\dfrac{\pi}{6}+2\alpha\in\left(\dfrac{\pi}{6},\dfrac{5\pi}{6}\right)$，$\sin\left(\dfrac{\pi}{6}+2\alpha\right)\in\left(\dfrac{\sqrt{3}}{2},1\right]$. 当 $\sin\left(\dfrac{\pi}{6}+2\alpha\right)_{\max}=1$ 时，PQ 最小，为 $\dfrac{2\sqrt{3}}{3}a$，即 $S_{\triangle PCQ}$ 最小，所以 $S_{四边形 PA'B'Q,\min}=S_{\triangle PCQ,\min}-S_{\triangle A'CB'}=S_{\triangle PCQ,\min}-\dfrac{\sqrt{3}}{4}a^2=\dfrac{1}{2}a\times\dfrac{2\sqrt{3}}{3}a-\dfrac{\sqrt{3}}{4}a^2=\dfrac{\sqrt{3}}{12}a^2$.

第6章　研究中考数学试题的推广

推广是数学研究的重要手段，数学自身的发展在很大程度上依赖于推广.[1] 从数学的发展历史来看，数学研究者总是在已有知识的基础上，通过推广不断向未知的领域扩展. 这一过程中，许多数学结果的发现都归因于"幸运的推广"[2]，比如，大数学家费马推广毕达哥拉斯方程（$x^2+y^2=z^2$），提出了举世闻名的费马大定理：$x^n+y^n=z^n$（$n\geqslant 3$）是否有整数解. 什么是数学推广呢？张景中院士认为："数学中的推广就是扩大命题条件中有关对象的范围，或扩大结论的范围，即从一个事物的研究过渡到包含这一事物的研究."罗增儒教授指出："数学推广是这样一种研究方法，从一个对象过渡到考虑包含该对象的一个集合，或从一个较小集合过渡到考虑包含该集合的更大集合."郑隆炘教授将数学推广定义为"在一定范围内或一定层次上对数学概念、定理、法则进行拓展，使之在更大范围或更高层次上成立，此外，也指对条件、结论进行结构分析以后，进行适当变化，使得到的新命题为真". 汪纯中教授认为，把一个数学命题中的某些特殊的条件一般化（比如取消某些条件过强的限制），从而得到更一般的结论，叫作数学命题的推广. 这些定义都强调了研究对象范围扩大，有的定义要求扩大范围后的命题为真. 我们认为对推广后命题的真假性可不作要求，比如费马大定理是毕达哥拉斯方程的推广，但推广提出358年后才被英国数学家安德鲁·怀尔斯证明为真. 另外，已有的定义多侧重于从问题本身推广，忽视从问题解决方法角度推广. 基于此，我们提出数学试题的推广的概念：数学试题的推广是指根据问题结构或解决方法，将数学问题从一个较小的范围拓展到更大范围的研究过程.

案例23　2013年成都中考25题的推广[3]

【例6-1】（2013年成都25题）见第2章例2-1.

推广结论1：如图6-1所示，点 A，B，C 为⊙O 上相邻的三个 n 等分点，$AB=BC$，点 E 在弧 BC 上，EF 为⊙O 的直径，将⊙O 沿 EF 折叠，使点 A 与点 A' 重合，连接 EB'，EC，EA'. 设 $EB'=b$，$EC=c$，$EA'=p$. 现探究 b，c，p 三者的数量关系，当 $n=k$ 时，$p=2\cos\left(\dfrac{180°}{k}\right)\cdot b+c$.

---

[1] 朱华伟，张景中. 论推广[J]. 数学通报，2005，44（4）：55-57.
[2] 郑隆炘. 数学推广的类型与思想方法[J]. 武汉教育学院学报，1999，18（3）：5-10.
[3] 刘成龙，张琴玲，杨巧华. 推陈出新　适度暗示　能力突出　解法多样　教学引领——2013年中考成都卷第25题亮点分析[J]. 中学数学（初中），2014（1）：55-57.

第 6 章　研究中考数学试题的推广

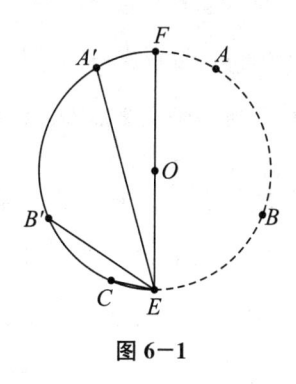

图 6-1

案例 24　2012 年成都 24 题的推广[①]

【例 6-2】（2012 年成都 24 题）见第 4 章例 4-1.

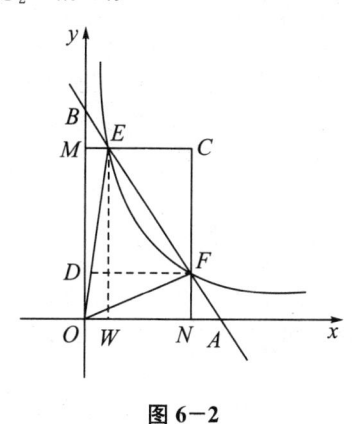

推广结论 2：如图 6-2 所示，在平面直角坐标系 xOy 中，直线 AB 与 x 轴、y 轴分别交于点 A，B，与反比例函数 $y=\dfrac{k}{x}$（k 为常数，且 $k>0$）在第一象限的图像交于点 E，F. 过点 E 作 $EM\perp y$ 轴于点 M，过点 F 作 $FN\perp x$ 轴于点 N，直线 EM 的延长线与直线 FN 的延长线交于点 C. 若 $\dfrac{BE}{BF}=\dfrac{n}{m}$（$n$，$m$ 为常数，且 $n<m$），记△CEF 的面积为 S_1，△OEF 的面积为 S_2，则 $\dfrac{S_1}{S_2}=\dfrac{m-n}{m+n}$.（用含 m 的代数式表示）

图 6-2

案例 25　2018 年成都 28 题的推广[②]

【例 6-3】（2018 年成都 28 题）如图 6-3 所示，在平面直角坐标系 xOy 中，以直线

---

① 郑云升，向婉诗，刘成龙.《怎样解题表》指导下的解题实践 [J]. 数学教学通讯（中旬），2012（2）：48-51.
② 游娇，罗力杰，刘成龙. 一道中考试题的多视角探究 [J]. 中学数学（初中），2019（11）：51-53.

$x=\dfrac{5}{2}$ 为对称轴的抛物线 $y=ax^2+bx+c$ 与直线 l：$y=kx+m$ ($k>0$) 交于 $A(1,1)$，B 两点，与 y 轴交于 $C(0,5)$，直线 l 与 y 轴交于点 D.

(1) 求抛物线的函数表达式；

(2) 设直线 l 与抛物线的对称轴的交点为 F，点 G 是抛物线上位于对称轴右侧的一点，若 $\dfrac{AF}{FB}=\dfrac{3}{4}$，且 $\triangle BCG$ 与 $\triangle BCD$ 面积相等，求点 G 的坐标；

(3) 若在 x 轴上有且仅有一点 P，使 $\angle APB=90°$，求 k 的值.

图 6-3   图 6-4

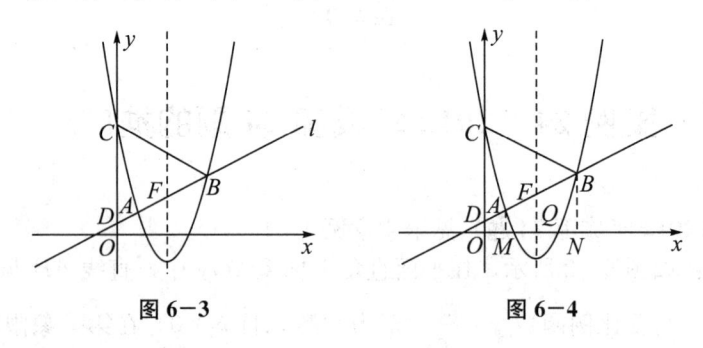

推广 1 其他条件不变，将 $\triangle BCG$ 与 $\triangle BCD$ 的面积比改为 $\dfrac{t}{w}$，求点 G 的坐标.

解 已知 $A(1,1)$，$B\left(\dfrac{9}{2},\dfrac{11}{4}\right)$，$C(0,5)$，$D\left(0,\dfrac{1}{2}\right)$，$F\left(\dfrac{5}{2},\dfrac{7}{4}\right)$.

(1) 当点 G 在 BC 上方时，可得过 G_1，G_2 的方程为 $y=-\dfrac{1}{2}x+5+\dfrac{9t}{2w}$，由

$\begin{cases}y=-\dfrac{1}{2}x+5+\dfrac{9t}{2w}\\ y=x^2-5x+5\end{cases}$，解得 $\begin{cases}x=\dfrac{9w\pm 3\sqrt{9w^2+8wt}}{4w}\\ y=\dfrac{36t+31w\pm 3\sqrt{9w^2+8wt}}{8w}\end{cases}$. 点 G 的坐标为 $\left(\dfrac{9w\pm 3\sqrt{9w^2+8wt}}{4w},\dfrac{36t+31w\pm 3\sqrt{9w^2+8wt}}{8w}\right)$.

(2) 当点 G 在 BC 下方时，可得过 G_3，G_4 的方程为 $y=-\dfrac{1}{2}x+5-\dfrac{9t}{2w}$，由

$\begin{cases}y=-\dfrac{1}{2}x+5-\dfrac{9t}{2w}\\ y=x^2-5x+5\end{cases}$，解得 $\begin{cases}x=\dfrac{9w\pm 3\sqrt{9w^2-8wt}}{4w}\\ y=\dfrac{36t+31w\pm 3\sqrt{9w^2-8wt}}{8w}\end{cases}$. 点 G 的坐标为 $\left(\dfrac{9w\pm 3\sqrt{9w^2-8wt}}{4w},\dfrac{36t+31w\pm 3\sqrt{9w^2-8wt}}{8w}\right)$.

推广 2 其他条件不变，设 $\dfrac{AF}{BF}=\lambda$，求点 G 的坐标.

解 如图 6-4 所示，过点 B 作 $BN\perp x$ 轴于点 N，得 $\dfrac{AF}{BF}=\dfrac{MQ}{QN}$，即 $\lambda=\dfrac{\frac{3}{2}}{QN}$，解得

$QN = \dfrac{3}{2\lambda}$,所以 $B\left(\dfrac{3+5\lambda}{2\lambda}, \dfrac{9-5\lambda^2}{4\lambda^2}\right)$,又 $A(1,1)$ 在 $y = kx + m$ 上,由 $\begin{cases} k+m=1 \\ \dfrac{9-5\lambda^2}{4\lambda^2} = \dfrac{3+5\lambda}{2\lambda}+m \end{cases}$,解得 $k = \dfrac{3-3\lambda}{2\lambda}$,$m = \dfrac{5\lambda-3}{2\lambda}$,得直线 AB:$y = \dfrac{3-3\lambda}{2\lambda}x + \dfrac{5\lambda-3}{2\lambda}$,点 $D\left(0, \dfrac{5\lambda-3}{2\lambda}\right)$,直线 BC:$y = \dfrac{3-5\lambda}{2\lambda}x + 5$.

(1)当点 G 在 BC 下方时,由 $\begin{cases} y_{DG_1} = \dfrac{3-5\lambda}{2\lambda}x + \dfrac{5\lambda+3}{2\lambda} \\ y = x^2 - 5x + 5 \end{cases}$,解得 $x = \dfrac{3+5\lambda \pm \sqrt{(-3\lambda+3)(5\lambda+3)}}{4\lambda}$,$y = \dfrac{9-25\lambda^2 \pm (3-5\lambda)\sqrt{(-3\lambda+3)(5\lambda+3)}}{8\lambda^2} + \dfrac{5\lambda-3}{2\lambda}$;点 G 的坐标为 $\left(\dfrac{3+5\lambda \pm \sqrt{(-3\lambda+3)(5\lambda+3)}}{4\lambda}, \dfrac{9-25\lambda^2 \pm (3-5\lambda)\sqrt{(-3\lambda+3)(5\lambda+3)}}{8\lambda^2} + \dfrac{5\lambda-3}{2\lambda}\right)$.

(2)当点 G 在 BC 上方时,由 $\begin{cases} y_{G_2G_3} = \dfrac{3-5\lambda}{2\lambda}x + \dfrac{15\lambda+3}{2\lambda} \\ y = x^2 - 5x + 5 \end{cases}$,解得 $x = \dfrac{3+5\lambda \pm \sqrt{(13\lambda+3)(5\lambda+3)}}{4\lambda}$,$y = \dfrac{35\lambda^2+12\lambda+9 \pm (3-5\lambda)\sqrt{(13\lambda+3)(5\lambda+3)}}{8\lambda^2}$.点 G 的坐标为 $\left(\dfrac{3+5\lambda \pm \sqrt{(13\lambda+3)(5\lambda+3)}}{4\lambda}, \dfrac{35\lambda^2+12\lambda+9 \pm (3-5\lambda)\sqrt{(13\lambda+3)(5\lambda+3)}}{8\lambda^2}\right)$.

问题:(2)中 $\triangle BCG$ 与 $\triangle BCD$ 的面积相等和 $\dfrac{AF}{BF} = \dfrac{3}{4}$ 这两个条件能同时推广成更一般的情形吗?(有兴趣的读者可以自行研究)

第 7 章 研究中考数学试题的优化

从科学的发展历程来看，通向真理的道路常常是以错误为基石的．一个较为圆满的成果背后包含着无数工作者无数次从错误到正确的修正与调整．数学的进步也不例外．比如，1640 年，法国数学家费马断言素数表达式为：对于任何非负整数 n，表达式 $F_n = 2^{2^n} + 1$ 均给出素数．大约 100 年后，1732 年数学大师欧拉发现 $F_5 = 2^{2^5} + 1 = 641 \times 6700417$ 不是素数，从而推翻了费马猜想．又如，在微积分的蓬勃发展时期，引进一致连续概念以前，包括柯西在内的数学家对收敛函数项级数可以逐项积分都深信不疑，几乎所有的数学家都确信连续函数一定是可微的．1872 年，魏尔斯特拉斯给出了历史上第一个处处连续但不可微的例子，进而引发了对函数具有"反常"性态的深入研究．[1] 可见，错误非但不是数学中的"包袱"，反而是数学发展的一剂良药．因此，对错误试题的优化就显得格外重要．

案例 26 意外引起的反思[2]

在心理学上，反思是人们以自己的认知活动过程及结果为认识对象的认识活动．弗赖登塔尔指出："反思是重要的数学活动．它是数学活动的核心和动力，是一种积极的思维活动和探索行为，是同化，是探索，是发现，是再创造．"叶澜指出："一个教师写一辈子教案不一定成为名师，如果一个教师写三年反思就有可能成为名师."可见，反思在数学教学活动中十分重要．事实上，在平常的教学活动中有很多地方值得我们冷静地思考、反思．[3] 下面记录一次讲评课上的"意外"及由此引发的思考．

【例 7-1】（2012 年恩施 23 题）如图 7-1 所示，AB 是 $\odot O$ 的弦，点 D 为 OA 半径的中点，过点 D 作 $CD \perp OA$ 交弦 AB 于点 E，交 $\odot O$ 于点 F，且 $CE = CB$．

(1) 求证：BC 是 $\odot O$ 的切线；

(2) 连接 AF，BF，求 $\angle ABF$ 的度数；

(3) 如果 $CD = 15$，$BE = 10$，$\sin A = \dfrac{5}{13}$，求 $\odot O$ 的半径．

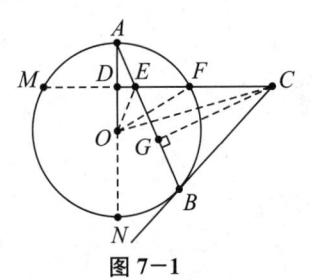

图 7-1

---

[1] 刘成龙，余小芬. 研究高考试题的视角与案例 [M]. 成都：四川大学出版社，2018.
[2] 刘成龙. 意外引起的反思 [J]. 中学数学（初中），2013 (8)：46–49.
[3] 刘成龙，余小芬. 对数学解题反思的认识 [J]. 中学数学研究（江西），2012 (6)：25–28.

一、教学实录

师：同学们，你们已经做了这个题目，这里我仅作粗略的分析．

在讲评过程中，笔者按参考答案的思路给学生作了分析，并规范地板书了答案：

（1）、（2）略；（3）过点 C 作 $CG \perp BE$ 于点 G，由 $CE=CB$，得 $EG=\dfrac{1}{2}BE=5$，又 Rt$\triangle ADE \backsim$ Rt$\triangle CGE$，所以 $\sin\angle ECG = \sin\angle A = \dfrac{5}{13}$，所以 $CE = \dfrac{EG}{\sin\angle ECG} = 13$，$CG = \sqrt{CE^2-EG^2}=12$，又 $CD=15$，$CE=13$，所以 $DE=2$，由 Rt$\triangle ADE \backsim$ Rt$\triangle CGE$，得 $\dfrac{AD}{CG}=\dfrac{DE}{GE}$，所以 $AD=\dfrac{DE \cdot CG}{GE}=\dfrac{24}{5}$，所以 $\odot O$ 的半径为 $2AD=\dfrac{48}{5}$．

正当笔者打算进行下面的教学任务时，有学生发言了．

生 1：老师，我感觉我的解答也是正确的，但是得到的答案和您的不一样．

（这时，另外几名同学也开始小声讨论起来）

由于题目选自中考试题，笔者当时的想法是学生错了，但看到生 1 疑惑而又急于想表达自己想法的眼神，便停下来听听他的想法．

生 1：我是这样做的：

连接 OE，OC，得 $OE=AE$，在 Rt$\triangle ODE$ 中，设 $DE=5k$，$OE=13k$，所以 $OD=12k$，$AO=r=24k$，在 Rt$\triangle ODC$ 中，$OC^2=OD^2+DC^2=(12k)^2+15^2$，又 $OC^2=OB^2+BC^2=24k^2+(15-5k)^2$，所以 $(12k)^2+15^2=24k^2+(15-5k)^2$，解得 $k=\dfrac{150}{457}$，所以 $r=24k=\dfrac{3600}{457}$．但和您的答案不一样，不知道哪里错了？

此时，更多的学生议论起来了．

师：同学们，生 1 分析得很好，解答思路没错，结果不一样，会不会是计算错误？我们一起来检查计算过程．

经过大家的检查，计算完全正确．此刻，笔者暗自吃惊：难道参考答案真的错了？正当大家疑惑的时候又有学生发言了．

生 2：老师，我和生 1 做的方法不同，但答案一样．

师：哦？那请你谈谈你的做法．

生 2：我是这样想的：延长 CD 交 $\odot O$ 于 M，连接 OF．设 $DE=5x$，则 $AE=13k$，$AD=12x$，$AO=24x$，易得 $DF=12\sqrt{3}x$．由切割线定理，可得 $BC^2=CF\cdot CM=(15-12\sqrt{3}x)(15+12\sqrt{3}x)$，又 $BC^2=CE^2=(15-5x)^2$，所以 $(15-5x)^2=(15-12\sqrt{3}x)\cdot(15+12\sqrt{3}x)$，解得 $x=\dfrac{150}{457}$，所以 $r=24x=\dfrac{3600}{457}$．

生 2 刚说完，又有人发言了．

生 3：老师，我的答案和你们的都不一样，但我认为我的也是正确的．（生 3 十分自信）

师：好，请为大家分析你的思路．

125

生 3：延长 CD 交 $\odot O$ 于 M，设 $DE=5x$，则 $AE=13x$，$DF=12\sqrt{3}x$，由相交线定理可得 $13x \cdot 10 = (12\sqrt{3}x - 5x)(12\sqrt{3}x + 5x)$，解得 $x = \dfrac{130}{407}$，所以 $r = 24x = \dfrac{3120}{407}$.

生 3 刚刚说完，生 4 就迫不及待地站起来了.

生 4：老师，我算出来的答案也是 $\dfrac{3120}{407}$. 思路是：延长 AO 交 $\odot O$ 于 N，连接 NB. 设 $DE=5x$，则 $AE=13k$，$AD=12x$，$AO=24x$，易证 $\mathrm{Rt}\triangle ADE \sim \mathrm{Rt}\triangle ABN$，所以 $\dfrac{13x}{48x} = \dfrac{12x}{13x+10}$，解得 $x = \dfrac{130}{407}$，所以 $r = 24x = \dfrac{3120}{407}$.

此刻，同学们更加疑惑了：咦，怎么回事呢？三个不同的答案？

我心里寻思：四位同学，解答思路都对，计算也正确，现在出现了三个答案，而根据数学答案具有唯一性可知，题目肯定有问题.

师：同学们，参考答案和同学们提供的解答中共出现了三种答案：$\dfrac{48}{5}$，$\dfrac{3600}{457}$，$\dfrac{3120}{407}$. 根据数学答案的唯一性可知，该题目肯定有问题. 请大家相互讨论，问题出在哪里呢？

学生思考并相互讨论. 我深深地吸了一口气，沉思片刻，便发现了端倪. 这时有部分学生也发现了问题的所在.

生 5：几种解答用的题设条件不一样.

部分学生也点头认可.

师：很好，那你能跟大家具体对比一下吗？

生 5：生 1、2 的解答过程中只用了 $CD=15$，没用到 $BE=10$.

师：很好.

生 5：生 3、4 的解答只用了 $BE=10$，没用到 $CD=15$.

师：参考答案呢？

全班：两个都用了.

师：同学们，这道题的条件多了，这就是它有不同解答结果的原因.

这时同学们都恍然大悟了.

师：下面进一步来验证条件多余这一论断. 请大家解答以下三个问题：

①若 $CD=15$，半径为 $\dfrac{3600}{457}$，$\sin A = \dfrac{5}{13}$，那么 $BE=10$ 吗？

②若 $BE=10$，半径为 $\dfrac{3120}{407}$，$\sin A = \dfrac{5}{13}$，那么 $CD=15$ 吗？

③若 $CD=15$，$BE=10$，半径为 $\dfrac{3600}{457}$，那么 $\sin A = \dfrac{5}{13}$ 吗？

在同学们的共同努力下，经过一番计算，一致得出：这三个问题的答案都是否定的.

师：非常好. 不难看出，例 7-1 第（3）问条件多余且 $CD=15$，$BE=10$ 互不相容，建议去掉 $CD=15$，$BE=10$ 二者之一.

下课铃声此时也响了，笔者长长地舒了一口气，怀着复杂的心情走向办公室……

二、课后反思

这一节课笔者的心情较为复杂，从对参考答案的确信，转为对学生提问的疑惑，再到对多种解答的迷茫，最后体会到问题圆满解答的舒缓，感受到学生踊跃多思的欣慰. 课后，笔者内心久久不能平息，怀揣着复杂的心情，行文以期提醒自己.

1. 课堂的主体是学生

《课标2011》强调学生是课堂的主体，要充分发挥学生的主体性，教师是课堂的组织者和引导者. 教育家陶行知先生为说明学生主体性的重要性，做了这样一个实验：把一只饿了几天的大公鸡放在桌子上，再在桌上放几把米，然后用手按住鸡头强迫鸡吃米，鸡不但不吃，反而会边挣扎边嚎叫，放开手后鸡则高兴地吃米了. 这一实验很好地诠释了学生主体的重要性.

（1）善待学生的提问.

希尔伯特指出："数学问题是数学的灵魂.""敢于发表自己的观点"是新课标的一大主张. 爱因斯坦说："提出一个问题往往比解决一个问题更有意义." 教师要充当组织者、引导者和倾听者，引导学生善思、好问、乐学，敢于让学生说，敢于让学生问，并能对学生提出的有意义的问题适时地加以评价和解答. 有时候学生精彩、有意义的提问会被教师的一言堂所冲淡、所掩饰，被教师的"霸权"所扼杀，这样不仅挫伤了学生的兴趣，禁锢学生的思维，束缚学生的心智，更磨灭了学生创造力的火花. "发表自己观点"不仅是主体性的一种体现、一种情绪的释放，更是学生思想的一次大解放.

（2）教师少讲，学生多方面参与.

《课标2011》倡导"积极思考、动手实践的学习方式"[①]. "学习金字塔"理论表明，不同的学习方式得到的学习效果区别很大，位于塔尖的是学生单凭阅读或听教师讲授，效果最差（保持10%）；位于塔基的是学生动手参与和给别人讲授，效果最好（保持90%）. 可见，在教学中教师要少讲（用语要精练，可讲可不讲的东西不讲，可删可不删的东西删掉）、精讲（讲到重点上）、讲精（需要高超的教学机智，在精讲的基础上，部分知识讲到八九分透，剩余部分学生自己悟透），学生要多动手、动脑、动嘴参与，主动实现知识的意义建构.

2. 教师要具备驾驭课堂的能力

教师是课堂的组织者与规范者，教师要组织、规范好课堂，就必须具备驾驭课堂的能力. 笔者认为要很好地驾驭课堂就必须具备以下几个方面的能力：

（1）扎实的专业知识是驾驭好课堂的首要条件. 专业知识包括初等代数研究和初等几何研究知识（必备的知识），高等代数、数学分析、解析几何知识（思维的更高层次需要），数学史（数学文化的需要），课程教材教法（方法论指导），数学教育概论（教育理论更新的需要）.

---

① 中华人民共和国教育部. 义务教育数学课程标准（2011年版）[M]. 北京：北京师范大学出版社，2012.

(2) 数学学习能力. 笔者认为数学学习能力是一种专业技能, 是教育理念和专业知识体系的更新, 是教育教学活动的深刻反思, 是新课程标准和"两纲"深度解读的有力保障.

(3) 必备的基本能力. 包括敏锐的数学思维能力、较强的解题能力、猜想能力、探究能力、归纳能力和运算能力等.

(4) 良好的教师基本功. 包括标准的普通话、漂亮的板书、良好的表达能力和课堂意外的应对能力.

3. 对试题的两点认识

(1) 编拟试题要谨慎.

善于解题是优秀教师必备的基本素养, 能编拟好的试题更是需要高的水平. 中考及其他大型考试的大部分试题设计新颖, 构思巧妙, 集中体现了命题专家的智慧, 是我们学习的典范. 一道好的试题需要反复修改、精心雕琢, 一套好的试题必须具备良好的效度、信度和区分度, 尤其是大型考试对试题的质量要求更高. 因此, 编拟试题需谨慎, 应注意在宏观上, 背景公平, 不偏不怪, 无科学性错误, 不超"两纲"; 在微观上, 条件间互不矛盾, 条件无多余, 解答方法不过分追求技巧.

因此, 为了命制高水平的试题, 可以从以下方面入手:

①平时教学中多积累好的试题, 建立个人试题档案, 对一些好的试题 (好的试题具有很强的生命力, 以好题为载体可以衍生出一大批新的题目) 深入研究 (背景研究、立意研究、解法研究、拓展研究、逆向探究试题编拟), 阅览并收集期刊上的研究成果.

②立足于教材, 以高等数学知识 (高中以及大学数学知识) 为命题知识层面指导.

③命题周期稍微长一点, 磨题的时间多一点, 磨题的过程更加细一些.

④组建命题研究团队, 集思广益.

(2) 使用试题应具有批判精神.

笔者认为大部分试题是教学和研究的有效资源, 但部分试题难免有一些缺陷, 甚至存在错误. 历史表明, 数学是伴随着错误与反思而发展完善的. 部分试题编拟时由于各种因素的影响, 难免会犯一些错误或者存在缺陷, 比如, 平常的考试试题会存在疏漏, 甚至中考、高考中也会出现一些有争议乃至错误的试题. 因此, 在解题后需要用批判性的眼光对有些试题加以重新审视, 不迷信于命题专家的权威, 敢于大胆地质疑, 从而优化试题的编拟及使用.

4. 参考答案仅供参考

在过去的教学过程中, 参考答案给我们带来了便利: 格式规范, 能让学生养成良好的书写习惯; 便于学生及时自我反馈检测情况, 第一时间纠正错误; 节省时间, 给教师备课带来了方便; 提供了解题方法; 等等. 然而, 参考答案自身也存在一些缺陷: 缺乏解答的分析过程; 解答方法出现错误; 解答过程太简约, 思维跨度太大; 解答方法烦琐; 解答方法不自然; 缺失反思环节; 等等. 再加上使用参考答案不当, 学生照搬照抄参考答案, 教

师过分依赖参考答案,于是出现了一些问题[①]. 因此,使用参考答案应做到以下两点:

(1) 教师要引导学生树立正确使用参考答案的意识,在感受参考答案优点的同时,不迷信、不盲从参考答案,不唯答案论,敢于质疑参考答案的合理性,要具备批判的眼光. 具体来说,学生不能照抄照搬参考答案,应该在独立完成试题后,再对照参考答案找出自己解答的优点和存在的问题,尤其要分析导致问题的原因. 对于不会做的试题,要先多想,然后再看参考答案,要看懂参考答案的每一步,对每一个步骤多问几个为什么、怎么来的,从而把别人的方法变成自己的方法.

(2) 教师要摆脱对参考答案的过度依赖,创造性地使用参考答案. 首先,教师要苦练解题技能(优秀教师必备的技能),遇到难的问题,尽量不看参考答案,多思考,久而久之就会产生顿悟,有所提升. 其次,教师先做试题,充分感受解答中需要经历的"磨难",再对照参考答案,立足最近发展区,寻找学生理解最优的思路、方法,并且做好参考答案缺陷的完善工作.

5. 充分备课是高效课堂的关键

备课是上课的一个重要环节,而充分备课是自如驾驭课堂的前提,是高效课堂的关键. 备课内容包括以下三个方面:

(1) 备教材. 教材是学科知识的载体和根基,提供了学科的教学任务(学什么、教什么). 教师需要深刻领悟编者的意图(章前语、例题、习题、旁注、阅读材料等的功能),吃透教材,有效地整合、分拆教材,把"厚书读薄,薄书变厚".

(2) 备"两纲"(教学大纲和考试大纲). "两纲"是教师制订课堂教学目标(教到什么程度)的指导性文件. 教师需要认真研读"两纲",领会各知识板块的具体要求,不随意拔高难度、增减内容,关注有所变动的部分.

(3) 备学生. 学生是课堂的主体,学生在知识和思维上是否有所提升是高效课堂的唯一检验标准. 因此,教师要了解学生的知识储备、思维层次、整体性和差异性,根据学生的实际情况采用适当的教法,充分预设学生在学习中会出现的一些问题及对策,避免因准备不充分而带来尴尬.

案例 27　合作中质疑　质疑中生成[②]
——以 2011 年湛江中考 27 题的讲评为例

学习金字塔理论表明,不同的学习方式得到的学习效果区别很大,位于塔尖的是学生单凭阅读或听老师讲授,效果最差(保持 10%);位于塔基的是学生动手参与和给别人讲授,效果最好(保持 90%). 可见,积极主动、合作交流是最为有效的学习方式[③]. 在教

[①] 刘成龙,余小芬. 参考答案仅供参考[J]. 福建中学数学,2013 (2):20—22.

[②] 刘成龙,胡丹,杨小兵. 合作中质疑　质疑中生成——以一道中考试题的讲评为例[J]. 中学数学(初中),2019 (1):55—57.

[③] 中华人民共和国教育部. 义务教育数学课程标准(2011 年版)[M]. 北京:人民教育出版社,2011.

学中如何开展主动、合作的学习方式呢？研究者认为，质疑是较好的一种方式．所谓质疑，是指提出疑问．质疑是思维交流的重要方式，是创造的源泉．通过质疑唤醒固化的思维，闪现智慧的火花，通过思维碰撞、逻辑表达、活动反思，最终达成互识、共识．下面以 2011 年湛江中考 27 题为载体，展示学生在合作中质疑、质疑中生成的整个讲评过程．

【例 7-2】（**2011 年湛江 27 题**）如图 7-2 所示，在 Rt△ABC 中，$\angle C = 90°$，点 D 是 AC 的中点，且 $\angle A + \angle CDB = 90°$，过点 A，D 作圆 O，使圆心 O 在 AB 上，圆 O 与 AB 交于点 E．

（Ⅰ）求证：直线 BD 与圆 O 相切；

（Ⅱ）若 $AD:AE = 4:5$，$BC = 6$，求圆 O 的直径．

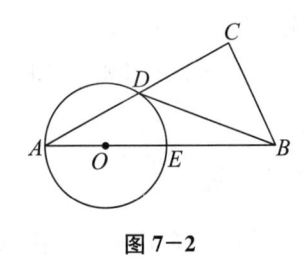

图 7-2

一、教学实录

片段 1　生疑——答案展示，认知冲突

教师 L：课后作业题（上述问题）第（Ⅰ）问较为简单，这里不作分析．请大家展示第（Ⅱ）问的答案．

生 1：圆的直径为 $\dfrac{45}{8}$．

生 2：不对，是 5．

生 3：我的也是 5．

生 4：老师，我觉得是 $\dfrac{35}{8}$．（声音较小，没底气）

生 5：我认为是 $\dfrac{15\sqrt{2}}{4}$．

……

【设置意图】教师 L 故意设置"结构不良"的问题，有利于驱动课堂的发展．学生解答时产生了不同的答案，而这些答案又是学生经过计算实实在在得到的结果，这让学生产生了疑惑，陷入了愤悱状态，有利于激发指向学习活动本身的内驱力，为下一步问题的探索、操作和掌握做好铺垫．

片段 2　质疑——各抒己见，展现思维

教师 L：能否说说你们的想法？

生 6：如图 7-3 所示，连接 DE．由题意 $\angle ADE = \angle C = 90°$，故 $DE \parallel BC$，所以

△ADE∽△ACB，又点 D 为 AC 的中点，可得 $DE = \frac{1}{2}BC = 3$. 设 $AD = 4x$，则 $AE = 5x$，$DE = 3x$，得 $x = 1$，$AE = 5$，即圆的直径为 5.

教师 L：生 6 的做法，大家听懂了吗？

众生：懂了.

生 7：我的答案也是 5，但和生 6 的方法不一样.

教师 L：说说你的做法.

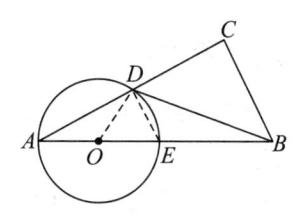

图 7-3

生 7：如图 7-3 所示，连接 DO，DE. 同生 6 一样可求得 $DE = 3$. 设圆的半径为 r，在 Rt△ADE 中，$AD = \sqrt{4r^2 - 9}$. 因为点 D 为 AC 的中点，则 $AD = DC$，$AE = EB = 2r$，故在 Rt△DCB 中，$DB^2 = DC^2 + CB^2 = 4r^2 - 9 + 36 = 4r^2 + 25$. 在 Rt△ODB 中，$DB^2 + OD^2 = OB^2$，有 $4r^2 + 25 + r^2 = 9r^2$，解得 $r = 2.5$，即 $AE = 5$，故圆的直径为 5.

教师 L：生 6、生 7 思路正确，表述清楚，给他们掌声.

（全班同学为生 6、生 7 鼓掌）

教师 L：其他结果的同学来说说你们的做法.

生 8：如图 7-3 所示，由 $DE \parallel BC$，得 $\angle EDB = \angle DBC$，又 $\angle EDB = \angle A$，所以 $\angle A = \angle DBC$，故 $\cos \angle A = \cos \angle DBC$，得 $\frac{AD}{AE} = \frac{BC}{DB} = \frac{4}{5}$，又 $BC = 6$，解得 $BD = \frac{15}{2}$. 又点 D 为 AC 的中点，显然 DE 为 Rt△ACB 的中位线，则有 $AE = BE$. 由切割线定理，可知 $BD^2 = BE \cdot BA = 2AE^2$，故 $AE = \frac{15\sqrt{2}}{4}$，即圆的直径为 $\frac{15\sqrt{2}}{4}$.

教师 L：生 8 的思路正确、推理严格，所得答案为什么和生 6、生 7 不一样呢？

全班同学窃窃私语，再一次陷入了思考和讨论中.（生 9 举手，老师 L 示意生 9 回答）

生 9：和生 8 一样可求得 $BD = \frac{15}{2}$. 在 Rt△DCB 中，$DC = \sqrt{BD^2 - BC^2} = \frac{9}{2}$. 因为点 D 是 AC 的中点，所以 $AD = \frac{9}{2}$. 由 $\frac{AD}{AE} = \frac{4}{5}$，得 $AE = \frac{45}{8}$，即圆的直径为 $\frac{45}{8}$.

教师 L：答案又不一样了.

生 10：和生 9 一样可求得 $BD = \frac{15}{2}$，$DC = \frac{9}{2}$. 令 $AD = 4x$，则 $AE = 5x$，$DE = 3x$. 由△ADE∽△ACB，得 $\frac{AC}{AD} = \frac{BC}{DE}$. 于是 $\frac{4x + \frac{9}{2}}{4x} = \frac{6}{3x}$，解得 $x = \frac{7}{8}$，所以 $AE = 5x = \frac{35}{8}$，即圆 O 的直径为 $\frac{35}{8}$.

131

教师 L：5 位同学的解答思路、逻辑表达、推理过程都是对的，但得到了 4 种不同的答案，显然这与答案唯一相矛盾．能否找到原因呢？

学生再一次陷入了思考……

【设计意图】《课标 2011》指出，教师是教学活动的组织者、引导者，学生是学习活动的主体[①]．教师应创设民主、和谐的课堂氛围，将时间、空间、话语权留给学生，让学生在交流中深入思考，从而迸发思维的灵感；让学生在表达中训练数学逻辑；让学生在倾听中反思，从而不断修正、调整．

片段 3　释疑——刨根问底，追本溯源

生 11：生 6 的解答中用了"点 D 是 AC 的中点"和"$AD:AE=4:5$"这两个条件，但生 7 没有用到"$AD:AE=4:5$"．

教师 L：你的意思是"$AD:AE=4:5$"这一条件多余？

生 11：好像是．

生 12：但是生 10 的解答中没有用到"点 D 是 AC 的中点"这个条件呀．

教师 L："点 D 是 AC 的中点"也多余？这两个条件可以去掉吗？

生 13：感觉是多余的，但不能同时去掉．

教师 L：生 8、生 9 的解答中这两个条件都用了，但解答结果都和生 6 不一样，这是为什么呢？

生 14：难道这是一道错题？

教师 L：错在哪里？

生 14：好像条件"点 D 是 AC 的中点"和"$AD:AE=4:5$"在打架一样．

教师 L：打架是什么意思？

生 14：感觉不能共存一样．

教师 L：生 14 表达的意思在数学中称为条件间不相容，由"点 D 是 AC 的中点"不能推出"$AD:AE=4:5$"，由"$AD:AE=4:5$"不能推出"点 D 是 AC 的中点"．

众生：哦．

教师 L：能否验证生 14 的猜测？

生 15：生 10 的解答中仅用到"$AD:AE=4:5$"，得到 $DC=\dfrac{9}{2}$，$AE=\dfrac{35}{8}$，易得 $AD=\dfrac{7}{2}$，显然 $AD\neq CD$，不能推出"点 D 是 AC 的中点"．

教师 L：讲得很好，你在已有成果的基础上说明了"$AD:AE=4:5$"不能推出"点 D 是 AC 的中点"，大家能说明另一种情形吗？

生 16：生 7 的解答中只用到条件"点 D 是 AC 的中点"，得到 $DE=3$．设圆的半径为 r，则 $AD^2=CD^2=4r^2-9$．由切割线定理，知 $BD^2=BE\cdot BA=8r^2$．在 Rt△DCB 中，$4r^2-9+36=8r^2$，解得 $r=\dfrac{3\sqrt{3}}{2}$．于是 $AE=3\sqrt{3}$，$AD=3\sqrt{2}$，不能推出"$AD:AE=$

[①] 中华人民共和国教育部. 义务教育数学课程标准（2011 年版）[M]. 北京：人民教育出版社，2011.

4∶5".

教师 L：生 15、生 16 验证了两个条件间的不相容，这正是 5 位同学得到不同答案的原因.

【设计意图】 教师设置了一系列追问，绕过浅层教学，直接进入知识意义系统的深度教学. 具体来讲，教师引导学生通过寻找各种解法间的差异与关联，水到渠成地让学生"喊出"试题错误和条件"打架"的猜测，并通过"证明"真切认识两个关键条件间的不相容关系，从而消除疑问.

片段 4　消疑——优化试题，回归合理

教师 L：试题中两个关键条件不相容，能优化吗？

生 17：去掉"点 D 是 AC 的中点".

生 18：去掉"$AD∶AE=4∶5$".

教师 L：很好，删掉"$AD∶AE=4∶5$"和"点 D 是 AC 的中点"其中一个条件可以使得试题科学合理.

教师 L：删掉"$AD∶AE=4∶5$"后的试题，答案是多少呢？

生 19：$\dfrac{35}{8}$.

教师 L：对. 去掉"点 D 是 AC 的中点"呢？

生 20：5.

教师 L：至此，问题得到了优化.

【设计意图】 通过合作交流，去除"多余条件"，让"结构不良"的试题得到优化，生成了新的成果，这有利于加深学生对问题的理解，同时让学生真切感受成功的愉悦，增强学习数学的成就感和自信心.

二、教学感悟

反思即元认知，是人们以自己的认知活动过程及结果为认识对象的认识活动. 弗赖登塔尔指出："反思是重要的数学活动. 它是数学活动的核心和动力，是一种积极的思维活动和探索行为，是同化，是探索，是发现，是再创造."[1] 本案例中，教师 L 以一道"结构不良"的中考试题为载体，展示了一节别开生面的讲评课. 具体来说，教师 L 设置了生疑、质疑、释疑、消疑四个环节，让学生经历了在合作中质疑、质疑中生成的整个过程. 同时，学生在质疑、探索、释疑中真正明白自己所困惑的问题，在自我发现、解决问题的过程中获得"实现自我"的快乐，充分暴露自己的思维历程，展现自己的思维方法. 整个讲评过程自然、和谐、民主、有效，引起了研究者深入的思考，以期引起读者的共鸣.

---

[1] 刘成龙，余小芬. 意外引起的反思 [J]. 中学数学（初中），2013（8）：46—49.

1. 教学的有效性

有效教学是指教师在达成教学目标和满足学生发展需要两方面都获得成功或表现俱佳的教学行为[①]. 具体来讲, 有效教学的根本目的是学生的发展, 尤其是思维的发展. 本案例中学生思维品质得到了发展, 批判精神得到了锻炼. 在教学中, 信息流向并非传统的"讲—练—讲"的单一模式, 而是在问题驱动、合作互动的多向流动中引发不同思维碰撞、各种视域融合, 进而培养思维的灵活性、深刻性和批判性. 我们试想, 若教师 L 在讲评中直接告知学生试题答案、存在的错误及优化方式, 则在学生头脑中留不下任何痕迹, 而通过合作、质疑的方式发展了学生的认知和数学思维, 堪称高效.

2. 教学的艺术性

教学是一门艺术. 整个教学中教师 L 表现出了较为高明的教学艺术.

（1）教师 L 善于追问.

追问既是学问, 也是一门艺术. 追问能提升质量, 追问能提升品位, 追问能开启智慧, 追问能掀起课堂的高潮, 追问能演绎课堂的精彩.[②] 教师 L 并没有直接告知学生试题是一道错题、错在哪里、怎么纠正, 而是通过一系列富有针对性、启发性、聚焦性的追问启发学生思考, 推动教学活动的有序开展, 让学生在合作中、质疑中达成共识.

（2）教师 L 善于营造民主氛围.

人本主义教学理论认为良好的师生关系是有效教学的基础. 心理学研究表明, 在现实的学校生活中, 只有民主、公正、理解、爱护、尊重学生的教师, 才可能使学生产生学习的热情、克服困难的意志和创造的欲望.[③] 教师 L 充分信任学生、尊重学生, 以平等姿态与学生对话, 将时间、空间、话语权交给学生, 整个过程中教师就是一个组织者、引导者、研究者、合作者. 案例中, 学生敢于表达内心所惑、内心所思, 表现出了较大的学习热情和创造力, 这些均得益于民主的氛围.

3. 学生的主体性

《标准 2011》指出, 学生是学习的主体[④]. 质疑是一种"再创造"的思维活动, 需要发挥学习者的主体性、自主性与创造性. 在教学中, 可以引导学生"三动"来参与质疑活动[⑤].

一是行动. 所质疑的问题能激发学生的学习动机, 引起学生深度参与, 使他们融入质疑活动中. 案例中的问题"结构不良", 远在学生的意料之外, 这有利于调动学习者的学习动机, 使他们感受生疑、质疑、释疑、消疑的认知过程.

二是互动. 质疑活动强调师生之间的合作、沟通, 更强调生生间的合作与对话, 在师生对话、生生对话的过程中达成"互识"与"共识". 本案例中, 通过合作给出了四种不同的

[①] 赵绪昌. 例谈数学课堂教学追问时机的把握 [J]. 中国数学教育（高中版）, 2010 (12): 11-15.
[②] 赵绪昌. 例谈数学课堂教学追问时机的把握 [J]. 中国数学教育（高中版）, 2010 (12): 11-15.
[③] 张大均. 教育心理学 [M]. 北京: 人民教育出版社, 2015.
[④] 中华人民共和国教育部. 义务教育数学课程标准（2011 年版）[M]. 北京: 人民教育出版社, 2011.
[⑤] 刘成龙. 由一个物理题引起的探究性学习 [J]. 中学数学教学参考（中旬）, 2013 (7): 11-14.

答案,让学生产生了困惑;通过多种方法的梳理,让学生对试题产生了质疑;通过师生合作,达成了条件多余、条件间不相容的"共识";通过师生配合,最终优化了试题. 在整个过程中,师生既有行为参与,又有认知参与和情感参与,丰富了思维的内容和方式.

三是心动. 质疑的过程是学习者情感、态度、信念、价值赋予的过程. 在经历生疑、质疑、释疑、消疑的过程中,学生会产生强烈的冲突感、发现感、成就感、自我存在感和价值感. 特别是在释疑、消疑等环节中,学习者不断地感受到新发现、新成果,将质疑活动推向了高潮,极大地发展了他们的问题意识与创新意识.

案例 28 一道条件相互矛盾的中考试题[①]

试题命制是一个严肃而充满创造性的系统工程. 命题既要关注知识、能力、素养的考查,又要注重合适的难度、有效的信度和适当的区分度的设置,更要关注试题的严谨性. 严谨性是数学的基本特征,它要求数学试题内容科学、表述准确、条件相容、问题明确等. 中考作为初中阶段区域性最重要的考试,对试题命制有很高的要求. 但遗憾的是,在历年的中考命题中都有试题因不严谨而出现错误. 比如,2018 年贵州省黔东南·黔南·黔西南中考数学第 22 题(以下简称 22 题)(Ⅱ)问就是一道错题. 下面分析该试题错误的原因,并给出优化的方案及命题启示.

【例 7-3】(2018 年黔东南·黔南·黔西南 22 题)如图 7-4 所示,CE 是 $\odot O$ 的直径,BC 切 $\odot O$ 于点 C,连接 OB,作 $ED \parallel BO$ 交 $\odot O$ 于点 D,BD 的延长线与 CE 交于点 A.

(Ⅰ)求证:AB 是 $\odot O$ 的切线;

(Ⅱ)若 $\odot O$ 的半径为 1,$\tan\angle DEO = \sqrt{2}$,$\tan\angle A = \dfrac{1}{4}$,求 AE 的长.

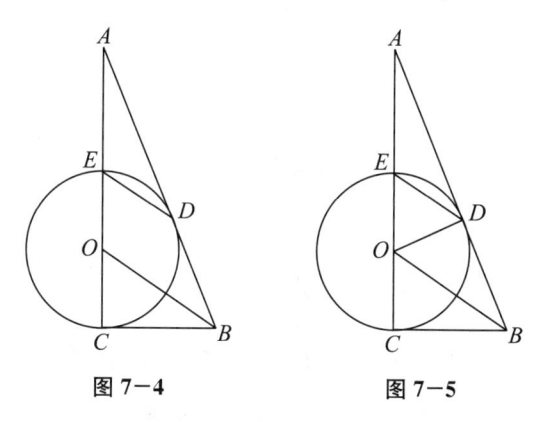

图 7-4   图 7-5

一、(Ⅱ)的六种解法

解法 1(命题组提供的参考答案) 如图 7-5 所示,在 $\text{Rt}\triangle ACB$ 中,$\tan\angle A = \dfrac{BC}{AC} =$

[①] 钟梦圆,刘成龙,董万平. 一道条件相互矛盾的中考试题[J]. 中学数学(初中),2019(9):44-45.

$\dfrac{BC}{AE+2}=\dfrac{1}{4}$；在 Rt△OCB 中，$\tan\angle BOC=\dfrac{BC}{OC}=\sqrt{2}$，得 $BC=\sqrt{2}$．于是 $AE=4\sqrt{2}-2$．

解法 2 如图 7-5 所示，在 Rt△ADO 中，$\tan\angle A=\dfrac{OD}{AD}=\dfrac{1}{4}$，得 $AD=4$，于是 $AO=\sqrt{AD^2+OD^2}=\sqrt{4^2+1^2}=\sqrt{17}$，所以 $AE=AO-OE=\sqrt{17}-1$．

解法 3 如图 7-5 所示，根据解法 2 可知 $AD=4$，由切割线定理，可得 $AD^2=AE(AE+2)$，即 $16=AE(AE+2)$，解得 $AE=\sqrt{17}-1$．

解法 4 如图 7-5 所示，由前文解法可知 $AD=4$，$BC=\sqrt{2}$，所以 $BD=BC=\sqrt{2}$．由 $AC=\sqrt{AB^2-BC^2}=\sqrt{(4+\sqrt{2})^2-(\sqrt{2})^2}=\sqrt{16+8\sqrt{2}}$，则 $AE=AC-CE=\sqrt{16+8\sqrt{2}}-2$．

解法 5 由图 7-5 可知 $S_{\triangle ACB}=S_{\triangle AOD}+2S_{\triangle OCB}$，则有 $\dfrac{1}{2}|BC|\cdot|AC|=\dfrac{1}{2}|OD|\cdot|AD|+|BC|\cdot|OC|$，所以 $\dfrac{1}{2}\times\sqrt{2}\times|AE+2|=\dfrac{1}{2}\times 4+\sqrt{2}$，故 $AE=2\sqrt{2}$．

解法 6 如图 7-6 所示，取 DE 的中点 F，连接 OF，过点 D 作 $DP\perp OE$，易得 OF 为 DE 的中垂线．由 $\tan\angle DEO=\sqrt{2}$，得 $\sin\angle DEO=\dfrac{PD}{DE}=\dfrac{\sqrt{6}}{3}$，$\cos\angle DEO=\dfrac{FE}{OE}=\dfrac{\sqrt{3}}{3}$．所以 $DE=2EF=2OE\cdot\cos\angle DEO=\dfrac{2\sqrt{3}}{3}$，又因为 $PD=DE\cdot\sin\angle DEO=\dfrac{2\sqrt{2}}{3}$，$S_{\triangle AOD}=\dfrac{1}{2}|OD|\cdot|AD|=\dfrac{1}{2}|PD|\cdot|AO|$，所以 $AO=3\sqrt{2}$，$AE=3\sqrt{2}-1$．

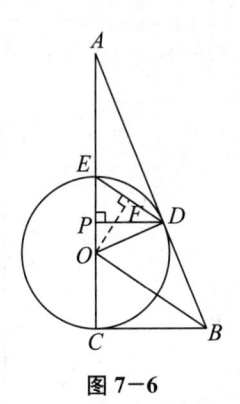

图 7-6

六种解法呈现了五个不同的结果，为什么呢？我们不妨先看看解法中条件 $\tan\angle DEO=\sqrt{2}$，$\tan\angle A=\dfrac{1}{4}$ 的使用情况：解法 1、5、6 中，两个条件均使用了；解法 2、3、4 仅使用了条件 $\tan\angle A=\dfrac{1}{4}$．疑问产生了：条件为什么没有用完呢？在使用相同条件下为什么会出现不同的答案呢？于是，我们可以大胆猜想试题有误．

二、试题错误分析

1. 从角度入手，探索 $\angle A$，$\angle DEO$ 的正切值间的关系

$\angle A = 90° - \angle DOE = 90° - (180° - 2\angle DEO)$，则 $\angle A = 2\angle DEO - 90°$，因此 $\tan A = \tan(2\angle DEO - 90°) = \tan 2(\angle DEO - 45°) = \dfrac{2\tan(\angle DEO - 45°)}{1 - \tan^2(\angle DEO - 45°)}$，而 $\tan(\angle DEO - 45°) = \dfrac{\tan\angle DEO - 1}{1 + \tan\angle DEO}$，故 $\tan A = \dfrac{\tan^2\angle DEO - 1}{2\tan\angle DEO}$ （*）．

①当 $\tan\angle A = \dfrac{1}{4}$ 时，由（*）得到 $\tan\angle DEO = \dfrac{\sqrt{17} + 1}{4}$，这与试题条件 $\tan\angle DEO = \sqrt{2}$ 相矛盾；

②当 $\tan\angle DEO = \sqrt{2}$ 时，由（*）得到 $\tan\angle A = \dfrac{\sqrt{2}}{4}$，这与试题条件 $\tan\angle A = \dfrac{1}{4}$ 相矛盾．

2．从面积入手，探索 $\angle A$，$\angle DEO$ 的正切值间的关系

由解法 5，得 $S_{\triangle ABC} = S_{\triangle AOD} + S_{\triangle OBC} + S_{\triangle OBD}$，于是 $BC \cdot AC = AD \cdot OD + 2BC \cdot OC$，即 $BC \cdot AC = AD + 2BC$，又 $AC = AE + 2$，$AE = AD \cdot BC - 2$，故 $BC^2 \cdot AD - 2BC - AD = 0$．

①当 $\tan\angle DEO = \sqrt{2}$ 时，$BC = \sqrt{2}$，$AD = 2\sqrt{2}$，则 $\tan\angle A = \dfrac{1}{AD} = \dfrac{\sqrt{2}}{4}$，这与试题条件 $\tan\angle A = \dfrac{1}{4}$ 相矛盾；

②当 $\tan\angle A = \dfrac{1}{4}$ 时，$AD = 4$，$BC = \dfrac{\sqrt{17} + 1}{4}$，则 $\tan\angle DEO = \dfrac{BC}{OC} = \dfrac{\sqrt{17} + 1}{4}$，这与试题条件 $\tan\angle DEO = \sqrt{2}$ 相矛盾．

3．从平行边入手，探索 $\angle A$，$\angle DEO$ 的正切值间的关系

如图 7-7 所示，取 DE 的中点 F，连接 OF，则 $OF \perp DE$，OF 平分 $\angle DOE$．由 $\tan\angle DEO = \dfrac{OF}{EF} = \sqrt{2}$，得 $OF = \sqrt{2} EF$．在 Rt$\triangle OEF$ 中，$OE = 1$，则 $EF = \dfrac{\sqrt{3}}{3}$，$OF = \dfrac{\sqrt{6}}{3}$，于是 $\tan\angle EOF = \dfrac{\sqrt{2}}{2}$，又因为 $\tan\angle EOD = \dfrac{2\tan\angle EOF}{1 - \tan^2\angle EOF} = 2\sqrt{2}$，$\tan\angle EOD = \dfrac{AD}{OD} = \dfrac{1}{\tan\angle A}$，所以 $\tan\angle A = \dfrac{1}{\tan\angle EOD} = \dfrac{\sqrt{2}}{4}$，与条件 $\tan\angle A = \dfrac{1}{4}$ 矛盾．

图 7-7

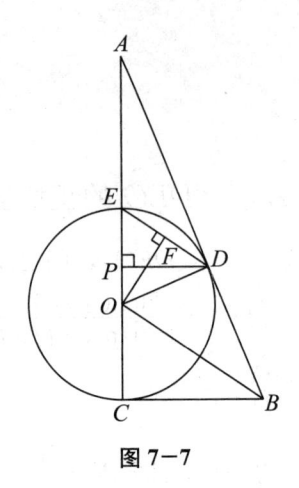

由上面的分析可知，$\tan\angle A$ 与 $\tan\angle DEO$ 之间的关系为 $\tan\angle A=\dfrac{\tan^2\angle DEO-1}{2\tan\angle DEO}$ $\left(\angle DEO\in\left(0,\dfrac{\pi}{4}\right)\right)$，但试题条件中两个正切值之间不满足这一关系，造成条件之间互相矛盾，从而导致试题错误．实际上在这一关系下，$\tan\angle A$ 与 $\tan\angle DEO$ 这两个条件只需一个即可完成试题的解答，这为试题的优化提供了方向．

三、试题优化

优化 1：将"$\tan\angle A=\dfrac{1}{4}$"改为"$\tan\angle A=\dfrac{\sqrt{2}}{4}$"，其余条件不变．

优化 2：将"$\tan\angle DEO=\sqrt{2}$"改为"$\tan\angle DEO=\dfrac{\sqrt{17}+1}{4}$"，其余条件不变．

优化 3：将"$\tan\angle DEO=\sqrt{2}$"去掉，其余条件不变．

优化 4：将"$\tan\angle A=\dfrac{1}{4}$"去掉，其余条件不变．

优化 5：将"$\tan\angle A=\dfrac{1}{4}$""$\tan\angle DEO=\sqrt{2}$"改为"$\tan\angle DEO=4\tan\angle A$"，其余条件不变．

优化 6：将"$\tan\angle A=\dfrac{1}{4}$""$\tan\angle DEO=\sqrt{2}$"改为"$\tan\angle DEO=(\sqrt{17}+1)\tan\angle A$"，其余条件不变．

优化后的条件间不再相互打架，实现了试题内在的和谐统一．

四、命题启示

命题工作责任重大，不容许出现丝毫错误．如何才能命制出一道质量较高的试题呢？我们认为至少要做到四个方面：一是命题者要学习命题相关理论——命题工作的方向保障，提高理论认识，用命题理论指导命题实践，做好命题工作的顶层设计；二是命题者要提高学科素养——命题工作的动力源泉,提高对数学问题的认识与理解,切实做好命题工作的现实创新;三是命题者要启动磨题程序——命题工作的生命线,通过对试题多次、反复打磨,不断优化素材呈现形式和条件表达方式,充分把握试题的严谨性、合理性和科学性;四是命题者要建立试做机制——命题工作的必然要求,试做是磨题的延续,是命题工作的最后一个环节,通过试做感受试题的难度,发现试题的不合理因素,便于及时纠正和优化,为最终呈现一道高质量试题把好出炉关. 诚然,命制高质量试题不易,但理应成为命题者不懈的追求和使命.

案例29 一道中考试题的病因分析及处方[①]

中考命题是一项严肃而艰巨的任务,它既要关注知识、能力、素养的考查,又要注重合适的难度、有效的信度和适当区分度的设置,更要关注试题的严谨性. 其中,严谨性是数学的基本特征,它要求数学试题内容科学、表述准确、条件相容、问题明确等[②]. 实践表明,多数中考试题设计科学、合理,体现了命题专家们的智慧. 但令人遗憾的是,中考命题中偶尔有试题因不严谨而出现错误(以下称为病题). 比如,2017年广安市中考第25题(Ⅱ)问是一道病题. 下面将对(Ⅱ)问进行病因分析并给出处方.

【例7-4】(2017年广安25题)如图7-8所示,已知 AB 是 $\odot O$ 的直径,弦 CD 与直径 AB 相交于点 F. 点 E 在 $\odot O$ 外,作直线 AE,且 $\angle EAC = \angle D$.

(Ⅰ)求证:直线 AE 是 $\odot O$ 的切线;

(Ⅱ)若 $\angle BAC = 30°$,$BC = 4$,$\cos\angle BAD = \dfrac{3}{4}$,$CF = \dfrac{10}{3}$,求 BF 的长.

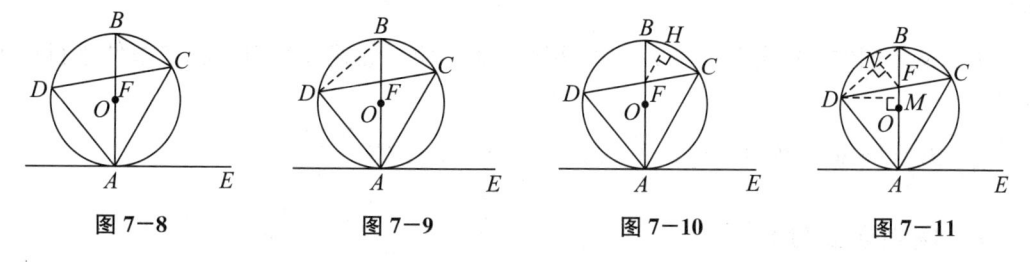

图 7-8   图 7-9   图 7-10   图 7-11

为了便于分析,先给出解答(Ⅱ)问得到的四种不同答案.

一、表象——不同解法下(Ⅱ)问的不同答案

解法1 如图7-9所示,连接 BD,AB 是 $\odot O$ 的直径,则 $\angle ACB = 90°$,$\angle ADB = 90°$. 在 Rt$\triangle ACB$ 中,$\angle BAC = 30°$,则 $AB = 8$,$AC = 4\sqrt{3}$. 在 Rt$\triangle ADB$ 中,$\cos\angle BAD = \dfrac{AD}{AB} = \dfrac{3}{4}$,则 $AD = 6$,得 $BD = \sqrt{AB^2 - AD^2} = 2\sqrt{7}$. 又 $\angle BDC = \angle BAC$,

---

[①] 刘成龙,钟梦圆,李玉. 一道中考试题的病因分析及处方[J]. 中学数学(初中),2020(2):47-49.
[②] 钟梦圆,刘成龙,董万平. 一道条件互相矛盾的中考试题[J]. 中学数学(初中),2019(9):44-45.

$\angle DFB = \angle AFC$，所以 $\triangle BFD \backsim \triangle CFA$，故 $\dfrac{BF}{CF} = \dfrac{BD}{AC}$，即 $BF = \dfrac{5\sqrt{21}}{9}$.

解法 2 如图 7-9 所示，由解法 1 知 $AB = 8$，$AD = 6$. 又因为 $\angle BCF = \angle BAD$，$\angle DFA = \angle BFC$，所以 $\triangle DAF \backsim \triangle BCF$，则 $\dfrac{BC}{AD} = \dfrac{CF}{AF}$，解得 $AF = 5$，故 $BF = AB - AF = 3$.

解法 3 如图 7-10 所示，作 $FH \perp BC$ 于点 H. 因为 $\angle BAD = \angle BCF$，所以 $\cos \angle BAD = \cos \angle BCF = \dfrac{3}{4} = \dfrac{CH}{CF}$，则 $CH = \dfrac{5}{2}$，得 $BH = BC - CH = \dfrac{3}{2}$. 又 $FH = \sqrt{CF^2 - CH^2} = \dfrac{5\sqrt{7}}{6}$，所以 $BF = \sqrt{BH^2 + FH^2} = \dfrac{8}{3}$.

解法 4 如图 7-11 所示，作 $DM \perp AB$ 于点 M，作 $FN \perp DB$ 于点 N. 由 $\angle BAD = \angle BCF$，得 $\cos \angle BAD = \cos \angle BCF = \dfrac{3}{4} = \dfrac{AD}{AB}$，则 $AD = 6$，易得 $BD = 2\sqrt{7}$，在 $\triangle BDA$ 中，有 $\dfrac{1}{2} BD \cdot AD = \dfrac{1}{2} AB \cdot DM$，则 $DM = \dfrac{3\sqrt{7}}{2}$. 在 $\triangle BDF$ 中，有 $\dfrac{1}{2} BF \cdot DM = \dfrac{1}{2} BD \cdot FN$，得 $BF = \dfrac{2(3\sqrt{21} - 1)}{9}$.

原本（Ⅱ）问的答案唯一，但解法 1~4 得出了四种不同的答案，这是为什么呢？

二、诊断——（Ⅱ）问的命题失误分析

法国数学家阿达玛指出："即使优秀的数学家也经常犯错误，不过他能很快地发现错误."

下面从不同的角度分析（Ⅱ）问的病因. 为了便于叙述，我们对已知条件进行以下编号：

①$\angle BAC = 30°$；②$BC = 4$；③$\cos \angle BAD = \dfrac{3}{4}$；④$CF = \dfrac{10}{3}$.

1. 病因表面分析

解法 1、2 都运用了条件①②③④；解法 3 未使用条件①；解法 4 未使用条件④. 从解法 3、4 来看，条件①④之一是多余的；从解法 1、2 来看，使用相同条件得到不同的结果，表明条件间不相容.

2. 病因深层解读

(1)（Ⅱ）问的本质分析.

将（Ⅱ）问所穿"马甲"脱掉，其本质为解三角形：

问题：在 $\triangle BCF$ 中，若 $\angle B = 60°$，$BC = 4$，$\cos \angle C = \dfrac{3}{4}$，$CF = \dfrac{10}{3}$，求 BF 的长.

已知条件：三角形两角 $\angle B$，$\angle C$（事实上 $\cos \angle C = \dfrac{3}{4}$ 等价于 $\angle C$ 已知）；

$\angle B$，$\angle C$ 的夹边 $BC=4$；

$\angle B$ 的对边 $CF=\dfrac{10}{3}$.

待求目标：$\angle C$ 的对边 BF 的长.

问题已知 4 个条件中，能确定△BCF 的有以下三种组合：

第一种：$\angle B=60°$，$BC=4$，$\cos\angle C=\dfrac{3}{4}$（ASA）；

第二种：$BC=4$，$\cos\angle C=\dfrac{3}{4}$，$CF=\dfrac{10}{3}$（SAS）；

第三种：$\angle B=60°$，$\cos\angle C=\dfrac{3}{4}$，$CF=\dfrac{10}{3}$（AAS）.

我们自然要问，组合方式中的 3 个条件与第 4 个条件"和谐"吗？会"打架"吗？这将在下面作深度分析.

(2) （Ⅱ）问的病因分析.

病因 1 条件①②③④不相容

分析 1 由余弦定理，得 $BF^2+BC^2-CF^2-2BF\cdot BC\cos 60°=0$，即 $BF^2-4BF+\dfrac{44}{9}=0$，但该方程无解，表明满足条件①②③④的△BCF 不存在.

病因 2 条件①②③不能推出条件④

分析 2 由 $\cos\angle C=\dfrac{3}{4}$，得 $\sin\angle C=\dfrac{\sqrt{7}}{4}$，$\sin\angle BFC=\sin(180°-60°-\angle C)=\sin(60°+\angle C)=\sin 60°\cos\angle C+\cos 60°\sin\angle C=\dfrac{3\sqrt{3}+\sqrt{7}}{8}$. 由正弦定理，得 $\dfrac{BC}{\sin\angle BFC}=\dfrac{CF}{\sin\angle B}$，即 $\dfrac{4}{\dfrac{3\sqrt{3}+\sqrt{7}}{8}}=\dfrac{CF}{\dfrac{\sqrt{3}}{2}}$，解得 $CF=\dfrac{4\times\dfrac{\sqrt{3}}{2}}{\dfrac{3\sqrt{3}+\sqrt{7}}{8}}=\dfrac{36-4\sqrt{21}}{5}\neq\dfrac{10}{3}$，产生矛盾. 矛盾的根源在于条件①②③不能推出条件④.

病因 3 条件①③④不能推出条件②

分析 3 由分析 2 得 $\sin\angle BFC=\dfrac{3\sqrt{3}+\sqrt{7}}{8}$，由正弦定理，可知 $\dfrac{\dfrac{10}{3}}{\dfrac{\sqrt{3}}{2}}=\dfrac{BC}{\dfrac{3\sqrt{3}+\sqrt{7}}{8}}$，解得 $BC=\dfrac{5}{2}+\dfrac{5\sqrt{21}}{18}\neq 4$，产生矛盾. 根源在于条件①③④不能推出条件②.

病因 4 条件②③④不能推出条件①

分析 4 由余弦定理，得 $BF^2=BC^2+CF^2-2BC\cdot CF\cos\angle C=\dfrac{64}{9}$，即 $BF^2=\dfrac{64}{9}$，解得 $BF=\dfrac{8}{3}$，由正弦定理，可知 $\dfrac{\dfrac{8}{3}}{\dfrac{\sqrt{7}}{4}}=\dfrac{\dfrac{10}{3}}{\sin\angle B}$，解得 $\sin\angle B=\dfrac{5\sqrt{7}}{16}\neq\dfrac{\sqrt{3}}{2}$，产生矛盾，根源在

于条件②③④不能推出条件①.

病因 5　条件①②④不相容

分析 5　由正弦定理，得 $\dfrac{\frac{10}{3}}{\frac{\sqrt{3}}{2}}=\dfrac{4}{\sin\angle BFC}$，解得 $\sin\angle BFC=\dfrac{3\sqrt{3}}{5}>1$，产生矛盾. 故满足条件①②④的 $\triangle BCF$ 不存在.

病因 6　条件①②不能推出条件④

分析 6　如图 7-12 所示，作 $CG\perp BF$ 于点 G. 由射影定理，得 $BC\cdot AC=CG\cdot AB$，解得 $CG=2\sqrt{3}$. 在 $\text{Rt}\triangle CFG$ 中，$FC=\dfrac{10}{3}<CG=2\sqrt{3}$，即 $FC<CG$，这样的三角形不存在，出现矛盾，根源在于 $FC=\dfrac{10}{3}$ 这一数据设置不当，使得条件①②不能推出条件④.

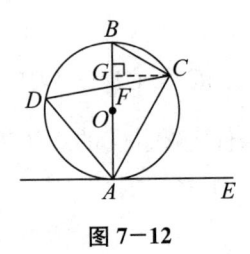

图 7-12

分析 7　由余弦定理，得 $BF^2+BC^2-CF^2-2BF\cdot BC\cos\angle FBC=0$，即 $BF^2-4BF+16-CF^2=0$，要使 $\triangle BCF$ 存在，即关于 BF 的方程有正解，则必有 $\Delta=(-4)^2-4(16-CF^2)\geqslant 0$，得 $CF\geqslant 2\sqrt{3}$，而 $\dfrac{10}{3}<2\sqrt{3}$，矛盾.

病因 7　条件③④不能推出条件②

分析 8　由余弦定理，得 $BC^2+CF^2-BF^2-2BC\cdot CF\cos\angle C=0$，即 $BF^2=BC^2-5BC+\dfrac{100}{9}$，要使 $\triangle BCF$ 存在，即关于 BF 的方程有正解，则必有 $BC^2-5BC+\dfrac{100}{9}>0$，解得 $BC>\dfrac{20}{3}$，这与已知条件 $BC=4$ 矛盾，根源在于条件③④不能推出条件②.

【评注】　爱因斯坦指出："数学之所以有很高声誉，是因为数学给予精密自然科学以某种程度的可靠性."而提供可靠性的根源在于数学的严谨性. 因此，数学命题应在把握数学本质的基础上遵循学科逻辑，严格在逻辑框架内展开. (Ⅱ) 问命题失误的根源在于忽视条件的合理性，造成了条件间的不相容.

三、处方——(Ⅱ) 问的优化

对症下药是医生开处方的基本要求. 同样地，病题处方必须基于病因（条件间不相容）展开. 怎样才能将条件变得相容呢？可归结为 8 个字：整体设计，系统打磨.

处方 1　将"$BC=4$"改为"$BC=\dfrac{5}{2}+\dfrac{5\sqrt{21}}{18}$"，其余条件不变.

处方 2 将"$CF = \dfrac{10}{3}$"改为"$CF = \dfrac{36 - 4\sqrt{21}}{5}$",其余条件不变.

处方 3 将"$\angle BAC = 30°$"改为"$\sin \angle ABC = \dfrac{5\sqrt{7}}{16}$",其余条件不变.

【评注】上述优化方式中某些条件仍然多余,还可以进一步优化,比如,处方 2 中 $CF = \dfrac{36 - 4\sqrt{21}}{5}$ 这一条件可以去掉,但立足学情,且为降低难度可以保留. 顺便指出,除上述处方,还有其他的形式,读者可以自行探讨.

四、命题启示

1. 命题"五关注"

命题者应做到"五关注":关注命题理论学习——命题工作的方向标,用命题理论指导命题实践,做好命题工作的顶层设计;关注学科素养提升——命题工作的动力源,提高对数学问题的认识与理解,切实做好命题工作的现实创新;关注试题样态打磨——命题工作的生命线,把握试题各"零件"间的契合度,优化呈现形式,努力提升试题内涵和品质;关注试做机制建构——命题工作的防火墙,充分感受试题的难度,发现试题的不合理因素,实现试题的严谨性、合理性和科学性;关注命题经验积累——命题工作的助力器,将命题活动中经过心智操作和心力操作过程后具有意义和价值的信息(包括成功的体验和失败的教训)储存于长时记忆系统中[1],为试题命制提供可借鉴、可迁移的"图示",实现试题命制的稳定性和高效性.

2. 命题"五警惕"

命题者应做到"五警惕":警惕拿来主义——照抄照搬,将陈题(历年中考题、自招题、模拟试题等)直接搬到考场上,大大降低了试题的信度、效度;警惕粗制滥造——东拼西凑,随意选材、组合,不加整合、打磨,丧失了试题应有的内涵和品质;警惕思维封闭——闭门造车,思维停留在经验层面上,缺少活力,缺乏集体智慧,使得试题刻板,缺乏新意;警惕思想轻视——掉以轻心,思想上不重视,导致行为上的随意性;警惕英雄主义——个人喜好,根据个人喜好命题,忽视课程要求和学科特色,导致对学生的评价脱轨.

案例 30 中考数学命题错误分析[2]

中考命题是一项严肃而艰巨的任务,它既要关注知识、能力、素养的考查,又要注重适当难度、有效信度和恰当区分度的设置,还要关注试题的科学性、合理性和严谨性.[3]

---

[1] 赵思林. 数学活动经验的含义新探[J]. 数学教育学报,2019,4(28):75-80.
[2] 刘成龙. 中考数学命题错误分析[J]. 中学数学(初中版),2020(7):70-72.
[3] 钟梦圆,刘成龙,董万平. 一道条件互相矛盾的中考试题[J]. 中学数学,2019(9):44-45.

研究表明，大多数中考试题立意深刻、背景公平、形式新颖、设问合理，具有层次性、关联性、导向性和创造性．但令人遗憾的是，由于个别地区的命题者对课程标准、学科知识、逻辑关系、书面表达等把握不准，使命制的一些中考试题出现了错误．这些错误既包括知识错误，又包含逻辑错误，还包含命题技术失误导致的错误．下面对中考命题中的错误展开分析，希望对命题工作有所帮助．

错误 1　题干表述犯错

试题叙述准确、简洁、易理解、无歧义是试题命制的基本要求．然而，在试题的命制中因表述不当犯错时有发生．

【例 7-5】一次函数 $y=ax+b$ 和反比例函数 $y=\dfrac{a-b}{x}$ 在同一直角坐标系中的大致图像是（　　）．

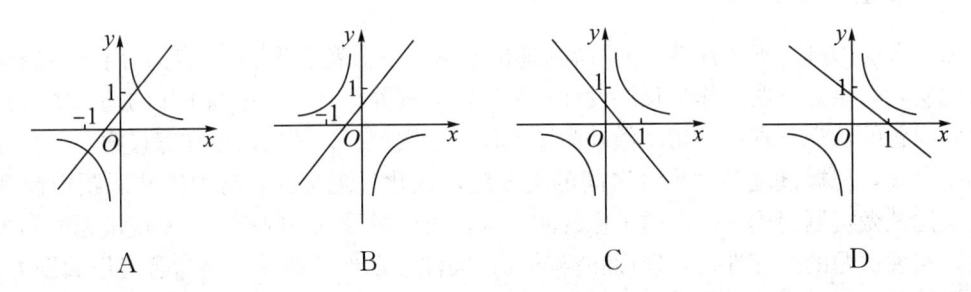

A.　　　　B.　　　　C.　　　　D.

【错因分析】本例是典型的由"式"选"图"问题，即已知表达式，选择大致的图像．但是由题干所提供的表达式并不能与选项 A、B、C、D 对应的某一图像匹配，比如，当 $a>0>b$ 时，函数表达式对应的图像与 A、B、C、D 中呈现的图像均不相同，此时没有选项．问题出在哪里呢？实际上这是题干表述不严谨导致了错误，"大致图像"意思是"度量"上可以不准确，但图像的走势、分布区域、相对位置等关键要素要正确，这有点"草图"的味道．尽管图像可以画得不太准确，但"大致图像"却含有唯一之意．然而，本例中 a，b 的取值未定，存在多种可能，如 $a>b>0$，$a>0>b$，$0>a>b$，$0<a<b$，$a<b<0$ 等，每一种可能对应一类图像．因此，用"大致图像"来叙述实为不妥．特别指出，很多地区命题都犯了类似错误，值得命题者警惕．

【错误纠正】将"大致图像是"改为"大致图像可能是"．"大致图像可能是"意味着选取满足条件的某一类图像即可．

错误 2　选项设置犯错

【例 7-6】定义运算：$a\otimes b=a(1-b)$．下面给出了关于这种运算的几个结论：

①$2\otimes(-2)=6$；②$a\otimes b=b\otimes a$；③若 $a+b=0$，则 $(a\otimes a)+(b\otimes b)=2ab$；④若 $a\otimes b=0$，则 $a=0$ 或 $b=1$．

其中结论正确的序号是（　　）．

A. ①④　　　B. ①③　　　C. ②③④　　　D. ①②④

【错因分析】根据本例所给定义可得：$2\otimes(-2)=2(1+2)=6$，①正确；$a\otimes b=a(1-b)\neq b(1-a)=b\otimes a$，②错误；$(a\otimes a)+(b\otimes b)=a(1-a)+b(1-b)=-(a^2+b^2)=$

$-(a+b)^2+2ab=2ab$，③正确；$a\otimes b=a(1-b)=0$，则 $a=0$ 或 $b=1$，④正确. 显然，没有选项满足题意.

【错误纠正】将某一选项设置为①③④即可. 比如，将"D.①②④"修改为"D.①③④".

错误 3 参考答案犯错

答案是试题的重要组成部分. 试题命制中，命题者往往会根据答案对试题做一些调整，如调整试题条件中的数据、调整目标呈现形式等，但命题者根据错误答案来调整试题设置势必造成试题错误.

【例 7-7】在平面直角坐标系 xOy 中，已知反比例函数 $y=\dfrac{2k}{x}$（$k\neq 0$）满足：当 $x<0$ 时，y 随 x 的增大而减小. 若该反比例函数的图像与直线 $y=-x+\sqrt{3}k$ 都经过点 P，且 $|OP|=\sqrt{7}$，则实数 $k=$ _____.

【错因分析】本例是一个错题，命题者提供的答案为 $k=\dfrac{7}{3}$，但事实上 k 的值不存在. 错误原因是命题者忽视了反比例函数图像与直线有交点这一限制.

【错误纠正】本例的纠正方式很多，只需要通过调整数据，使 k 值存在即可，如 $|OP|=\sqrt{15}$.

错误 4 认知封闭犯错

【例 7-8】如图 7-13 所示，已知 $P(1,3)$ 是双曲线与 $\odot O$ 的一个交点，则图中阴影部分的面积是 _____.

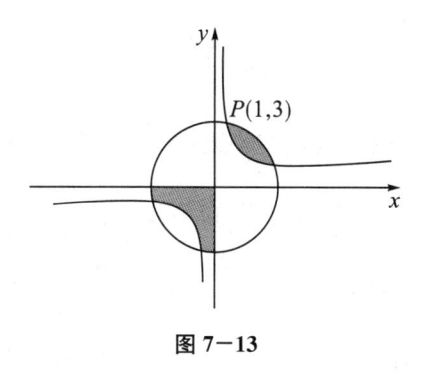

图 7-13

【错因分析】命题者的本意是考查圆和反比例函数图像的对称性. 但命题者却错误地认为双曲线就是反比例函数，这是典型的认知封闭. 反比例函数的图像是双曲线，但是双曲线未必是反比例函数，显然双曲线的外延大于反比例函数的外延.

【错误纠正】将题干中的"双曲线"修改为"反比例函数".

【例 7-9】阅读下面材料，并解答问题.

材料：将分式 $\dfrac{-x^4-x^2+3}{-x^2+1}$ 拆分成一个整式与一个分式（分子为整数）的和的形式.

解 由于分母为 $-x^2+1$，可设 $-x^4-x^2+3=(-x^2+1)(x^2+a)+b$，则 $-x^4-x^2+$

$3=(-x^2+1)(x^2+a)+b=-x^4-ax^2+x^2+a+b=-x^4-(a-1)x^2+(a+b)$,因为对于任意 x,上述等式均成立,所以 $\begin{cases}a-1=1\\a+b=3\end{cases}$,所以 $a=2$, $b=1$,所以 $\dfrac{-x^4-x^2+3}{-x^2+1}=\dfrac{(-x^2+1)(x^2+2)+1}{-x^2+1}+\dfrac{1}{-x^2+1}=x^2+2+\dfrac{1}{-x^2+1}$. 这样,分式 $\dfrac{-x^4-x^2+3}{-x^2+1}$ 被拆分成一个整式 x^2+2 与一个分式 $\dfrac{1}{-x^2+1}$ 的和的形式.

问题 (1) 将分式 $\dfrac{-x^4-x^2+8}{-x^2+1}$ 拆分成一个整式与一个分式(分子为整数)的和的形式;

(2) 试说明 $\dfrac{-x^4-x^2+8}{-x^2+1}$ 的最小值为 8.

【错因分析】 命题者认知上的封闭造成了试题错误: $\dfrac{-x^4-x^2+8}{-x^2+1}$ 的最小值不可能为 8(如图 7-14 所示).

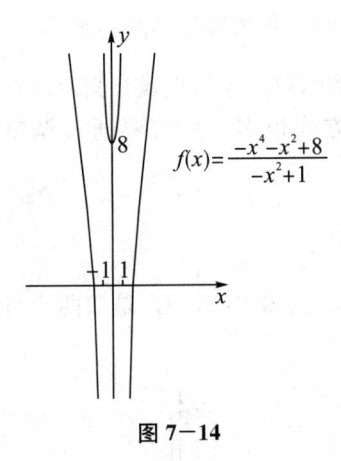

图 7-14

为了便于说明,现给出命题者提供的答案: $\dfrac{-x^4-x^2+8}{-x^2+1}=x^2+7+\dfrac{1}{-x^2+1}$,当 $x=0$ 时, x^2+7 有最小值 7, $\dfrac{1}{-x^2+1}$ 有最小值 1,所以 $\dfrac{-x^4-x^2+8}{-x^2+1}$ 的最小值为 8.

错在哪里呢?命题者错误地认为当 $x=0$ 时, $\dfrac{1}{-x^2+1}$ 取最小值 1. 事实上,当 $x=0$ 时, $-x^2+1$ 有最大值 1,但 $\dfrac{1}{-x^2+1}$ 的最小值并不是 1. 因为 $m\leqslant 1$ 时,并不能得出 $\dfrac{1}{m}\geqslant 1$.

【错误纠正】 将"试说明 $\dfrac{-x^4-x^2+8}{-x^2+1}$ 的最小值为 8"修改为"试说明 $\dfrac{-x^4-x^2+8}{-x^2+1}$ ($-1<x<1$)的最小值为 8".

错误 5　以偏概全犯错

【例 7-10】 如图 7-15 所示,探索 $n\times n$ 的正方形钉子板上(n 是钉子板每边上的钉子数）连接任意两个钉子所得到的不同长度值的线段种数.

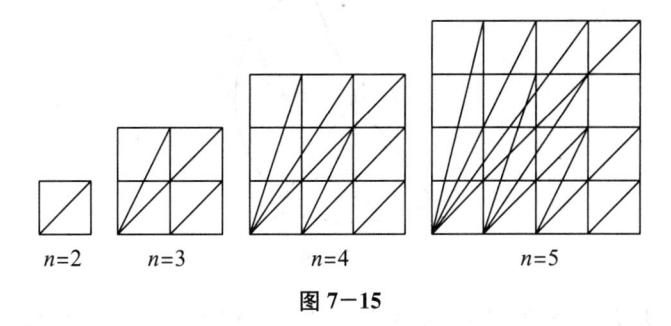

图 7-15

当 $n=2$ 时,钉子板所连不同线段的长度值只有 1 与 $\sqrt{2}$,所以不同长度值的线段只有二种,若用 S 表示不同长度值的线段种数,则 $S=2$；当 $n=3$ 时,钉子板所连不同线段的长度值只有 $1,\sqrt{2},2,\sqrt{5},2\sqrt{5}$ 五种,比 $n=2$ 时增加了三种,即 $S=2+3=5$.

(1) 观察图形,填写下表:

钉子数（$n\times n$）	S 值
2×2	2
3×3	$2+3$
4×4	$2+3+$（ ）
5×5	（ ）

(2) 写出 $(n-1)\times(n-1)$ 和 $n\times n$ 的两个钉子板上,不同长度值的线段种数之间的关系;（用式子或语言均可）

(3) 对 $n\times n$ 的钉子板,写出用 n 表示 S 的代数式.

【错因分析】 命题者犯了以偏概全的错误,误将 n（$n=1,2,3,4,5$）与 S 间的关系（$2,2+3,2+3+4,2+3+4,2+3+4+5$）视为 n（$n=1,2,\cdots$）与 S 间的一般规律,并以此规律命制了试题 (2)、(3). 事实上,$n=6$ 时,$S=2+3+4+5+5$ 并不满足 $n=1,2,3,4,5$ 时 n 与 S 间的关系.

错误 6　自相矛盾犯错

条件间相容是命题的又一基本要求. 条件间不相容,必然导致试题自相矛盾. 这一类错误十分隐蔽,是历年命题中的高频错误,需要引起命题者的高度重视.

【例 7-11】 已知圆锥的底面半径为 20,侧面积为 400π,则这个圆锥的母线长为_____.

【错因分析】 本例中的条件不相容. 如图 7-16 所示,易得 $\overset{\frown}{CD}$ 的长度为 40π,由 $\frac{1}{2}\times 40\pi\cdot AC=400\pi$,得 $AC=20$,这与 $OC=20$ 矛盾. 显然"底面半径为 20"与"侧面积为 400π"矛盾.

图 7-16

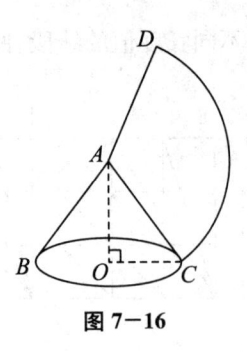

【错误纠正】 只需将"底面半径为 20"与"侧面积为 400π"中的数据设置为不相矛盾即可. 比如, 底面半径为 20, 侧面积为 500π.

【例 7-12】 如图 7-17 所示, 已知 AB 是 $\odot O$ 的直径, 弦 CD 与直径 AB 相交于点 F. 点 E 在 $\odot O$ 外, 作直线 AE, 且 $\angle EAC = \angle D$.

（Ⅰ）求证：直线 AE 是 $\odot O$ 的切线.

（Ⅱ）若 $\angle BAC = 30°$, $BC = 4$, $\cos\angle BAD = \dfrac{3}{4}$, $CF = \dfrac{10}{3}$, 求 BF 的长.

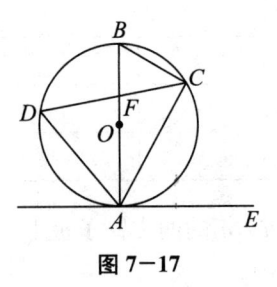

图 7-17

【错因分析】 条件间不相容. 由 $\cos\angle C = \dfrac{3}{4}$, 得 $\sin\angle C = \dfrac{\sqrt{7}}{4}$, 于是 $\sin\angle BFC = \sin(180° - 60° - \angle C) = \sin(60° + \angle C) = \sin 60° \cos\angle C + \cos 60° \sin\angle C = \dfrac{3\sqrt{3} + \sqrt{7}}{8}$, 由正弦定理, 得 $\dfrac{BC}{\sin\angle BFC} = \dfrac{CF}{\sin\angle B}$, 即 $\dfrac{4}{\dfrac{3\sqrt{3}+\sqrt{7}}{8}} = \dfrac{CF}{\dfrac{\sqrt{3}}{2}}$, 得 $CF = \dfrac{4 \times \dfrac{\sqrt{3}}{2}}{\dfrac{3\sqrt{3}+\sqrt{7}}{8}} = \dfrac{36 - 4\sqrt{21}}{5} \neq \dfrac{10}{3}$, 产生矛盾. 根源在于由 $\angle BAC = 30°$, $BC = 4$, $\cos\angle BAD = \dfrac{3}{4}$ 不能推出 $CF = \dfrac{10}{3}$.

【错误纠正】 纠正的方式很多, 比如, 将"$BC = 4$"改为"$BC = \dfrac{5}{2} + \dfrac{5\sqrt{21}}{18}$", 其他条件不变.[①]

命制一份结构良好、布局合理、导向科学、立意新颖的试卷, 对命题者的能力、智慧

---

① 刘成龙, 钟梦圆, 李玉. 一道中考试题的病因分析及处方 [J]. 中学数学（初中）, 2020（2）: 47-49.

和心理要求很高.[①] 面对错误何去何从：指责？抱怨？法国数学家阿达马认为犯错很正常，即使优秀的数学家也经常犯错误，但犯错后数学家能很快地发现错误，并进行纠正. 因此，面对错误没有必要过分指责和抱怨，而应冷静地对错误多一些思考，多一些研究. 同时，命题者需要进一步扎实学科知识、逻辑知识，提升书面表达能力和数学软件在命题中的应用能力，最终实现命题能力上一个新台阶.

案例 31 数学中考命题若干问题商榷

数学中考具有课程结业水平测试和选拔学生进入高一级学校学习的双重功能. 因此，命制高质量的试题，落实好双重功能是中考命题者的应然. 然而，由于命题者对学科知识、书面表达、逻辑关系、课程标准等把握不准，命制的一些试题在规范性、科学性和合理性上出现了问题. 下面以全国各地中考试题为例，对数学中考命题中存在的问题进行分析，旨在与命题者商榷.

一、规范性商榷

规范性是数学命题的最基本要求. 所谓规范性，是指数学试题命制时涉及的文字、术语、名词、单位、符号、数据、图形（表）等需按国家标准或教材要求统一使用. 具体来讲，规范性要求试题表述清晰简明、术语使用恰当、图表绘制准确、数据设置严谨、排版布局合理等. 规范是学生理解试题和实施解答的前提. 但是，在历年的数学中考命题中，都有一些试题在规范性上值得商榷.

1. 文字叙述不规范

【例 7-13】2014 年 1 月 1 日零点，北京、上海、重庆、宁夏的气温分别是 -4℃、5℃、6℃、-8℃，当时这四个城市中，气温最低的是(　　).

A. 北京　　　　B. 上海　　　　C. 重庆　　　　D. 宁夏

【评注】本例在文字叙述上存在错误. 北京、上海、重庆为城市，但宁夏是省份，将宁夏与北京、上海、重庆并列叙述，显然语法错误. 为了叙述规范，建议将"宁夏"改为宁夏回族自治区的某一具体城市. 特别指出，准确、简洁、易理解、无歧义、无语病是试题命制时文字表述的最基本要求，不容忽视.

2. 符号使用不规范

【例 7-14】规定用符号 $[x]$ 表示一个实数的整数部分，例如 $[3.69]=3$，$[\sqrt{3}]=1$，按此规定，$[\sqrt{13}-1]=$ _____.

【评注】数学中的符号、术语及习惯用语都有其明确的含义，使用必须规范. $[x]$ 在

[①] 钱德春. 中考命题须谨慎　试题导向要合理——2017 年数学中考题的问题评析与命题建议[J]. 初中生世界：初中教学研究，2018（4）：66-71.

数学中表示取整函数,其含义是不超过 x 的最大整数,命题者将 $[x]$ 规定为一个实数的整数部分,且仅以 x 为正数说明取整规则,不妥之处在于:①未充分说明 $[x]$ 的内涵;②违背了同一律,本例中的 $[x]$ 与高中、大学中的 $[x]$ 所表示的对象不一致,不利于后续学习. 建议将试题修改为:规定 $[x]$ 表示不超过 x 的最大整数,例如 $[3.69]=3$,$[-1.2]=-2$,按此规定,$[\sqrt{13}-1]=$ _____ .

3. 数据设置不规范

【例 7-15】 为了倡导"低碳生活",人们常选择以自行车作为代步工具. 一辆自行车的实物图如图 7-18 所示,图 7-19 是这辆自行车的部分几何示意图,其中车架档 AC 与 CD 的长分别为 $45\ cm$ 和 $60\ cm$,且它们互相垂直,座杆 CE 的长为 $20\ cm$. 点 A,C,E 在同一条直线上,且 $\angle CAB=75°$. (参考数据:$\sin 75°=0.966$,$\cos 75°=0.259$,$\tan 75°=3.732$)

(1) 求车架档 AD 的长;
(2) 求车座点 E 到车架档 AB 的距离(结果精确到 $1\ cm$).

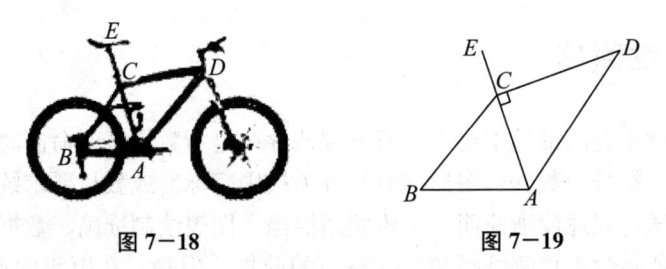

图 7-18   图 7-19

【评注】 数学是一门严谨的科学,容不得半分虚假. 但是,参考数据中将 $75°$ 的正弦值、余弦值、正切值以准确值给出,这与数学的严谨性相违背. 建议将参考数据修改为: $\sin 75°\approx 0.966$,$\cos 75°\approx 0.259$,$\tan 75°\approx 3.732$.

4. 图表绘制不规范

【例 7-16】 学校为了解全校 1600 名学生到校的交通方式,在全校随机抽取了若干名学生进行问卷调查. 问卷给出了五种上学方式供学生选择,每人只能选一项,且不能不选. 将调查得到的结果绘制成如图 7-20 所示的频数分布直方图和扇形统计图(均不完整).

(1) 问:在这次调查中,一共抽取了多少名学生?
(2) 补全频数分布直方图;
(3) 估计全校所有学生中有多少人乘坐公交车上学.

图 7-20

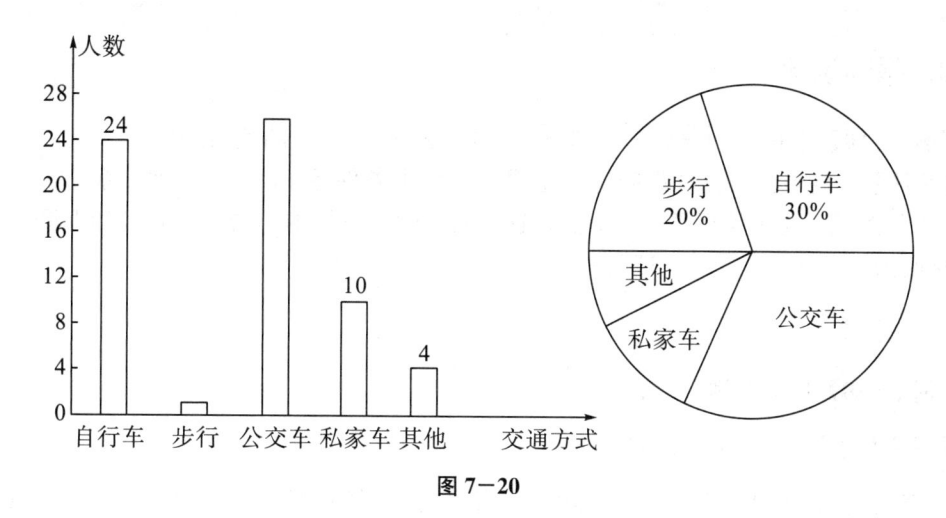

【评注】本例中所绘制的图 7-20 不规范. 题干中叙述的是频数分布直方图, 但图 7-20 提供的是条形统计图, 是典型的张冠李戴. 尽管本例所给图形不影响答题, 但频数分布直方图与条形统计图有着本质上的差异, 不能混用.

二、科学性商榷

科学性是数学命题的核心指标. 所谓科学性, 是指试题内容必须遵循科学原理, 满足数学逻辑系统, 符合客观事实. 科学性是命题工作"不可逾越的底线"[1]. 具体来讲, 科学性要求知识准确无误, 条件与结论合乎数学逻辑意义系统, 试题情景与素材客观可靠[2]. 历年数学中考命题中, 试题在科学性方面存在一些问题, 有待商榷.

1. 概念不清

【例 7-17】见本章例 7-8.

【评注】本例命题者犯了概念不清这一错误. 命题者错误地认为双曲线就是反比例函数. 众所周知, 反比例函数的图像是双曲线, 但是双曲线未必是反比例函数, 这是因为双曲线的外延大于反比例函数的外延.[3] 建议将"双曲线"修改为"反比例函数".

2. 虚假前提

【例 7-18】见本章例 7-8.

【评注】命题者犯了虚假前提这一错误. 命题者将合情推理得到的 n ($n=2$, 3, 4, 5) 与 S 间的关系 (2, 2+3, 2+3+4, 2+3+4+5) 视为一般性规律, 但 $n=6$ 时, $S=2+3+4+5+5$ 并不满足合情推理得到的 n 与 S 间的关系. 当然, 以错误的"规律"为前提所命制的 (2)、(3) 也就毫无意义了.

---

[1] 吴举宏. 基于生物学科技论文进行命题的合理性和挑战性 [J]. 生物学教学, 2014, 39 (2): 23-25.
[2] 杨梓生. 基于命题规范视角的试题评价——以福建省 2013 年理综卷第 12 题为例 [J]. 中学化学教学参考, 2013 (11): 66-67.
[3] 刘成龙. 中考数学命题错误分析 [J]. 中学数学 (初中版), 2020 (7): 70-72.

3. 循环设问

【例 7-19】 已知 $a\sqrt{1-b^2}+b\sqrt{1-a^2}=1$，试确定 a，b 的关系.

【评注】 命题者犯了循环设问这一错误. 本例中条件是 a，b 的一个关系，目标为确定 a，b 的关系，属于循环设问. 显然，这样的设问考生根本不清楚命题者的意图. 建议将目标改为"求证：$a^2+b^2=1$"①.

4. 自相矛盾

【例 7-20】 见本章例 7-1.

【评注】 本例（3）中条件自相矛盾，条件"$CD=15$，$BE=10$"和"$\sin A=\dfrac{5}{13}$"不相容. 建议去掉"$CD=15$""$BE=10$"二者之一.② 特别指出，条件间不相容导致的错误十分隐蔽，是历年数学中考命题中的高频错误，需要引起命题者的高度重视.

三、合理性商榷

合理性是保障试题质量的重要指标. 所谓合理性，是指试题符合课程标准要求，尊重学生的认知水平，关注数学教学实际，具有较好的信度、效度和区分度. 研究表明，一些中考试题既满足规范性，又具备科学性，但缺少合理性，这使得试题的信度和效度大打折扣，需要引起命题者的注意.

1. 脱离实际

【例 7-21】 图 7-21 反映了甲、乙两名自行车运动员在公路上进行训练时的行驶路程 s（千米）和行驶时间 t（小时）之间的关系，根据所给图像，解答下列问题.

（1）写出甲的行驶路程 s 和行驶时间 t 之间的函数关系式.

（2）在哪一段时间内，甲的行驶速度小于乙的行驶速度？在哪一段时间内，甲的行驶速度大于乙的行驶速度？

（3）从图像中你还能获得什么信息？请写出其中的一条.

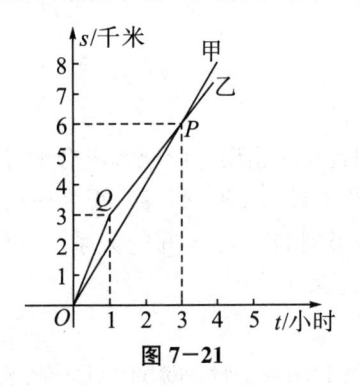

图 7-21

---

① 李玉琴，刘成龙. 对一道中考试题的质疑与改进 [J]. 理科考试研究（初中），2018（3）：2-3.
② 刘成龙. 意外引起的反思 [J]. 中学数学（初中），2013（8）：46-49.

【评注】 本例从数学的角度来看，严谨、符合数学自身的逻辑体系，无可挑剔．但从生活实际来看，不合乎情理：$v_{甲}=2$ km/h；前 1 小时，$v_{乙}=3$ km/h，1 小时后，$v_{乙}=2$ km/h．可得甲、乙两名自行车运动员 1 秒钟行驶路程不足 1 米[①]．这与生活实际严重不符，学生解答后可能会对答案进行质疑，甚至产生焦虑情绪．顺便指出，命题者眼中不能只有数学，还要有生活，要有对考生的人文关怀．

2．表里不一

【例 7-22】 如图 7-22 所示，在平面直角坐标系中，直线 $y=x-1$ 与抛物线 $y=-x^2+bx+c$ 交于 A，B 两点，其中 $A(m,0)$，$B(4,n)$．该抛物线与 y 轴交于点 C，与 x 轴交于另一点 D．

（1）求 m，n 的值及该抛物线的解析式．

（2）如图 7-23 所示，若点 P 为线段 AD 上的动点（不与点 A，D 重合）．分别以 AP，DP 为斜边，在直线 AD 的同侧作等腰直角三角形 APN 和等腰直角三角形 DPM，连接 MN，试确定△MPN 面积最大时点 P 的坐标．

（3）如图 7-24 所示，连接 BD，CD，在线段 CD 上是否存在点 Q，使得以点 A，D，Q 为顶点的三角形与△ABD 相似．若存在，请直接写出点 Q 的坐标；若不存在，请说明理由．

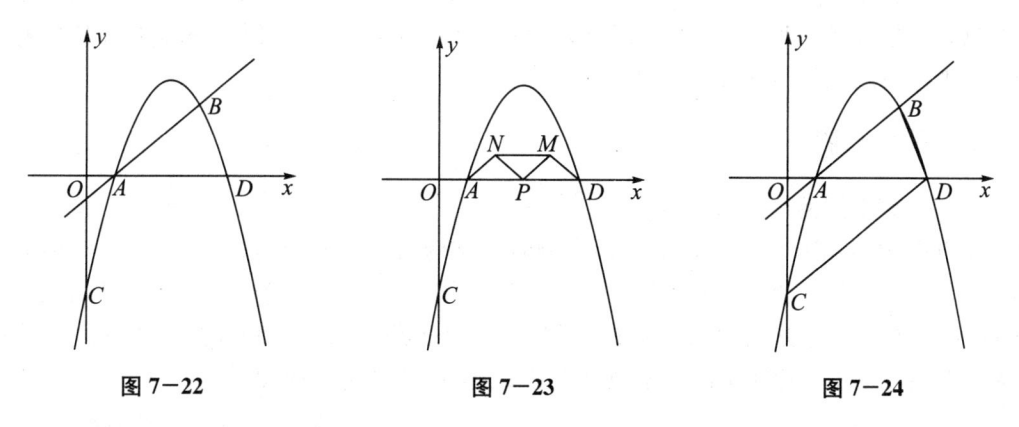

图 7-22　　　　　　图 7-23　　　　　　图 7-24

【评注】 本例不合理之处在于表里不一．本例表面考查二次函数，实质考查平面几何，即"二次函数搭台，平面几何唱戏"．二次函数作为初中数学最核心的知识，理应是"主角"，但沦为了平面几何的"嫁衣"，属于"伪二次函数"问题，有淡化主干知识之嫌．

3．背景不公

【例 7-23】 如图 7-25 所示，抛物线 $y=-x^2+bx+c$ 与直线 $y=\dfrac{1}{2}x+2$ 交于 C，D 两点，其中点 C 在 y 轴上，点 D 的坐标为 $\left(3,\dfrac{7}{2}\right)$，点 P 是 y 轴右侧的抛物线上一动点，过点 P 作 $PE\perp x$ 轴于点 E，交 CD 于点 F．

[①] 陆军．中考数学命题不能只有数学——对两道中考试题的商榷 [J]．中学数学（初中），2011（5）：62．

(1) 求抛物线的解析式.

(2) 若点 P 的横坐标为 m, 当 m 为何值时, 以点 O, C, P, F 为顶点的四边形是平行四边形? 请说明理由.

(3) 若存在点 P, 使 $\angle PCF = 45°$, 请直接写出相应的点 P 的坐标.

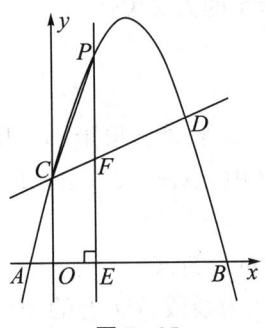

图 7-25

【评注】本例（3）含有高中夹角公式的背景. 运用初中知识解答本例需构造直角三角形, 再利用三角形相似和勾股定理来解答, 涉及较烦琐的运算. 但借助高中的夹角公式来解答可以回避构造, 避免烦琐的运算, 从而大大降低试题难度. 这对于那些参加过数学竞赛或教师讲过夹角公式的学生来说占尽优势, 显然背景不公平. 特别指出, 中考命题必须坚持试题背景公平, 即试题背景对所有人都是公正中立的, 不会对某个或某些特定的群体产生与考试目的无关的过激反应.[①]

4. 照抄照搬

【例 7-24】同例 7-20.

本例是 2012 年中考试题, 但某地命题者将该题目一字不差地搬上了 2015 年中考试卷, 显然试题的信度和效度大大降低. 更为不幸的是, 本例是一个错题, 相当于命题者抄袭了一个错题. 无论是从学术的视角还是从中考的重要性和严肃性来讲, 照抄照搬都应该杜绝. 笔者认为中考命题可以借鉴现有中考试题, 但需要适当改编.

5. 过渡衔接

【例 7-25】定义一种新运算: $\int_b^a n \cdot x^{n-1} dx = a^n - b^n$, 例如, $\int_h^k 2x dx = k^2 - h^2$. 若 $\int_{5m}^m -x^{-2} dx = -2$, 则 $m = ($).

A. -2　　　　B. $-\dfrac{2}{5}$　　　　C. 2　　　　D. $\dfrac{2}{5}$

【评注】本例完全超出学生的认知能力, 属于过渡衔接. 本例给出的新运算实质上是高中数学选修教材中的定积分运算公式, 学生需要具备导数、原函数、积分区间等知识才能真正理解它, 但初中学生不具有上述知识, 不可能真正理解和内化. 尽管一些学生能得

---

① 彭运锋. 考试命题规范与技术基础 [J]. 广西教育, 2011 (5): 32-34.

到正确答案,但最多能算是机械套用,本质上讲毫无意义.

案例 32 从错误中学习[①]
——以一道区级调考错题为例

"从错误中学习"是新课程背景下提倡的一种重要教学策略,它体现了教学方式的深刻变革,是现代教学观下的一种教育机智. 下面以一道区级调考错题为例,展示"从错误中学习"的过程.

【例 7-26】 如图 7-26 所示,点 D,E,F 分别在 $\triangle ABC$ 的三边上,点 E 是 AC 的中点,AD,BE,CF 交于一点 G,$BD=2DC$,$S_{\triangle GEC}=2$,$S_{\triangle ABC}=22$,则 $\triangle DGC$ 的面积是_____.

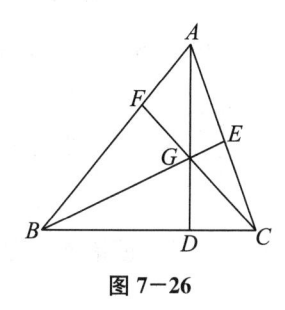

图 7-26

为了便于叙述,先对例 7-26 的条件进行编号:
① 点 E 是 AC 的中点;
② AD,BE,CF 交于一点 G;
③ $BD=2DC$;
④ $S_{\triangle GEC}=2$;
⑤ $S_{\triangle ABC}=22$.

一、发现错误——"学习"的起点

这里给出试题的两种解法:

解法 1 $\left.\begin{array}{r}①\\⑤\end{array}\right\} S_{\triangle BEC}=11 \left.\begin{array}{r}\\④\end{array}\right\} S_{\triangle BDC}=9 \left.\begin{array}{r}\\③\end{array}\right\} S_{\triangle GDC}=3.$

解法 2 $\left.\begin{array}{r}③\\⑤\end{array}\right\} S_{\triangle ADC}=\dfrac{22}{3} \left.\begin{array}{r}\\\\\end{array}\right\} S_{\triangle GDC}=\dfrac{10}{3}.$
$\left.\begin{array}{r}①\\④\end{array}\right\} S_{\triangle AGC}=4$

[①] 刘成龙,邓万强. 从错误中学习——以一道区级调考错题为例 [J]. 数学教学通讯,2018 (5):48-49.

解法 1、2 都正确，但出现了两种不同的结果，这是为什么呢？

二、分析错误——"学习"的核心

法国数学家阿达马指出："即使优秀的数学家也经常犯错误，不过他能很快地发现并纠正."

分析 1 $\dfrac{S_{\triangle ABG}}{S_{\triangle AGC}} = \dfrac{S_{\triangle BDG}}{S_{\triangle CDG}} = \dfrac{BD}{DC}$，由①⑤可知 $S_{\triangle ABG} = 9$，$S_{\triangle AGC} = 4$，故 $\dfrac{BD}{DC} = \dfrac{9}{4}$，这与③矛盾.

分析 2 $\dfrac{S_{\triangle ABG}}{S_{\triangle AGC}} = \dfrac{S_{\triangle BDG}}{S_{\triangle CDG}} = \dfrac{BD}{DC} = \dfrac{2}{1}$，设 $S_{\triangle GEC} = x$，则 $S_{\triangle AGE} = x$，$S_{\triangle ABG} = 4x$，故 $S_{\triangle ABE} = 5x = 11$，解得 $x = \dfrac{11}{5} \neq 2$，即 $S_{\triangle GEC} \neq 2$，这与④矛盾.

分析 3 当 $S_{\triangle GEC} = 2$ 时，由分析 2 可知 $S_{\triangle ABG} = 8$，故 $S_{\triangle ABE} = 10$，解得 $S_{\triangle ABC} = 20$，这与⑤矛盾.

分析 4 由前文分析可知 $S_{\triangle ADC} = \dfrac{22}{3}$，$S_{\triangle GDC} = 3$，所以 $S_{\triangle ADG} = \dfrac{22}{3} - 3 - 2 - 2 = \dfrac{1}{3}$，故点 A，D，G 不共线，这与②矛盾.

可以发现，原题的条件间互不相容，是一道错题. 为了加深对错误的认识，下面看看试题的背景.

塞瓦定理 如图 7-26 所示，点 G 是 $S_{\triangle ABC}$ 内一点，连接 AG，BG，CG，并分别延长交 BC，CA，AB 于点 D，E，F，则 $\dfrac{BD}{DC} \cdot \dfrac{CE}{EA} \cdot \dfrac{AF}{FB} = 1$.

因为 $\dfrac{BD}{DC} \cdot \dfrac{CE}{EA} \cdot \dfrac{AF}{FB} = \dfrac{S_{\triangle BGD}}{S_{\triangle DGC}} \cdot \dfrac{S_{\triangle CGE}}{S_{\triangle EGA}} \cdot \dfrac{S_{\triangle AGF}}{S_{\triangle FGB}}$，由塞瓦定理，可得 $\dfrac{S_{\triangle BGD}}{S_{\triangle DGC}} \cdot \dfrac{S_{\triangle CGE}}{S_{\triangle EGA}} \cdot \dfrac{S_{\triangle AGF}}{S_{\triangle FGB}} = 1$ 或 $S_{\triangle BGD} \cdot S_{\triangle CGE} \cdot S_{\triangle AGF} = S_{\triangle DGC} \cdot S_{\triangle EGA} \cdot S_{\triangle FGB}$.

可以发现点 G 一旦确定，三角形每条边上的两线段的比值就确定，且点 G 与任意两定点构成三角形中的两小三角形的比值也确定. 这可以看成是此模型下的内在属性. 于是点 G、线段比值、面积大小必须达到内在和谐，否则将会出现相互矛盾的情形. 原题的错因正是由点 G、线段比值、面积大小间矛盾所致.

三、纠正错误——"学习"的目标

该题目的纠正方式有以下几种：

改进 1 其余条件不变，将"$S_{\triangle ABC} = 22$"改为"$S_{\triangle ABC} = 20$".

改进 2 其余条件不变，将"$S_{\triangle GEC} = 2$"改为"$S_{\triangle GEC} = \dfrac{11}{5}$".

改进 3 其余条件不变，将"$BD = 2DC$"改为"$BD = \dfrac{9}{4}DC$".

改进 4 其余条件不变，将"AD，BE，CF 交于一点 G"改为"点 B，G，E 不共

线".

改进 5 其余条件不变,将"AD,BE,CF 交于一点 G"改为"点 A,G,D 不共线".

四、问题提升——"学习"的升华

对错题深入了解后,"你能把问题推广到更一般的情形吗?"(波利亚语).

推广 1 如图 $7-26$ 所示,AD,BE,CF 交于一点 G,$BD=mDC$,$AE=nEC$,$S_{\triangle ABC}=22$,则 $S_{\triangle DGC}=\dfrac{22m}{(m+1)(mn+m+n)}$.

证明 设 $S_{\triangle DGC}=x$,$S_{\triangle GEC}=y$,由 $BD=mDC$,$AE=nEC$,可得 $S_{\triangle BGD}=mx$,$S_{\triangle AGE}=ny$,于是 $\begin{cases}(m+1)x+y=\dfrac{22}{n+1}\\ x+(n+1)y=\dfrac{22}{m+1}\end{cases}$,解得 $\begin{cases}x=\dfrac{22m}{(m+1)(mn+m+n)}\\ y=\dfrac{22n}{(n+1)(mn+m+n)}\end{cases}$,即 $S_{\triangle DGC}=\dfrac{22m}{(m+1)(mn+m+n)}$.

推广 2 如图 $7-27$ 所示,若 $S_{\triangle ABC}=1$,$BG:GF:FC=m:1:n$,$CE:DE:AD=s:1:t$,则 $S_{四边形NGFP}=\dfrac{s(m+1)(m+n)}{(m+n+1)[(m+n+1)(s+t+1)-sn]}-\dfrac{m^2s}{(m+n+1)[(m+n+1)(s+t+1)-s(n+1)]}$.

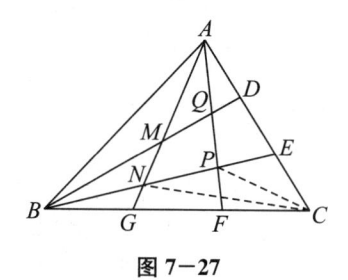

图 $7-27$

证明 设 $S_{\triangle BNG}=mx$,$S_{\triangle NCE}=sy$,由题意得 $S_{\triangle NGC}=(n+1)x$,$S_{\triangle NEA}=(t+1)y$,于是 $\begin{cases}mx+(n+1)x+sy=\dfrac{s}{s+t+1}\\ (n+1)x+sy+(t+1)y=\dfrac{n+1}{m+n+1}\end{cases}$,

解得 $\begin{cases}x=\dfrac{ms}{(m+n+1)^2(s+t+1)-s(n+1)(m+n+1)}\\ y=\dfrac{1}{s+t+1}-\dfrac{m}{(m+n+1)(s+t+1)-s(n+1)}\end{cases}$.

令 $S_{\triangle PCF}=nu$,$S_{\triangle PCE}=sv$,则 $S_{\triangle PBF}=(m+1)u$,$S_{\triangle PAE}=(t+1)v$,得 $\begin{cases}nu+(m+1)u+sv=\dfrac{s}{s+t+1}\\ nu+sv+(t+1)v=\dfrac{n}{m+n+1}\end{cases}$,解得 $\begin{cases}u=\dfrac{s(m+1)}{(m+n+1)^2(s+t+1)-sn(m+n+1)}\\ v=\dfrac{1}{s+t+1}-\dfrac{m+1}{(m+n+1)(s+t+1)-sn}\end{cases}$,故

$$S_{四边形NGFP} = S_{\triangle BCE} - S_{\triangle BNG} - S_{四边形PFCE} = \frac{s}{s+t+1} - mx - nu - sv =$$
$$\frac{s(m+1)(m+n)}{(m+n+1)[(m+n+1)(s+t+1)-sn]} - \frac{m^2 s}{(m+n+1)[(m+n+1)(s+t+1)-s(n+1)]}.$$

特别地，当 $m=n=s=t=1$ 时，有 $AD=DE=EC$，$BG=GF=FC$，此时 $S_{四边形NGFP} = \frac{5}{42}$.

五、教学启示

本案例展示了"从错误中学习"的过程，即发现错误、分析错误、纠正错误和问题提升．其中，发现错误是"学习"的起点，分析错误是"学习"的核心，纠正错误是"学习"的目标，问题提升是"学习"的升华．同时，分析错误是"学习"的难点，是"学习"的关键点，而问题提升是"学习"的亮点．整个过程在析错、纠错中揭示了错误的本质，在提升中将案例"学习"推向了高潮．可见，"从错误中学习"是一种有益的学习方式．教学中的错误很多，包括知识错误、逻辑错误、心理错误、策略错误等．面对错误，我们需要有容纳错误的胸怀，而不是对错误的简单摒弃．教学中犯错的主体有教师、学生以及知识载体（教材、教辅等），尤其对于学生的错误，我们应该给予更多的宽容与接纳．正如萨顿所说："我们对年轻人的错误、甚至对他们的不宽容再宽容也不过分."因此，将错误开发成宝贵的学习资源、教育资源，我们责无旁贷．

第 8 章　研究中考数学试题的评价

斯塔弗尔比姆指出:"评价最重要的意图不是为了证明,而是为了改进."评价中考试题,对于应试者来说,是为了改进学习方式;对于教师来说,是为了改进教学方式;对于命题者来说,是为了改进命题方式.研究试题的评价可以感受命题的亮点与不足.

案例 33　中考数学创新型试题评析

《课标 2011》指出,数学教育要发挥数学在培养人的创新能力方面有不可替代的作用.创新意识是创新能力的前提,直接影响着创新能力的形成与发展.创新意识的培养作为数学教育的重要任务,不仅应体现在数学教学过程中,而且应体现在对学生的评价中.同时,《课标 2011》明确指出,设计试题时应该关注并且体现创新意识[①].因此,中考命题充分体现了这一导向.研究近年中考试题,不难发现,命题创新成了新的热点,创新型试题逐渐成了评价学生创新意识和创新能力的重要载体.所谓创新型试题,是指以测量考生的发展性学力和创造性学力为出发点的突出素养考查的试题[②],其创新体现在理念创新、题型创新、内容创新、解法创新等视角[③].下面分析中考命题中的八类创新型试题,权当抛砖引玉.

类型 1　立德树人型

"为谁培养人,培养什么人,怎样培养人"是我国教育事业发展中需要解决的根本性问题.党的十八大提出"立德树人",坚定而有力地回答了这一问题.那么,"立德树人"之于数学学科的任务何在?"立德树人"之于数学学科如何生根?我们认为,首要任务是落实数学德育.张奠宙先生将数学德育概括为理性精神、人文精神和道德品质三个层面.知名特级教师周卫东认为,"立德树人"视野下的数学教育应该充分体现数学的学科特质和数学教育所具有的特点,主要着力于人文精神和理性精神[④].具体来讲,可以通过数学文化感染学生、数学之美熏陶学生、数学史料激励学生、数学思想启发学生、数学现实教育学生、数学理性塑造学生[⑤].中考命题应始终坚持数学德育这一导向,通过命制立德树

---

① 中华人民共和国教育部. 义务教育数学课程标准(2011年版)[M]. 北京:北京师范大学出版社,2012.
② 教育部考试中心. 2017年普通高等学校招生全国统一考试大纲的说明:理科[M]. 北京:高等教育出版社,2017.
③ 胡琳,刘成龙. 2018年高考命题创新的四个视角[J]. 中学数学(高中),2018(9):15-18.
④ 周卫东. 立德树人,数学何为[J]. 教育视界,2016(10):8-11.
⑤ 周卫东. 立德树人,数学何为[J]. 教育视界,2016(10):8-11.

人型试题，发挥数学独特的育人功能.

【例8-1】（2020年湖州10题）七巧板是我国祖先的一项卓越创造，流行于世界各地．由边长为2的正方形可以制作一副中国七巧板或一副日本七巧板，如图8-1所示．分别用这两副七巧板试拼图8-2的平行四边形或矩形，则这两个图形中，中国七巧板和日本七巧板能拼成的个数分别是（ ）.

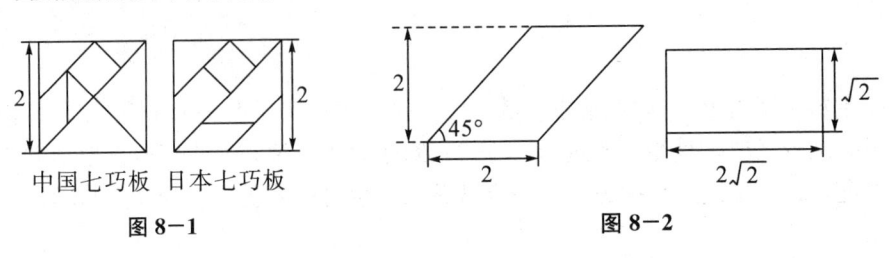

图 8-1

图 8-2

A. 1和1 B. 1和2 C. 2和1 D. 2和2

【评注】七巧板又称七巧图、智慧板，是一种古老的中国传统智力玩具．七巧板由七块板组成：五块等腰直角三角形（两块小型三角形、一块中型三角形和两块大型三角形）、一块正方形和一块平行四边形．七巧板作为中国传统文化的一部分，其最早可追溯到公元前1世纪．到18世纪，七巧板流传到了国外，拿破仑、亚当、杜雷、卡洛尔等人都是七巧板的狂热爱好者，至今英国剑桥大学的图书馆里还珍藏着一部《七巧新谱》．七巧板是中国古代劳动人民智慧的结晶，充分体现了中国劳动人民的创造性和艺术性．本例以七巧板为载体，考查线段间的关系，其命题意图是：①着重介绍我国古人的卓越创造，感悟古人的伟大智慧；②了解传统文化，感受我国深厚的文化底蕴，增强文化自信；③搞好文化传承，增强当代青年学生的社会责任感；④培育思辨意识，感受变中不变、不变中有变的哲学思想（七巧板背后的原理——古算术中的"出入相补"）.

类型2 结论开放型

按问题中条件、结论等成分确定与否，数学题可分为两类：封闭题和开放题．具体来讲，具有完备条件和固定答案的题目称为封闭题，答案不定或者条件可变的题目称为开放题[①]．其中，条件固定、答案不固定的称为结论开放型题目．结论开放型题目有效地实现了"三还"：还"主体地位"给学生，还"思维空间"给学生，还"话语权"给学生，充分体现了当前所倡导的学为主体的教学理念．研究表明，近年中考对结论开放型试题的考查力度有所增强，比如，2020年无锡、齐齐哈尔、湘潭等都命制了结论开放型试题，这对培养学生的自主意识和自主探究能力有益，对拓宽学生的视野有利.

【例8-2】（2020年绍兴18题）如图8-3所示，点 E 是 $\square ABCD$ 的边 CD 的中点，连接 AE 并延长，交 BC 的延长线于点 F.

（1）若 AD 的长为2，求 CF 的长；

（2）若 $\angle BAF=90°$，试添加一个条件，并写出 $\angle F$ 的度数.

---

① 张雄，李得虎. 数学方法论与解题研究 [M]. 北京：高等教育出版社，2003.

图 8-3

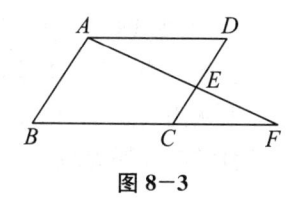

【评注】 本例有无穷多个答案，属于典型的结论开放型试题. 解答中，学生提供的答案可能千奇百怪，无章可循，这为阅卷工作带来了"麻烦"，但正是这种无拘无束的状态增强了学生的"话语权"，为学生提供了思维的空间，为学生充分暴露思维提供了可能，这也正是命题者的初衷. 结论开放型试题打破了封闭题的命题模式，是试题命制上的一大创新，我们相信在未来的试题命题中结论开放型必定会成为命题的热点. 顺便指出，2020年中考命制的结论开放型试题还有齐齐哈尔 13 题、绍兴 12 题、绍兴 18 题、嘉兴 12 题、无锡 15 题、连云港 27 题、湘潭 10 题、咸宁 11 题、牡丹江 14 题、龙东 13 题、河南 11 题等.

类型 3 阅读理解型

数学阅读包含语言的感知和符号的认读，新概念的顺应、同化和平衡，新方法的记忆、理解和应用等心理活动.[①] 阅读理解型试题是指以阅读材料为载体来呈现问题的试题. 一般来说，阅读理解型试题中的阅读材料往往会介绍新概念、新符号、新规则、新方法等新信息，而这些新信息在平常学习中几乎未见，需要学生在考场上现场加工、内化（理解材料中的新概念、新规则、新方法），并加以运用（解决新问题），这与《课标 2011》所倡导的阅读自学的数学学习方式完全契合.

【例 8-3】（2020 年重庆 B 卷 22 题）在数的学习过程中，我们总会对其中一些具有某种特性的数充满好奇，如学习自然数时，我们发现一种特殊的自然数——"好数".

定义：对于三位自然数 n，各位数字都不为 0，且百位数字与十位数字之和恰好能被个位数字整除，则称这个自然数 n 为"好数".

例如：426 是"好数"，因为 4，2，6 都不为 0，且 $4+2=6$，6 能被 6 整除；643 不是"好数"，因为 $6+4=10$，10 不能被 3 整除.

(1) 判断 312，675 是否是"好数"，并说明理由；
(2) 求出百位数字比十位数字大 5 的所有"好数"的个数，并说明理由.

【评注】 从立意来看，本例考查学生数学阅读能力、信息加工能力和认知迁移能力，具有研究性学习的意味；从试题解答来看，学生需要经历自主学习"好数"的概念，并将其顺应、同化和平衡于已有的知识体系中，同时，对"好数"的概念进行符号表征，并运用于新问题的解决. 总的来看，本例有背景新、立意新、思维价值高等特征.

类型 4 公式证明型

公式证明型试题是指将公式的证明作为目标的试题. 从小学到初中，学生所学的公式很多，但直接以公式证明为目标的试题鲜有出现. 因此，公式证明型试题是试题命制的一

[①] 刘成龙，黄祥勇. 2014 年中考成都卷第 23 题分析及启示 [J]. 中学数学（初中），2015 (2)：40-43.

大创新. 2019 年, 青海、巴中等地命制了公式证明型试题, 这一"首发效应"打破了以往中考命题中对公式考查仅在应用层面的"常规". 于是, 公式证明型试题引发了一线教师及教研人员的广泛讨论, 绝大部分人认为公式证明型试题在纠正"轻过程、重结论"的不当教学方式上有积极意义, 在引导教学减少题海战术、回归教材、回归数学本质上有显著效果.

【例 8-4】（2020 年随州 23 题）勾股定理是人类最伟大的十个科学发现之一, 西方国家称之为毕达哥拉斯定理. 在我国古书《周髀算经》中就有"若勾三, 股四, 则弦五"的记载. 我国汉代数学家赵爽为了证明勾股定理, 创制了一幅"弦图", 如图 8-4 所示, 后人称之为"赵爽弦图", 流传至今.

(1) ①请叙述勾股定理;

②勾股定理的证明, 人们已经找到了 400 多种方法, 请从下列几种常见的证明方法中任选一种来证明该定理.（以下图形均满足证明勾股定理所需的条件）

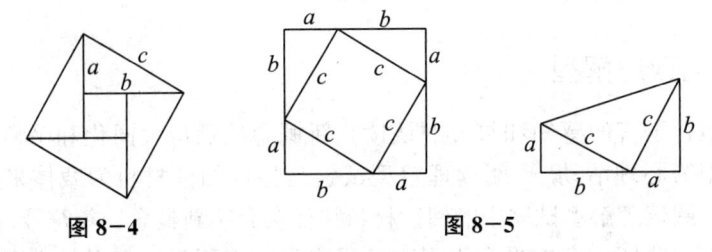

图 8-4　　图 8-5

(2) ①如图 8-6、图 8-7、图 8-8 所示, 以直角三角形的三边为边或直径, 分别向外部作正方形、半圆、等边三角形, 这三个图形中面积关系满足 $S_1 + S_2 = S_3$ 的有_____个;

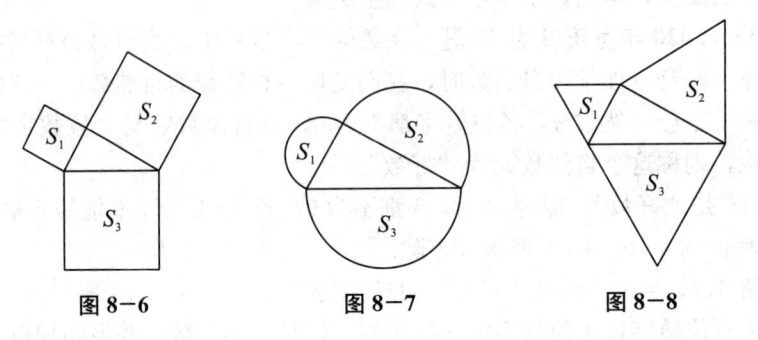

图 8-6　　图 8-7　　图 8-8

②如图 8-9 所示, 分别以直角三角形三边为直径作半圆, 设图中两个月形图案（图中阴影部分）的面积分别为 S_1, S_2, 直角三角形的面积为 S_3, 请判断 S_1, S_2, S_3 的关系并证明.

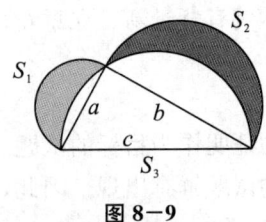

图 8-9

(3) 如果以正方形一边为斜边向外作直角三角形, 再以该直角三角形的两直角边分别向外作正方形，重复这一过程就可以得到如图 8-10 所示的"勾股树"．在如图 8-11 所示的"勾股树"的某部分图形中，设大正方形 M 的边长为定值 m，四个小正方形 A，B，C，D 的边长分别为 a，b，c，d，已知 $\angle 1 = \angle 2 = \angle 3 = \angle \alpha$，则当 $\angle \alpha$ 变化时，回答下列问题：（结果可用含 m 的式子表示）

①$a^2 + b^2 + c^2 + d^2 =$ _____；

②b 与 c 的关系为 _____，a 与 d 的关系为 _____．

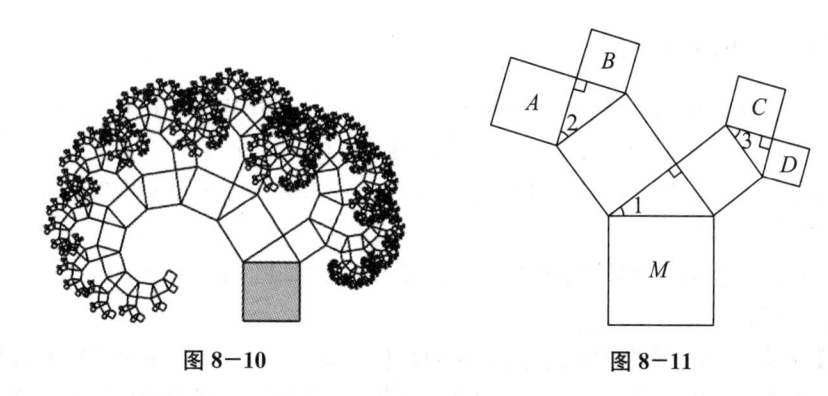

图 8-10　　图 8-11

【评注】 考查勾股定理的叙述及证明是典型的公式证明型试题．历年中考命题中，直接要求学生证明教材中公式（定理）的试题实属罕见，本例的命制远远超出师生们的意料．从解答来看，学生不仅需要知道勾股定理是什么，还要弄清勾股定理是怎么来的、如何证明．显然，本例对那些"轻过程，重结论"的数学教学来说是一个警示．这对引导一线教学重视知识的生成过程无疑是一剂良药．

【例 8-5】（**2019 年山西 21 题**）阅读以下材料，并按要求完成相应的任务．

莱昂哈德·欧拉（Leonhard Euler）是瑞士数学家，在数学上经常见到以他的名字命名的重要常数、公式和定理，下面就是欧拉发现的一个定理：在 $\triangle ABC$ 中，R 和 r 分别为外接圆和内切圆的半径，O 和 I 分别为其外心和内心，则 $OI^2 = R^2 - 2Rr$．

如图 8-12 所示，$\odot O$ 和 $\odot I$ 分别为 $\triangle ABC$ 的外接圆和内切圆，$\odot I$ 与 AB 相切于点 F，设 $\odot O$ 的半径为 R，$\odot I$ 的半径为 r，外心 O（三角形三边垂直平分线的交点）与内心 I（三角形三条角平分线的交点）之间的距离 $OI = d$，则有 $d^2 = R^2 - 2Rr$．

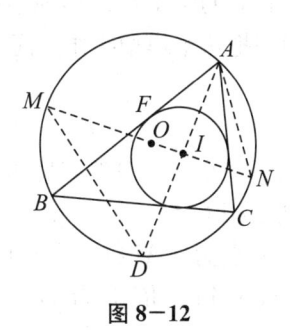

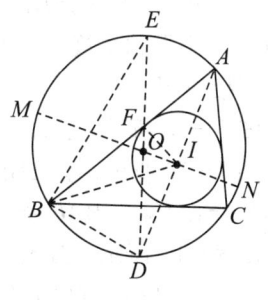

图 8-12　　图 8-13

下面是该定理的证明过程（部分）：延长 AI 交 $\odot O$ 于点 D，过点 I 作 $\odot O$ 的直径 MN，连接 DM，AN．因为 $\angle D = \angle N$，$\angle DMI = \angle NAI$（同弧所对的圆周角相等），

163

所以△MDI∽△ANI，所以 $\frac{IM}{IA}=\frac{ID}{IN}$，$IA \cdot ID = IM \cdot IN$①．

如图8-13所示，在图8-12（隐去MD，AN）的基础上作⊙O的直径DE，连接BE，BD，BI，IF．因为DE是⊙O的直径，所以∠DBE=90°．因为⊙I与AB相切于点F，所以∠AFI=90°，则∠DBE=∠IFA．

因为∠BAD=∠E（同弧所对的圆周角相等），所以△AIF∽△EDB，所以 $\frac{IA}{DE}=\frac{IF}{BD}$，$IA \cdot BD = DE \cdot IF$②．

任务：（1）观察发现：$IM=R+d$，$IN=$ _____ （用含R，d的代数式表示）；

（2）请判断BD和ID的数量关系，并说明理由；

（3）请观察式子①和②，并利用任务（1）、（2）的结论，按照上面的证明思路，完成该定理证明的剩余部分；

（4）应用：若△ABC的外接圆的半径为5 cm，内切圆的半径为2 cm，则△ABC的外心与内心之间的距离为_____cm．

【评注】本例取材于大数学家欧拉发现的几何定理．命题者将部分定理的证明作为考生的任务，意在让学生弄清定理的来龙去脉．同时，将数学定理的形成过程、形式化的数学定理及一些相关的材料转化为有意义的逻辑推理，将学生带入问题中，即经历"做"数学活动．

类型5 问题推广型

数学推广是指根据问题结构或解决方法，将数学问题从一个较小的范围拓展到更大范围的过程．问题推广型试题是指将已有问题推广到以更一般情形为目标的试题．该类试题要求将问题的条件或结论从较小范围推广到更大范围上．问题推广型试题是命题的一大创新，具体表现为：推广意味着生成新问题、得到新结论，这本身就是创新；推广的过程实际上是"微课题"研究的过程，有科学研究的味道．因此，问题推广型试题可以发展学生的问题意识，有利于深化学生对问题的理解，有利于完善学生的认知结构，有利于传播科学研究的"种子"．

【例8-6】（2019年达州24题）如图8-14所示，延长CO交AB于点D，则∠BOC=∠1+∠B=∠A+∠C+∠B．因为凹四边形ABOC形似箭头，其四角具有"∠BOC=∠A+∠C+∠B"这个规律，所以我们把这个模型叫作"箭头四角形"．

(1) 直接应用：

①如图8-15所示，∠A+∠B+∠C+∠D+∠E+∠F=_____．

②如图8-16所示，∠ABE，∠ACE的2等分线（即角平分线）BF，CF交于点F，已知∠BEC=120°，∠BAC=50°，则∠BFC=_____．

③如图8-17所示，BO_1，CO_2 分别为∠ABO，∠ACO的2019等分线（$i=1, 2, 3, \cdots, 2017, 2018$），它们的交点从上到下依次为 $O_1, O_2, O_3, \cdots, O_{2018}$．已知∠BOC=$m$°，∠BAC=$n$°，则∠$BO_{1000}C$=_____度．

(2) 拓展应用：如图8-18所示，在四边形ABCD中，BC=CD，∠BCD=2∠BAD．点O是四边形ABCD内一点，且OA=OB=OD．求证：四边形OBCD是菱形．

图 8-14　　　　　图 8-15　　　　　图 8-16

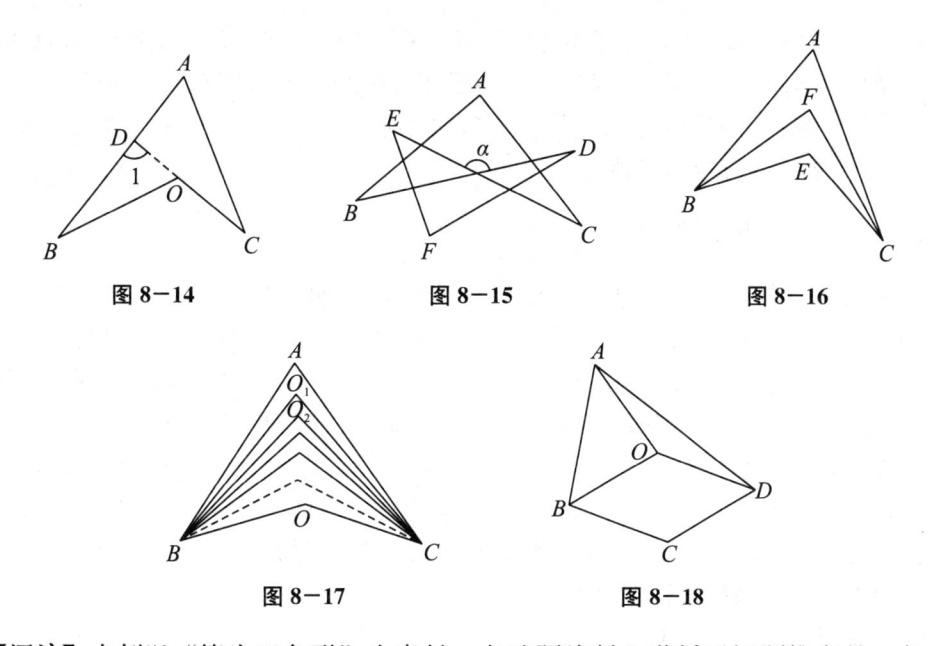

图 8-17　　　　　图 8-18

【评注】 本例以"箭头四角形"为素材，在试题编制上遵循了问题推广的一般程式：介绍特殊问题→提出较特殊问题→提出一般性问题。这一过程将学生已知的 1 等分线问题，推广到稍微不熟悉的 2 等分线问题，最终推广到更一般的、陌生的 2019 等分线问题。整个过程既推广了问题的条件，也深化了问题的结论$\left(\angle BO_{1000}C=\dfrac{1000}{2019}m°+\dfrac{1019}{2019}n°\right)$，这有利于学生深入认识这一类问题的本质，有利于掌握这一类问题解决的一般方法，有利于经历科学研究的基本思路和过程：研究特殊问题→研究一般问题→解决新问题。[①]

类型 6　学科交汇型

学科交汇型试题是指将不同学科知识融合编制而成的试题。数学作为一门基础学科，与其他学科有着千丝万缕的联系，这为命制数学与其他学科交汇型试题奠定了基础。实践表明，学科交汇型试题对学生认识数学的基础地位、感受学科间的联系、拓宽知识视野有积极意义。[②]

【例 8-7】（2020 年广元 12 题）在如图 8-19 所示的电路图中，当随机闭合开关 K_1，K_2，K_3 中的两个时，能够让灯泡发光的概率为_____。

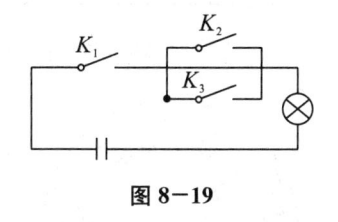

图 8-19

【评注】 本例以物理学中的"闭合电路"为背景，考查学生对概率问题的处理，是典

[①] 刘成龙，胡琳. 高考数学创新试题的几种类型及评析 [J]. 中学数学（高中），2019（3）：38-39，41.
[②] 刘成龙，胡琳. 高考数学创新试题的几种类型及评析 [J]. 中学数学（高中），2019（3）：38-39，41.

型的物理、数学交汇型试题,让考生耳目一新. 解答本例,首先需要熟悉电路运行的基本原理,然后厘清灯泡发光的所有情况,最后运用概率知识求出灯泡发光的概率. 顺便指出,2020 年中考命制的学科交汇型试题很多,如甘孜 21 题,娄底 8 题,孝感 7 题,宜昌 2、7、11、18 题,齐齐哈尔 2 题等.

类型 7　时政热点型

时政热点型试题是指以时政热点事件为命题素材的试题. 青少年学生作为祖国未来的建设者和接班人,理应关心身边事、国家大事和国际形势,如新农村建设、金砖峰会、学习强国、人工智能、精准扶贫、新冠肺炎、空中课堂、地摊经济等. 近年中考命题对时政热点问题多有涉及,这对学生了解当前时政要闻、树立社会责任感有所帮助.

【例 8-8】(2020 年湘潭 2 题)地摊经济一词最近彻底火了,发展地摊经济,进行室外经营与有序占道经营,能满足民众消费需求,在一定程度上缓解了就业压力,带动了第三产业发展,同时活跃市场,刺激经济发展,一经推出,相关微博话题阅读量就超过了 600000000 次,这个数据用科学计数法表示为(　　).

A. 0.6×10^8　　　　B. 6×10^7　　　　C. 6×10^8　　　　D. 6×10^9

【评注】地摊经济是指通过摆地摊获得收入而形成的一种经济形式. 2020 年全国两会上,全国人大代表杨宝玲建议因地制宜,释放"地摊经济"的最大活力,给予"地摊经济"与从业者合法地位. 2020 年 6 月 1 日,国务院总理李克强在山东烟台考察时表示,地摊经济、小店经济是就业岗位的重要来源,是人间的烟火,和"高大上"一样,是中国的生机. 本例以 2020 年热门话题"地摊经济"为素材,向学生介绍当前国家刺激经济发展、缓解就业压力的一些政策. 顺便指出,在疫情背景下,2020 年各地中考纷纷以新冠肺炎、口罩、温度计、测温门、在线课堂等为素材命制中考试题,意在让学生了解新冠肺炎的传播方式、了解防止新冠肺炎的方法和设备、关注抗疫取得的成果等.

【例 8-9】(2020 年安顺 17 题)2020 年 2 月,贵州省积极响应国家"停课不停学"的号召,推出了"空中黔课". 为了解某中学初三学生每天听空中黔课的时间,随机调查了该校部分初三学生. 根据调查结果,绘制出了统计图表(不完整),部分初三学生每天听空中黔课时间的人数统计表如下:

时间/h	1.5	2	2.5	3	3.5	4
人数/人	2	6	6	10	m	4

部分初三学生每天听空中黔课时间的人数统计图如图 8-20 所示:

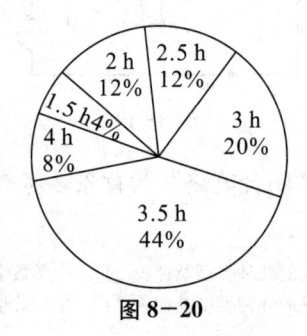

图 8-20

请根据相关信息,解答下列问题:

(1) 本次共调查的学生人数为_____,在表格中,$m=$_____;

(2) 统计的这组数据中,每天听空中黔课时间的中位数是_____,众数是_____;

(3) 请就疫情期间如何学习的问题写出一条你的看法.

【评注】"停课不停学"是指疫情等特殊原因、特殊时期学生不能到校上课,通过网络平台开展教学活动,实现网上教、线上学的居家学习方式. 在疫情暴发的特殊时期,国家号召"停课不停学",地方积极响应,在很大程度上解决了学生学习的问题. 因此,"停课不停学"成为2020年最热门的话题. 顺便指出,2020年中考以疫情为背景的试题很多,如安顺3、24题,黔东南12题,北京2题,东莞2题,乐山22题,东莞21题,福建14题,攀枝花7题,福建22题.

类型8 高中背景型

高中背景型试题是指以高中数学知识、方法、原理、思想为素材命制的试题. 该类试题的创新体现在三个方面:一是命题素材创新,拓宽了命题素材选取范围,使得试题具有丰富的内涵和新颖的背景;二是解答视角创新,既可以从初中视角解答,又可以从高中视角解答,拓宽了试题解答视角;三是教学导向创新,凸显初高中数学知识衔接.[1] 实践表明,高中背景型试题为学生个性发展、自主学习提供了广阔的空间.

【例8-10】(2020年凉山27题)见第3章例3-5.

【评注】本例选材于人教A版高中数学教材必修五第3页. 从试题设置上看,本例以正弦定理 $\dfrac{a}{\sin A}=\dfrac{b}{\sin B}=\dfrac{c}{\sin C}$ 为背景,考查学生逻辑推理素养;从试题立意来看,命题者展示了一个全新的问题情景,意在甄别学生是否具有进入高一级学校学习的潜质,同时引导初中数学教学充分关注初高中数学内容的衔接;从试题解答来看,学生需要在脑海中搜索初中知识与正弦定理的联结点,即找出正弦定理在初中数学中的知识起点,进而从初中数学的视角得到问题的解答.

创新型试题是融知识、方法、能力、思想和素养为一体的新颖试题,在数学测评、立德树人、思维发展、认知完善、教学导向、命题示范等方面发挥着重要作用. 初三复习中,应抛弃"重结论、轻过程,重套路训练、轻创新意识培养"的模式,将培育学生自主学习能力和创新意识放在首位.

案例34 几类中考试题的评析[2]

社会热点型、趣味逻辑型、实践操作型、数据分析型、归纳推理型、阅读理解型、空间想象型和方案设计型试题是近年中考的热点题型. 下面对近年中考试题中的这八类问题加以评析.

---

[1] 刘成龙,余小芬. 高等数学背景下高考命题的问题及建议 [J]. 中国数学教育,2017 (11):53-56.

[2] 姜艳红,余小芬,董万平. 中考数学创新型试题的类型及评析 [J]. 理科考试研究(初中),2018 (12):14-18.

一、社会热点型

《课标 2011》特别强调数学背景的现实性和"数学化",以学生熟悉的现实生活和社会实践为问题的背景,注重让学生在实际背景中理解基本的数量关系和变化规律,注重使学生经历从实际问题中建立数学模型、估算、求解、验证解的正确性与合理性过程,最终解决实际问题.[①] 社会热点型试题取材于生产生活实际,不仅展示时代特征,而且聚焦社会热点,引导学生关注社会和国家热点问题.

【例 8-11】(2017 年衡阳 24 题)为响应绿色出行号召,越来越多的市民选择租用共享单车出行. 已知某共享单车公司为市民提供了手机支付和会员卡支付两种支付方式,图 8-21 描述了两种方式的支付金额 y(元)与骑行时间 x(小时)之间的函数关系,根据图像回答下列问题:

(1)求手机支付金额 y(元)与骑行时间 x(小时)的函数关系式;

(2)李老师经常骑行共享单车,请根据不同的骑行时间帮他确定选择哪种支付方式比较合算.

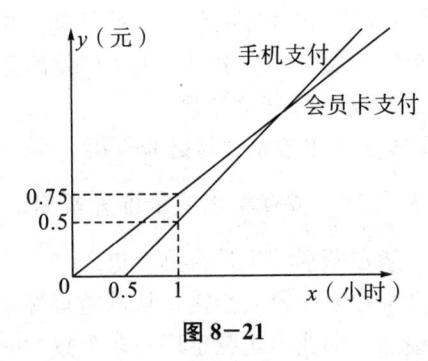

图 8-21

【评注】 本例以当前社会热点共享单车为命题背景,不仅考查了学生对一次函数及其图像的理解,而且发挥了"立德树人"的功能,宣传了绿色出行的交通方式,培养了学生的环保意识.

二、趣味逻辑型

我国古代教育家孔子曾说:"知之者不如好之者,好之者不如乐之者."兴趣是最好的老师,要使学生对枯燥的数学问题产生浓厚兴趣,便是将数学问题趣味化. 而逻辑推理是数学的基本思维方式,也是人们学习和生活中经常使用的思维方式.[②] 新颖有趣的数学逻辑问题能极大地激发学生的学习、探究兴趣,提高学生学习数学知识的积极性.

【例 8-12】(2017 年恩施 16 题)如图 8-22 所示,在 6×6 的网格内填入 1 至 6 的数字后,使每行、每列、每个小粗线宫中的数字不重复,则 $a \times c = $ _____.

[①] 中华人民共和国教育部. 义务教育数学课程标准(2011 年版)[M]. 北京:人民教育出版社,2011.

[②] 教育部基础教育课程教材专家工作委员会. 义务教育数学课程标准(2011 年版)解读[M]. 北京:北京师范大学出版社,2012.

第 8 章 研究中考数学试题的评价

1		3			
5	3		2		
		4			
	2				
	3		6	c	5
		5	a	b	3

图 8-22

【评注】 数独是源自 18 世纪瑞士的一种运用纸、笔演算的数学逻辑游戏. 本例以数独游戏为命题背景，考查学生的逻辑推理能力，渗透了分类讨论、正难则反的数学思想.

三、实践操作型

《课标 2011》强调："有效的数学学习活动不能单纯地依赖模仿与记忆，动手实践、自主探究与合作交流是学生学习数学的重要方式."[①] 通过实践操作，例如折纸、拼剪、绘制、测量等，让学生积极主动地参与学习过程，更能发挥学生学习的主体性，更有助于知识的内化和经验的积累.

【例 8-13】（**2017 年通辽 25 题**）邻边不相等的平行四边形纸片，剪去一个菱形，余下一个四边形，称为第一次操作；在余下的四边形纸片中再剪去一个菱形，又余下一个四边形，称为第二次操作；依此类推，若第 n 次操作余下的四边形是菱形，则称原平行四边形为 n 阶准菱形. 如图 8-23 所示，平行四边形 $ABCD$ 中，若 $AB=1$，$BC=2$，则平行四边形 $ABCD$ 为 1 阶准菱形.

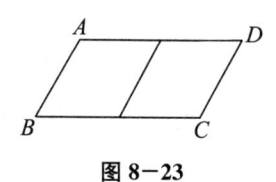

图 8-23

(1) 猜想与计算.

邻边长分别为 3 和 5 的平行四边形是_____阶准菱形；已知平行四边形 $ABCD$ 的邻边长分别为 a，b（$a>b$），满足 $a=8b+r$，$b=5r$，请写出平行四边形 $ABCD$ 是_____阶准菱形.

(2) 操作与推理.

小明为了剪去一个菱形，进行了如下操作：如图 8-24 所示，把平行四边形 $ABCD$ 沿 BE 折叠（点 E 在 AD 上），使点 A 落在 BC 边上的点 F 处，得到四边形 $ABFE$. 请证明四边形 $ABFE$ 是菱形.

---

① 中华人民共和国教育部. 义务教育数学课程标准（2011 年版）[M]. 北京：人民教育出版社，2011.

图 8—24

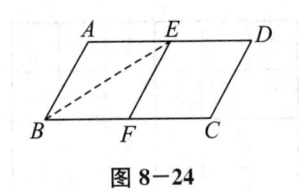

【评注】 本例以新定义"n 阶准菱形"为载体,考查学生的实践操作能力.(1)问中,结合"n 阶准菱形"的定义,通过剪(或画)不难分析出 n 的值.(2)问中,通过折叠图形,利用对称性和平行线性质即可证四边形 $ABFE$ 是菱形.(1)(2)问紧密衔接,从认识理解"n 阶准菱形",到由定义计算 n 的值,再通过折叠为求解 n 值提供实践操作的方式,最后推理验证操作的科学合理性.该试题对获得数学体验和心理认知、积累数学活动经验具有积极导向功能.

四、数据分析型

以数据进行推断的思考方式已成为现代社会普遍应用的思维模式[①],培养学生"用数据说话"的理性思维是培养适应现代生活的合格公民的必由之路.王尚志、史宁中等专家也特别强调"数据分析"是学生在数学学习中应具备的核心素养之一.近年中考常考查学生画(或完善)频率频数分布表、频数分布直方图,能从样本数据中提取或计算如中位数、众数、平均数等数据,并能对总体进行合理的解释或评价.

【例 8—14】(2017 年北京 25 题)某工厂甲、乙两个部门各有员工 400 人,为了解这两个部门员工的生产技能情况,进行了抽样调查,过程如下,请补充完整.

(1)收集数据.

从甲、乙两个部门各随机抽取 20 名员工,进行了生产技能测试,测试成绩(百分制)如下:

甲　78 86 74 81 75 76 87 70 75 90 75 79 81 70 74 80 86 69 83 77

乙　93 73 88 81 72 81 94 83 77 83 80 81 70 81 73 78 82 80 70 40

(2)整理、描述数据.

人数　成绩　部门	$40 \leqslant x \leqslant 49$	$50 \leqslant x \leqslant 59$	$60 \leqslant x \leqslant 69$	$70 \leqslant x \leqslant 79$	$80 \leqslant x \leqslant 89$	$90 \leqslant x \leqslant 100$
甲	0	0	1	11	7	1
乙						

按如下分数段整理、描述这两组样本数据:

(说明:成绩 80 分及以上为生产技能优秀,70~79 分为生产技能良好,60~69 分为生产技能合格,60 分以下为生产技能不合格)

---

① 胡成龙.2010 年高考理科试题对高中统计与概率教学的启示 [J].遵义师范学院学报,2010(5):111-115.

(3) 分析数据.

两组样本数据的平均数、中位数、众数如下表所示：

部门	平均数	中位数	众数
甲	78.3	77.5	75
乙	78	80.5	81

(4) 得出结论.

a. 估计乙部门生产技能优秀的员工人数为_____；

b. 可以推断出_____部门员工的生产技能水平较高，理由为_____．（至少从两个不同的角度说明推断的合理性）

【评注】本例考查对数据的收集、整理、分析，考查对平均数、中位数、众数的计算，考查学生利用样本数据特征估计总体特征的应用意识．

五、归纳推理型

归纳推理是以个别（或特殊）的知识为前提，推出一般性知识为结论的推理．波利亚很早就注意到"数学有两个侧面……用欧几里得方式提出来的数学是一门系统演绎的科学，但在创造过程中的数学却是实验性的归纳科学"．法国数学家拉普拉斯曾说过："发现真理的主要工具是归纳和类比."人们在科学研究中，往往是通过对事物的观察、分析，运用类比、归纳，提出合理猜测．这种猜测既可能是具体的结论，又可能是具体的解决问题的方法．中考作为选拔性考试，不仅注重对知识本身的考查，而且侧重于对学生能力的测试，其中，对学生归纳能力的考查越来越受命题者的青睐.

【例 8-15】（**2017 年河北 22 题**）发现：任意五个连续整数的平方和是 5 的倍数.

验证：(1) $(-1)^2 + 0^2 + 1^2 + 2^2 + 3^2$ 的结果是 5 的几倍？

(2) 设五个连续整数的中间一个为 n，写出它们的平方和，并说明是 5 的倍数.

延伸：任意三个连续整数的平方和被 3 除的余数是几呢？请写出理由.

【评注】《课标 2011》提出："在观察、操作等活动中，能提出一些简单的猜想"，"在观察、试验、猜想、验证等活动中，发展合情推理能力".[①] 解决本例，从"发现"到"验证"，学生经历从"猜想"到"证明"的问题探索，经历用合情推理发现结论，用演绎推理证明结论的完整推理过程，让学生感悟从特殊到一般的数学思想，体会用字母表示数的代数优越．"延伸"又体现了类比推理，通过"任意五个连续整数的平方和是 5 的倍数"到思考"任意三个连续整数的平方和被 3 除的余数是几"体现了知识的迁移和发散，有助于培养学生的类比思维和创新意识.

六、阅读理解型

数学阅读是指学生根据已有的知识和经验，通过阅读数学材料（数学公式、方法、图

[①] 中华人民共和国教育部. 义务教育数学课程标准（2011 年版）[M]. 北京：人民教育出版社，2011.

形、符号、文字等) 汲取信息，建构数学意义和方法的心理和智力过程.[①] 数学阅读过程是一个完整的心理活动过程，包含语言符号的感知和认读，新概念的同化和顺应，阅读材料的理解和记忆等各种心理活动因素. 同时，它也是一个不断假设、证明、想象、推理的积极能动的认知过程.[②] 近年中考中，阅读理解型试题成了一道亮丽的风景线，考查学生对文字、数学符号等信息的分析、处理能力，以及对知识的灵活运用能力.

【例8-16】（2017年安徽19题）　**【阅读理解】**我们知道，$1+2+3+\cdots+n=\dfrac{n(n+1)}{2}$，那么$1^2+2^2+3^2+\cdots+n^2$的结果等于多少呢？在如图8-25所示的三角形数阵中，第1行圆圈中的数为1，即1^2；第2行两个圆圈中数的和为$2+2$，即2^2，…，第n行n个圆圈中数的和为$\underbrace{n+n+\cdots+n}_{n个n}$，即$n^2$. 这样，该三角形数阵中共有$\dfrac{n(n+1)}{2}$个圆圈，所有圆圈中数的和为$1^2+2^2+3^2+\cdots+n^2$.

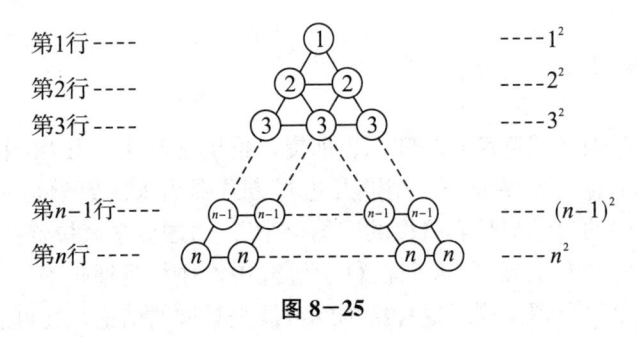

图8-25

【规律探究】将三角形数阵经两次旋转可得如图8-26所示的三角形数阵，观察这三个三角形数阵各行同一位置圆圈中的数（如第$n-1$行的第一个圆圈中的数分别为$n-1$，2，n），发现每个位置上三个圆圈中的数的和均为＿＿＿＿＿. 由此可得这三个三角形数阵所有圆圈中的数的总和为$3(1^2+2^2+3^2+\cdots+n^2)=$＿＿＿＿＿. 因此，$1^2+2^2+3^2+\cdots+n^2=$＿＿＿＿＿.

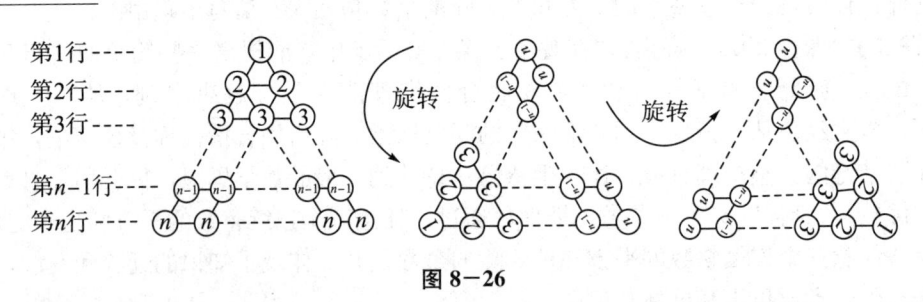

图8-26

【评注】本例主要考查规律探索和求代数式的值. 阅读材料中介绍了图8-25中所有圆圈中数的和的得来，再结合该结论，根据阅读材料中信息的引导，观察到图8-26中三个三角形数阵中各行同一位置圆圈中的数，发现相同位置上三个圆圈中的数的和均为

[①] 刘成龙，黄祥勇. 2014年中考成都卷第23题分析及启示 [J]. 中学数学（初中），2015（2）：40-43.
[②] 刘成龙，黄祥勇. 2014年中考成都卷第23题分析及启示 [J]. 中学数学（初中），2015（2）：40-43.

$2n+1$，又一共有 $\dfrac{n(n+1)}{2}$ 个圆圈，故可计算三个三角形数阵中所有圆圈中的数的总和，从而推导出 $1^2+2^2+3^2+\cdots+n^2$ 的值．事实上，求解 $1^2+2^2+3^2+\cdots+n^2$ 的值的一般方法是数学归纳法，显然超出初中数学学习范围，但通过阅读材料，按照信息引导，不难理解材料中利用数形结合的方式求解．

七、空间想象型

伟大科学家爱因斯坦曾说："想象力比知识更重要，因为知识是有限的，想象力概括着世界上的一切，推动着进步，并且它是知识进化的源泉．严格地说，想象力是科学研究中的实在因素．"《课标 2011》在对培养初中生空间观念的内容中就明确提出：能描述图形的运动和变化，能依据语言的描述画出图形．[1]

【例 8－17】（2017 年南京 27 题）折纸的思考．

【操作体验】 用一张矩形纸片折等边三角形：

第一步，对折矩形纸片 ABCD（AB>BC）（如图 8－27 所示），使得 AB 与 DC 重合，得到折痕 EF，把纸面展平（如图 8－28 所示）．

第二步，如图 8－29 所示，再一次折叠纸片，使点 C 落在 EF 上的点 P 处，并使折痕经过点 B，得到折痕 BG，折出 PB，PC，得到△PBC．

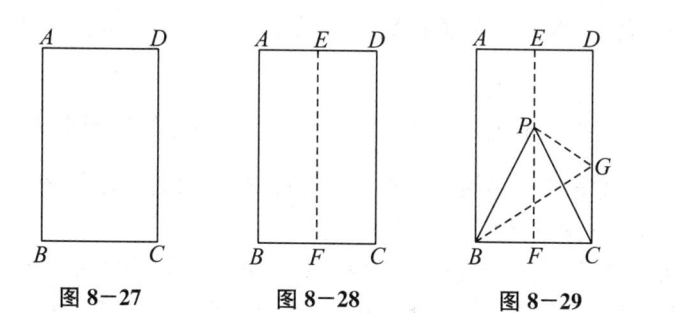

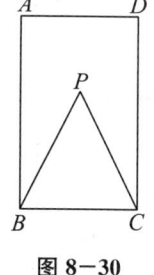

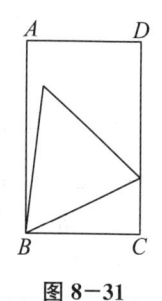

图 8－27　　图 8－28　　图 8－29　　图 8－30　　图 8－31

（Ⅰ）说明△PBC 是等边三角形．

【数学思考】（Ⅱ）如图 8－30 所示，小明画出了矩形 ABCD 和等边三角形 PBC．他发现，在矩形 ABCD 中把△PBC 经过图形变化，可以得到图 8－31 中更大的等边三角形．请描述图形变化的过程．

（Ⅲ）已知矩形一边的长为 3 cm，另一边的长为 a cm，对于每一个确定的 a 值，在矩形中都能画出最大的等边三角形，请画出不同情形的示意图，并写出对应的 a 的取值范围．

【问题解决】（Ⅳ）用一张正方形铁片剪一个直角边长分别为 4 cm 和 1 cm 的直角三角形铁片，所需正方形铁片的边长的最小值为 _____ cm．

【评注】 本例（Ⅰ）问利用折叠对称性不难证明△PBC 是等边三角形．（Ⅱ）问探究出矩形 ABCD 中较大等边三角形 PBC 对学生的空间想象能力要求较高，需要学生能够想

---

[1] 中华人民共和国教育部．义务教育数学课程标准（2011 年版）[M]．北京：人民教育出版社，2011．

象三角形不断扩充的过程，从而大胆猜想出最大等边三角形的位置．同时，（Ⅲ）问中，在矩形中画出最大的等边三角形也需依靠学生的空间想象能力，进而才能为验证"谁"的面积最大提供图形依据，最终保证作图有理有据．（Ⅳ）问用一张正方形铁片剪一个已知直角边长的直角三角形铁片，求所需正方形铁片的最小边长也要充分发挥学生的空间想象能力，只有明确直角三角形在正方形内的位置，才能依据相似、勾股定理等知识展开计算．

八、方案设计型

《课标2011》指出："通过数学学习，要培养学生能够形成解决问题的一些基本策略，体验解决问题的多样性。"[①] 方案设计型试题要求学生在具体的问题情境中给出满足条件的方案，强调发展学生的应用能力、关注学生的个性培养、培养学生的创新思维．

【例8-18】（**2017年龙东27题**）为了推动"龙江经济带"建设，我省某蔬菜企业决定通过加大种植面积、增加种植种类促进经济发展．2017年春，预计种植西红柿、马铃薯、青椒共100公顷（三种蔬菜的种植面积均为整数），青椒的种植面积是西红柿种植面积的2倍，经预算，种植西红柿的利润可达1万元/公顷，种植青椒的利润可达1.5万元/公顷，种植马铃薯的利润可达2万元/公顷，设种植西红柿x公顷，总利润为y万元．

（Ⅰ）求总利润y（万元）与种植西红柿的面积x（公顷）之间的关系式．

（Ⅱ）若预计总利润不低于180万元，西红柿的种植面积不低于8公顷，有多少种种植方案？

（Ⅲ）在（Ⅱ）的前提下，该企业决定投资不超过获得最大利润的$\frac{1}{8}$在冬季同时建造A，B两种类型的温室大棚，开辟新的经济增长点，经测算，投资A种类型的大棚5万元/个，B种类型的大棚8万元/个，请直接写出有哪几种建造方案．

【评注】本例以一次函数和一元一次不等式（组）为知识背景，通过"问题情境—建立模型—求解验证"，让学生深刻感受到数学知识"到哪里去"，体会到数学在生产、生活中无处不在，进而真正明白数学有用，要会用数学，活用数学．

[①] 中华人民共和国教育部．义务教育数学课程标准（2011年版）[M]．北京：人民教育出版社，2011．

第 9 章　研究中考数学试题的规律

中考试题的规律是指中考试题的命题规律. 一般地，中考试题遵循课程标准和命题大纲，基于区域教学实际状态命制而成. 中考试题对初中数学教学具有很强的指导性，是教学的"指挥棒""引路人". 因此，研究中考试题的命题规律成为应考的常态化工作，如何研究试题的规律自然而然成为一线教师关注的焦点. 我们认为，对中考试题规律的研究可以从宏观和微观两个方面入手[①]，如图 9-1 所示.

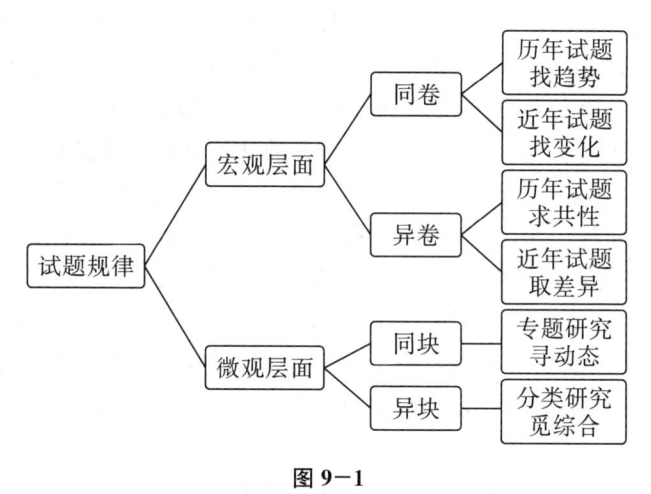

图 9-1

研究试题规律宏观层面重在对试卷的整体把握，微观层面强调对试题的细致分析.

在宏观把握上，对于同一地区的历年试题（同卷）要从以下两个方面研究：

第一，分析同一地区的历年试题，找出试题命制的整体趋势. 例如，成都中考形成了 A（100 分）+B（50 分）的格局，A 卷 20 题，B 卷 8 题，共 28 题，总体上形成了源于教材、注重基础、突出主干，重视知识、考查能力、突出思维，注重实践、体现过程、突出探究，贴近生活、关注热点、突出应用的特色，这启示我们研究教材，注重课本，重视素材挖掘；摒弃题海，回归常态，突出数学本质；淡化技巧，注重通法，体验推理过程；养成习惯，重视探究，关注思维发展.[②]

第二，分析同一地区的历年试题，找出同一地区近年试题的变化. 例如，成都中考在 2015 年以前第 20 题（A 卷最后一题）考查多边形，第 27 题（B 卷倒数第二题，第二压轴题）考查圆的相关知识，但从 2015 年开始发生了重大变化，第 20 题和第 27 题所考查

---

① 刘成龙，余小芬. 研究高考试题的视角与案例 [M]. 成都：四川大学出版社，2018.
② 黄祥勇，杨泽海. 课标是根　教材是本——从 2017 年成都市数学中考看教材对考试与教学的引导 [J]. 基础教育课程，2017（10）：76-81.

的内容完全对调，这反映了圆与多边形在中考中要求的变化，为圆和多边形的教学要求指明了方向. 又如，2010 年以前中考对圆的考查涉及"双圆"问题，2010 年后仅仅考查"单圆"问题，这说明教学中"双圆"可以弱化.

通过对同卷试题趋势和变化的研究，可以准确地认识试题特点、命题规律，把握复习方向.

在宏观把握上，对于不同地区的历年试题（异卷）也要从以下两个方面研究：

第一，分析不同地区的历年试题，找出试题命制的共性. 比如，成都中考和内江中考具有一系列的共性：从题量上看，都设置 28 个试题；从试题涉及内容上看，都注重主干知识的考查，包括三角函数、概率统计、反比例函数、三角形全等和相似、二次函数、圆、多边形等，尤其是都以二次函数综合问题、多边形为压轴题；从能力的考查上看，都注重探究能力、阅读能力、创新能力的考查，比如，命制新定义型试题考查阅读理解能力和探究能力，注重多边形问题的考查等.

第二，分析不同地区的历年试题，提取试题命制的差异. 比如，成都中考和内江中考具有一系列共性的同时，也具有明显的差异性：从试卷的设置上看，成都中考试卷设置为 A 卷（100 分）+B 卷（50 分），总分 150 分，内江中考试卷设置为 A 卷（100 分）+B 卷（60 分），总分 160 分；从试题的内容上看，反比例函数和实际情景下的应用性问题是成都中考的必考题目（固定设定在 18 题和 26 题），但是内江中考对反比例函数和实际情景下的应用性问题的考查呈现间断性，即有些年份命制，有些年份不命制；从试题命制方式上看，呈现方式不同，成都中考命制新定义型试题时，以填空题呈现，分值仅仅 4 分，内江中考所命制的新定义型试题以解答题呈现，分值 12 分，成都中考不直接命制考查探究能力的试题，只是以一些试题为载体"顺带"，而内江中考会直接命制考查探究能力的大题.

通过对异卷试题差异的研究，可以准确认识考生所在区域的命题特色，做到复习精准定位、优化复习策略.

在微观把握上，对于知识板块要从以下两个方面研究：

第一，同一知识板块通过专题研究找出命题动态. 比如，中考对线段和最小问题的考查，从将军饮马视角变化到胡不归模型视角，再发展到阿氏圆视角，呈现了不同层次的考查要求，这要求复习者结合区域实际制订富有针对性的复习策略.

第二，不同知识板块分类研究找出综合的地方. 比如，对二次函数、一次函数、三角形全等和相似等内容分类研究，找出这些知识的"汇合点"，从而构建网络化知识体系，落实复习策略的整体性和系统性.

案例 35 2018 年中考二次函数压轴题考查的几个视角[①]

二次函数是初中数学的重要内容，同时也是高中数学进一步学习函数的基础. 以二次函数为背景命制中考数学压轴题，不仅可以实现横纵知识的紧密交会，而且能促进数与形

---

① 罗斯渝，余小芬. 2018 年中考二次函数压轴题考查的几个视角 [J]. 理科考试研究（初中），2018（10）：7-11.

的有机联系，还能考查学生对综合问题的理解、分析、解决能力，有效甄别学生思维的深度和广度．因此，研究二次函数在中考试题中的命制题型，对把握中考、应对中考复习有深远的指导意义．下面以2018年中考试题为例，介绍二次函数压轴题考查的几个视角．

一、求函数解析式

【例9-1】（2018年无锡28题）如图9-2所示，一次函数$y=kx-1$的图像经过点$A(3\sqrt{5}, m)(m>0)$，与y轴交于点B．点C在线段AB上，且$BC=2AC$，过点C作x轴的垂线，垂足为点D，$AC=CD$．

（Ⅰ）略；

（Ⅱ）已知一开口向下、以直线CD为对称轴的抛物线经过点A，它的顶点为P，若过点P且垂直于AP的直线与x轴的交点为$Q\left(-\dfrac{4\sqrt{5}}{5}, 0\right)$，求这条抛物线的函数表达式．

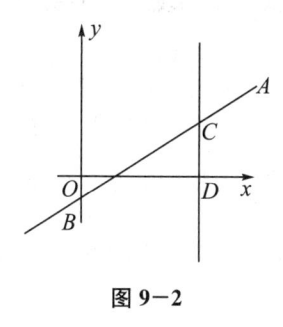

图9-2

解 直线$y=kx-1$与y轴交于点B，故$B(0, -1)$．如图9-3所示，过点A作y轴的平行线与过点B作x轴的平行线交于点E，且BE与直线CD交于点F．过点C作$CH \perp AE$于点H．

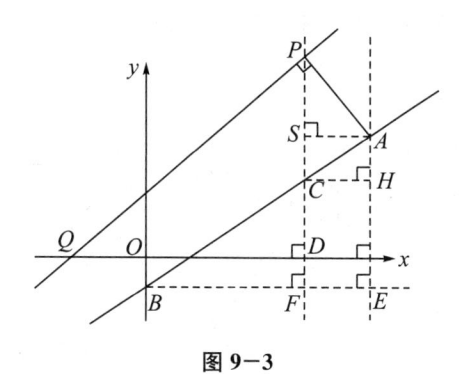

图9-3

易知$\triangle ABE \backsim \triangle CBF$，所以$\dfrac{BC}{BA}=\dfrac{BF}{BE}=\dfrac{CF}{AE}=\dfrac{2}{3}$，又$BE=3\sqrt{5}$，所以$BF=2\sqrt{5}$，故可设$C(2\sqrt{5}, n)$．因此，$\dfrac{2}{3}=\dfrac{CF}{AE}=\dfrac{n+1}{m+1}$，解得$2m=3n+1$，$n=\dfrac{2m-1}{3}$．

在$Rt\triangle ACH$中，$AC^2=CH^2+AH^2$，即$n^2=(3\sqrt{5}-2\sqrt{5})^2+(m-n)^2$，解得$m=5$或$m=-3$（舍），所以$A(3\sqrt{5}, 5)$．设点$P$为$(2\sqrt{5}, h)$，作$AS \perp PD$于点$S$，易知

177

Rt$\triangle PQD \backsim$ Rt$\triangle APS$,故$\dfrac{QD}{PS}=\dfrac{PD}{AS}$,$\dfrac{\frac{14\sqrt{5}}{5}}{h-5}=\dfrac{h}{3\sqrt{5}-2\sqrt{5}}$,解得$h=7$或$h=-2$(舍),所以$P(2\sqrt{5},7)$.

设抛物线的解析式为$y=a(x-2\sqrt{5})^2+7$,代入$A(3\sqrt{5},5)$,解得$a=-\dfrac{2}{5}$,故$y=-\dfrac{2}{5}(x-2\sqrt{5})^2+7$.

【评注】 由抛物线顶点为P,且过点A,不难想到利用"顶点式"表示抛物线的解析式,再代入点A坐标即可求解二次项系数.因此,问题解决的关键是求得点A,P的坐标.由于$BC=2AC$,故可将线段长的倍数关系转化为相似三角形的相似比,从而通过构造辅助线,利用三角形相似、勾股定理等知识求得点的坐标.

二、二次函数中的动点、动线、动面问题

1. 求动点坐标

【例9-2】(2018年深圳23题)已知顶点为A的抛物线$y=a\left(x-\dfrac{1}{2}\right)^2-2$经过点$B\left(-\dfrac{3}{2},2\right)$,点$C\left(\dfrac{5}{2},2\right)$.直线$AB$与$x$轴相交于点$M$,与$y$轴相交于点$E$.

(Ⅰ)略;

(Ⅱ)略;

(Ⅲ)如图9-4所示,点Q是折线$A-B-C$上一点,过点Q作$QN//y$轴,过点E作$EN//x$轴,直线QN与直线EN相交于点N,连接QE,将$\triangle QEN$沿QE翻折得到$\triangle QEN_1$,若点N_1落在x轴上,请直接写出Q点的坐标.

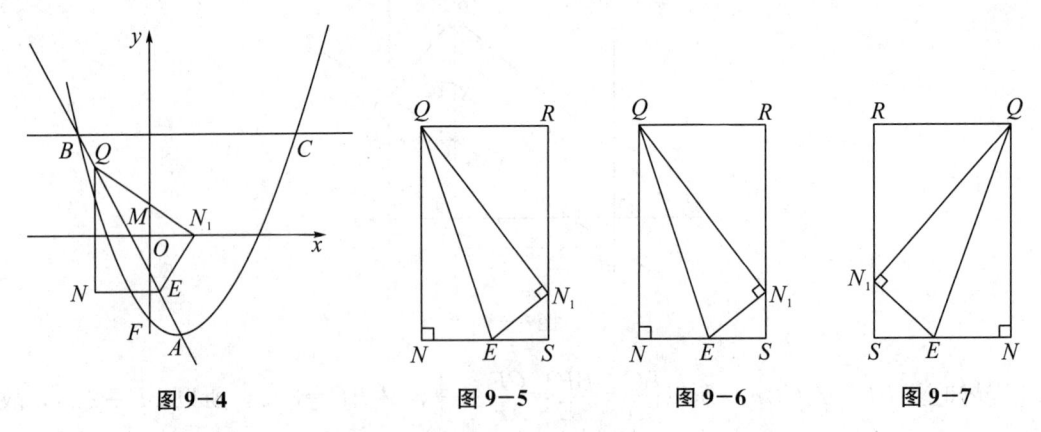

图9-4　　图9-5　　图9-6　　图9-7

解 易求直线AB的方程为$y=-2x-1$,故直线AB与y轴交于点$E(0,-1)$.又点Q在折线$A-B-C$上运动,故可分以下三种情况讨论:

①当点Q在BE上运动时,构造如图9-5所示的矩形.设点$Q(a,-2a-1)$,因为$\angle RQN_1+\angle RN_1Q=90°$,$\angle SN_1E+\angle RN_1Q=90°$,所以$\angle RQN_1=\angle SN_1E$,因此

$\text{Rt}\triangle QRN_1 \backsim \text{Rt}\triangle N_1SE$. 故 $\dfrac{RN_1}{SE}=\dfrac{QR}{N_1S}=\dfrac{QN_1}{N_1E}$,即 $\dfrac{-2a-1}{SE}=\dfrac{QR}{1}=\dfrac{-2a}{-a}$,解得 $QR=2$,$SE=\dfrac{-2a-1}{2}$. 又 $NE+SE=QR$,即 $-a+\dfrac{-2a-1}{2}=2$,解得 $a=-\dfrac{5}{4}$. 所以点 Q 的坐标为 $\left(-\dfrac{5}{4},\dfrac{3}{2}\right)$.

②当点 Q 在 BC 上,且在 y 轴左侧运动时,构造如图 9-6 所示的矩形,设点 $Q(-a,2)$,因此 $QN=QN_1=3$. 在 $\triangle QRN_1$ 中,$QN_1^2=QR^2+RN_1^2$,即 $3^2=QR^2+2^2$,解得 $QR=\sqrt{5}$. 在 $\text{Rt}\triangle SEN_1$ 中,$ES^2+SN_1^2=EN_1^2$,即 $(\sqrt{5}-a)^2+1^2=a^2$,解得 $a=\dfrac{3\sqrt{5}}{5}$,所以点 Q 的坐标为 $\left(-\dfrac{3\sqrt{5}}{5},2\right)$.

③当点 Q 在 BC 上,且在 y 轴右侧运动时,构造如图 9-7 所示的矩形,同理可得点 Q 的坐标为 $\left(\dfrac{3\sqrt{5}}{5},2\right)$.

综上,点 Q 的坐标有 $\left(-\dfrac{5}{4},\dfrac{3}{2}\right)$,$\left(-\dfrac{3\sqrt{5}}{5},2\right)$,$\left(\dfrac{3\sqrt{5}}{5},2\right)$.

【评注】本例以图形翻折、动点运动为载体,综合考查一次函数、二次函数、图形对称和相似等知识,渗透数形结合、分类讨论、化归转化等思想. 由于点 Q 在折线 $A-B-C$ 上运动,所以首先以点 Q 在 BE、点 Q 在 BC(又分为在 y 轴左、右两侧)上运动进行分类讨论,然后根据"$QN\perp NS$"及翻折后图形的对称性,构造长方形,从而利用三角形相似、勾股定理等构造方程求解问题.

2. 求线段长度(或最值)

【例 9-3】(2018 年重庆 26 题)抛物线 $y=-\dfrac{\sqrt{6}}{6}x^2-\dfrac{2\sqrt{3}}{3}x+\sqrt{6}$ 与 x 轴交于点 A,B(点 A 在点 B 的左边),与 y 轴交于点 C,点 D 是该抛物线的顶点.

(Ⅰ)略;

(Ⅱ)如图 9-8 所示,点 P 是直线 AC 上方抛物线上一点,$PF\perp x$ 轴于点 F,PF 与线段 AC 交于点 E,将线段 OB 沿 x 轴左、右平移,线段 OB 的对应线段是 O_1B_1,当 $PF+\dfrac{1}{2}EC$ 的值最大时,求四边形 PO_1B_1C 周长的最小值,并求出对应的点 O_1 的坐标.

(Ⅲ)略.

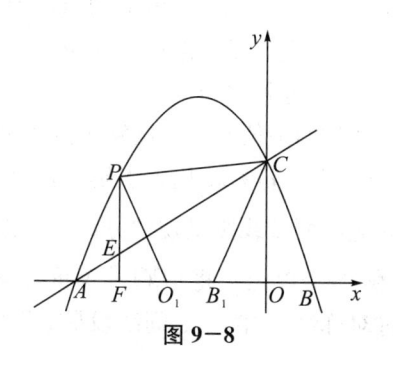

图 9-8

解 易求得 $A(-3\sqrt{2}, 0)$，$B(\sqrt{2}, 0)$，$C(0, \sqrt{6})$．所以 $AC = 2\sqrt{6}$，$OC = \sqrt{6}$，故 $\angle OAC = 30°$，且直线 AC 的解析式为 $y = \frac{\sqrt{3}}{3}x + \sqrt{6}$．设 $P\left(x_0, -\frac{\sqrt{6}}{6}x_0^2 - \frac{2\sqrt{3}}{3}x_0 + \sqrt{6}\right)$，所以 $E\left(x_0, \frac{\sqrt{3}}{3}x_0 + \sqrt{6}\right)$，且 $PE = -\frac{\sqrt{6}}{6}x_0^2 - \sqrt{3}x_0$，$EF = \frac{\sqrt{3}}{3}x_0 + \sqrt{6}$，故在 Rt△$EAF$ 中，$AE = 2EF = \frac{2\sqrt{3}}{3}x_0 + 2\sqrt{6}$，所以 $\frac{1}{2}EC = \frac{1}{2}(AC - AE) = \frac{1}{2} \cdot (2\sqrt{6} - \frac{2\sqrt{3}}{3}x_0 - 2\sqrt{6}) = -\frac{\sqrt{3}}{3}x_0$．于是 $PE + \frac{1}{2}EC = -\frac{\sqrt{6}}{6}(x + 2\sqrt{2})^2 + \frac{4\sqrt{6}}{3}$，当 $x = -2\sqrt{2}$ 时，取得最大值，此时 $P(-2\sqrt{2}, \sqrt{6})$，且 $PC = 2\sqrt{2}$．

又 $O_1B_1 = \sqrt{2}$，故使四边形 PO_1B_1C 周长最小，只需满足 $PO_1 + CB_1$ 最小．

如图 9-9 所示，将点 P 向右平移 $\sqrt{2}$ 个单位得到点 $P_1(-\sqrt{2}, \sqrt{6})$．作点 P_1 关于 x 轴的对称点 P_2，此时点 $P_2(-\sqrt{2}, -\sqrt{6})$，连接 P_2C，与 x 轴交于点 B_1，则 $PO_1 + CB_1$ 最小，为 $P_2C = \sqrt{(0-\sqrt{2})^2 + (\sqrt{6}+\sqrt{6})^2} = \sqrt{26}$，此时四边形的周长为 $\sqrt{26} + 3\sqrt{2}$．

又易求直线 P_2C 的解析式为 $y = 2\sqrt{3}x + \sqrt{6}$，故解得 $B_1\left(-\frac{\sqrt{2}}{2}, 0\right)$．根据 $O_1B_1 = \sqrt{2}$，解得点 Q_1 的坐标为 $\left(-\frac{3\sqrt{2}}{2}, 0\right)$．

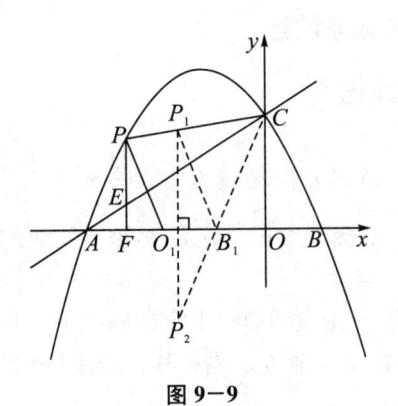

图 9-9

【评注】 本例以二次函数图像为载体，考查线段最值问题．问题的解决首先应确定点 P 的位置．由于点 P 为动点，点 E 为动线段 PF 上的点，因此如果直接利用两点间距离公式表示 $|EC|$ 较为复杂，增加了计算难度．故由 $\angle OAC = 30°$，在 Rt△EAF 中利用线段 AF 长及锐角三角函数表示 $|AE|$，再利用 $|EC| = |AC| - |AE|$ 解决问题，从而将线段和的最值问题转化为一元二次函数的最值问题，确定出点 P 的位置．

对于四边形 PO_1B_1C 周长最小，容易转化为求解线段和 $|PO_1| + |CB_1|$ 最小，但这不同于常规的"将军饮马"问题，两条线段呈现"分离"状态，因此根据 $|O_1B_1| = \sqrt{2}$ 这一关键条件，将点 P 向右平移 $\sqrt{2}$ 个单位，将 $|PO_1|$ 等价转化为 $|P_1B_1|$，从而将图形转化为"将军饮马"模型，通过对称性、"两点之间线段最短"解决问题．

3. 求面积（或最值）

【例9-4】（**2018年资阳24题**）如图9-10所示，抛物线 $y=ax^2+bx+c$ 与坐标轴分别交于点 $A(0,6)$，$B(6,0)$，$C(-2,0)$，点 P 是线段 AB 上方抛物线上的一个动点．

（Ⅰ）略；

（Ⅱ）当点 P 运动到什么位置时，$\triangle PAB$ 的面积有最大值？

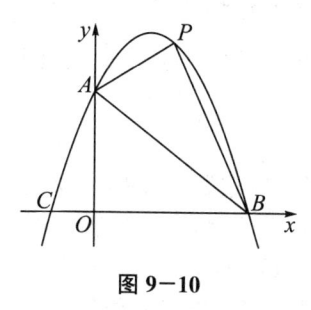

图9-10

解 易求抛物线的解析式为 $y=-\dfrac{1}{2}x^2+2x+6$．设直线 AB 的解析式为 $y=kx+b$，将点 $A(0,6)$，$B(6,0)$ 代入，得 $\begin{cases}b=6\\6k+b=0\end{cases}$，解得 $\begin{cases}k=-1\\b=6\end{cases}$，故直线 AB 的解析式为 $y=-x+6$．如图9-11所示，过点 P 作 $PD\perp OB$ 于点 D，AB 交 PD 于点 E，过点 A 作 $AF\perp PD$ 于点 F．于是设 $P\left(t,-\dfrac{1}{2}t^2+2t+6\right)$（$0<t<6$），可得 $E(t,-t+6)$．所以 $PE=PD-ED=-\dfrac{1}{2}t^2+2t+6-(-t+6)=-\dfrac{1}{2}t^2+3t$，$AF=t$，$BD=6-t$．故 $S_{\triangle PAB}=S_{\triangle PAE}+S_{\triangle PBE}=\dfrac{1}{2}PE\cdot AF+\dfrac{1}{2}PE\cdot BD=\dfrac{1}{2}PE(AF+BD)=\dfrac{1}{2}PE\cdot OB=\dfrac{1}{2}\left(-\dfrac{1}{2}t^2+3t\right)\times 6=-\dfrac{3}{2}t^2+9t=-\dfrac{3}{2}(t-3)^2+\dfrac{27}{2}$．故当点 P 的横坐标 $t=3$ 时，$\triangle PAB$ 的面积最大，为 $\dfrac{27}{2}$．

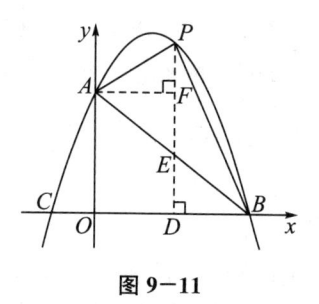

图9-11

【评注】 由于线段 AB 的长为定值，故 $\triangle PAB$ 的面积最大，即点 P 到线段 AB 的距离最大，但初中数学并未介绍点到直线的距离公式，故直接表示该距离较为复杂．因此本例通过"分割"的方式，将 $\triangle PAB$ 的面积转化为两个等底不同高（但高之和为定值）的三角形的面积之和，从而将问题转化为二次函数的最值问题，求得面积的最大值．事实上，也可从运动状态认识点 P：过点 P 作 AB 的平行线，当该平行线与抛物线相切时，切点即为所求点 P.

三、二次函数中的存在性问题

【例 9-5】（2018 年重庆 26 题）抛物线 $y=-\dfrac{\sqrt{6}}{6}x^2-\dfrac{2\sqrt{3}}{3}x+\sqrt{6}$ 与 x 轴交于点 A，B（点 A 在点 B 的左边），与 y 轴交于点 C，点 D 是该抛物线的顶点.

（Ⅰ）略；

（Ⅱ）略；

（Ⅲ）如图 9-12 所示，点 H 是线段 AB 的中点，连接 CH，将 $\triangle OBC$ 沿直线 CH 翻折至 $\triangle O_2B_2C$ 的位置，再将 $\triangle O_2B_2C$ 绕点 B_2 旋转一周，在旋转过程中，点 O_2，C 的对应点分别是点 O_3，C_1，直线 O_3C_1 分别与直线 AC、x 轴交于点 M，N. 那么，在 $\triangle O_2B_2C$ 的整个旋转过程中，是否存在恰当的位置，使 $\triangle AMN$ 是以 MN 为腰的等腰三角形？若存在，请直接写出所有符合条件的线段 O_2M 的长；若不存在，请说明理由.

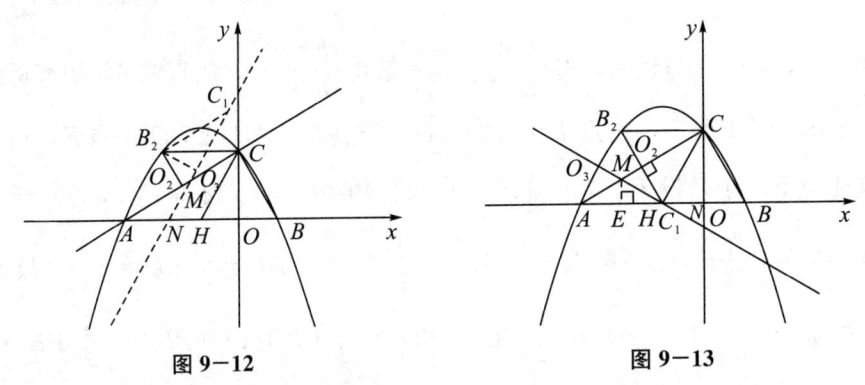

图 9-12　　　　图 9-13

解 易求得 $|OB|=\sqrt{2}$，$|CO|=\sqrt{6}$，$|CB|=2\sqrt{2}$，因此，旋转的三角形是一个含 $30°$ 角的直角三角形.

（1）当点 N 落在线段 AB 上时，有两种满足 $\triangle AMN$ 为等腰三角形的情况.

①如图 9-13 所示，当点 N，H，C_1 重合时，点 O_2 和点 C_1 在同一直线上，易求得 $\angle MAN=\angle MNA=30°$，$C_1O_2\perp AC$. 因此 $\triangle AMN$ 是以 MN 为腰的等腰三角形. 在 $\triangle AHM$ 中，作 $ME\perp AH$ 于点 E，$\angle CAO=30°$，$AE=\sqrt{2}$，解得 $ME=\dfrac{\sqrt{6}}{3}$. 又 $\angle EHM=\angle MHO_2=30°$，所以 $O_2M=ME=\dfrac{\sqrt{6}}{3}$.

②当 MN 与 CH 平行时，如图 9-14 所示，可求得 $\angle NAM=\angle NMA=30°$，所以 $\triangle AMN$ 是以 MN 为腰的等腰三角形. 作 $C_1Q\perp AC$ 于点 Q，易证四边形 $B_2O_2QC_1$ 为矩形，且 $O_2M=O_3M$. 设 $O_3M=x$，故在 $\text{Rt}\triangle C_1MQ$ 中，$\sin\angle C_1MC=\sin 30°=\dfrac{C_1C}{C_1M}=\dfrac{B_2O_2}{MO_3+C_1O_3}=\dfrac{\sqrt{2}}{x+\sqrt{6}}$，解得 $x=2\sqrt{2}-\sqrt{6}$，所以 $O_2M=2\sqrt{2}-\sqrt{6}$.

图 9-14

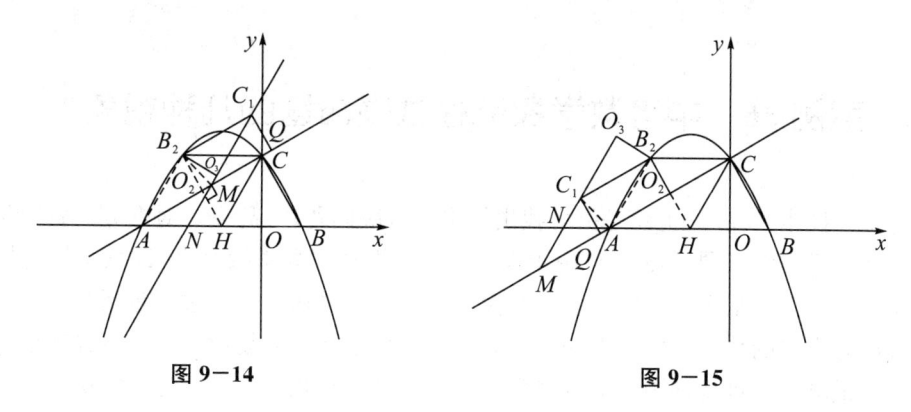

图 9-15

(2) 当点 N 落在 x 轴上,且在点 A 左侧,$MN \parallel CH$ 时,如图 9-15 所示,有 $\angle NMA = \angle MAN = 30°$,因此 $\triangle AMN$ 是以 MN 为腰的等腰三角形. 因为 $AB_2 = CB_2$,所以 $AB_2 = C_1B_2$,故 $\angle B_2C_1A = \angle B_2AC_1$. 作 $C_1Q \perp MC$ 于点 Q,易证四边形 $B_2O_2QC_1$ 为矩形,且 $O_2Q = B_2C_1 = 2\sqrt{2}$. 在 $\text{Rt}\triangle C_1MQ$ 中,$\tan \angle C_1MQ = \tan 30° = \dfrac{C_1Q}{MQ} = \dfrac{\sqrt{2}}{MQ}$,解得 $MQ = \sqrt{6}$,所以 $O_2M = 2\sqrt{2} + \sqrt{6}$.

(3) 当点 N 落在 x 轴上,且在点 B 右侧,点 M 与点 C 重合时,如图 9-16 所示,$\triangle AMN$ 是以 MN 为腰的等腰三角形. $\angle O_2MO_3 = \angle MAN + \angle MNA = 60°$,所以由四边形 $MO_3B_2O_2$,得 $\angle O_3B_2O_2 = 120°$,所以 $\angle C_1B_2O_2 = \angle C_1B_2O_3 + \angle O_3B_2O_2 = 180°$,因此,$C_1$,$B_2$,$O_2$ 三点共线. 所以 $O_2C_1 = O_2B_2 + B_2C_1 = 3\sqrt{2}$,在 $\text{Rt}\triangle C_1MQ_2$ 中,$\tan \angle O_2C_1M = \tan 30° = \dfrac{O_2M}{C_1O_2} = \dfrac{O_2M}{3\sqrt{2}}$,解得 $O_2M = \sqrt{6}$.

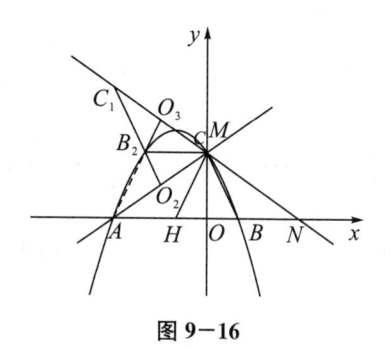

图 9-16

综上,O_2M 的长度为 $\dfrac{\sqrt{6}}{3}$,$2\sqrt{2} - \sqrt{6}$,$2\sqrt{2} + \sqrt{6}$,$\sqrt{6}$.

【评注】 该试题难度较大,综合考查学生二次函数、等腰三角形、矩形性质、锐角三角函数等知识,考查学生数形结合、化归与转化、分类讨论等数学思想. 解决问题的关键是发现 $\text{Rt}\triangle O_2B_2C$ 是一内角为 $30°$ 的直角三角形,且 $\triangle AHC$ 是底角为 $30°$ 的等腰三角形,B_2,O_2,H 三点共线且 $B_2H \perp AC$ 于 O_2. 因此,以直线 MN 分别与 HC 平行、与 x 轴成 $30°$ 角作为分类讨论标准,求解 O_2M 的长度.

案例 36　中考数学探究性试题命题的几种视角[①]

探究即"探索研究",也就是努力找出答案、解决问题.《辞海》对探究的解释是"深入探讨,反复研究".《课标 2011》中用很大的篇幅提到"数学探究",即数学探究性课题学习,是指学生围绕某个数学问题,自主探究、学习的过程. 这个过程包括观察分析数学事实,提出有意义的数学问题,猜测、探究适当的数学结论或规律,给出解释或证明. 研究历年中考试题,不难发现中考命题对学生的探究能力频频考查. 中考数学探究性试题命题的几种视角有问题是否存在型、猜想探究型、实践操作型、类比探究型、规律探究型和评价探究型.

视角 1　问题是否存在型

"问题是数学的心脏","问题是探究的心脏". 中考的问题是否存在型试题常这样表述:"是否存在……,使……,若存在,证明你的结论;若不存在,请说明理由". 该类试题设问灵活,具有一定的探索性和开放性,打破了从已知结论出发加以证明的思维模式,给学生提供了较多自由的思维探索空间,能有效地激发学生潜在的科学探究意识.[②]

【例 9-6】（2015 年郴州 25 题）如图 9-17 所示,已知抛物线经过点 $A(4,0)$, $B(0,4)$, $C(6,6)$.

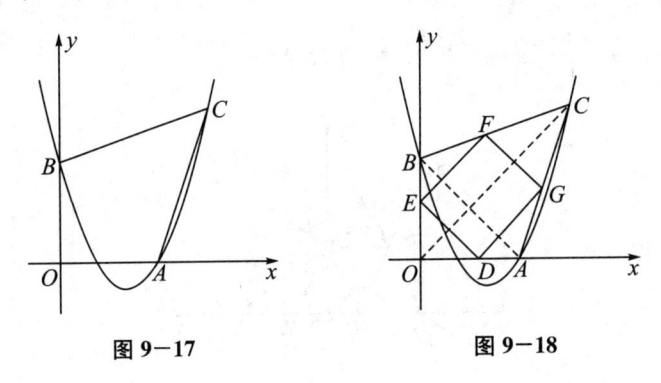

图 9-17　　　图 9-18

（Ⅰ）略；

（Ⅱ）略；

（Ⅲ）在四边形 $AOBC$ 的内部能否截出面积最大的 $\square DEFG$？（顶点 D, E, F, G 分别在线段 AO, OB, BC, CA 上,且不与四边形 $AOBC$ 的顶点重合）若能,求出 $\square DEFG$ 的最大面积,并求出此时点 D 的坐标；若不能,请说明理由.

探究　根据 $EF \parallel DG$ 且 $EF = DG$,用直尺度量边的长度,画出 $\square DEFG$ 草图,猜想 $\square DEFG$ 存在.

证明　如图 9-18 所示,由两点间距离公式和 $A(4,0)$, $B(0,4)$, $C(6,6)$,可得

[①] 徐达强,刘成龙. 中考数学探究性试题简析 [J]. 理科考试研究（初中）, 2018（7）:12-16.
[②] 刘成龙,余小芬. 高考探究性试题简析 [J]. 中学数学研究（江西）, 2011（11）:29-32.

$AB=\sqrt{(4-0)^2+(0-4)^2}=4\sqrt{2}$，$OC=\sqrt{(6-0)^2+(0-6)^2}=6\sqrt{2}$. 因为 OC 垂直平分 AB，所以 $\triangle OAC$ 与 $\triangle OBC$ 关于 OC 对称，又因为 $DG/\!/EF$ 且 $DG=EF$，所以四边形 $DEFG$ 是矩形且 $DG/\!/OC$. 因为 $DG/\!/OC$，$OC\perp AB$，$DG\perp DG$，所以 $DE/\!/AB$，故 $\angle ODE=\angle OAB$，$\angle OED=\angle OBA$，所以 $\triangle ODE\sim\triangle OAB$，故 $\dfrac{OD}{OA}=\dfrac{DE}{AB}$，设点 $D(m,0)$，则 $DE=\dfrac{OD\cdot AB}{OA}=\sqrt{2}m$. 同理，由 $DG/\!/OC$ 可证 $\triangle ADG\sim\triangle AOC$，所以 $\dfrac{DA}{OA}=\dfrac{DG}{OC}$，故 $DG=\dfrac{DA\cdot OC}{OA}=\dfrac{3\sqrt{2}}{2}(4-m)$，所以 $S_{\square DEFG}=DE\cdot DG=\sqrt{2}m\times\dfrac{3\sqrt{2}}{2}(4-m)=-3m^2+12m$. 当 $m=-\dfrac{12}{2\times(-3)}=2$ 时，S 取得最大值，最大值为 $-3\times 2^2+12\times 2=12$. 故平行四边形 $DEFG$ 能取到最大面积，最大面积为 12，此时点 D 的坐标为 $(2,0)$.

【评注】 解答该试题的基本步骤分为"探究—猜想—证明"三个环节. 探究中可借助度量的方式量出线段的长度，进而得到猜想.

视角 2　猜想探究型

牛顿说："没有大胆的猜想，就没有伟大的发现."猜想是对研究对象或问题进行感知、分析、联想，在直觉的基础上做出合乎一定经验与事实的判断. 数学猜想是指依据某些已知事实和数学知识，对未知量及其关系所做出的一种似真推断. 波利亚指出："先猜后证，这是大多数的发现之道."因此，学生要敢于大胆地提出问题，进行合理的猜想. 中考的猜想探究型试题常这样表述："猜想……，并说明理由". 猜想的一般方式是先研究特殊情况，再归纳一般情形，即特殊到一般.

【例 9-7】（2015 年黄石 24 题）在 $\triangle AOB$ 中，点 C，D 分别是 OA，OB 边上的点，将 $\triangle OCD$ 绕点 O 顺时针旋转到 $\triangle OC'D'$.

（1）如图 9-19 所示，若 $\angle AOB=90°$，$OA=OB$，点 C，D 分别为 OA，OB 的中点，证明：①$AC'=BD'$；②$AC'\perp BD'$.

图 9-19　　　图 9-20

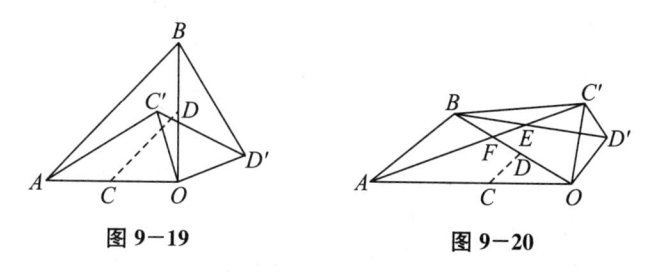

（2）如图 9-20 所示，若 $\triangle AOB$ 为任意三角形且 $\angle AOB=\theta$，$CD/\!/AB$，AC' 与 BD' 交于点 E，猜想 $\angle AEB$ 的大小，并说明理由.

下面将针对（2）进行探究.

猜想　根据数学经验猜想 $\angle AEB=\angle AOB$，即 $\angle AEB=\theta$.

证明　如图 9-20 所示，因为 $\triangle OCD$ 旋转到 $\triangle OC'D'$，所以 $OC=OC'$，$OD=OD'$，$\angle AOC'=\angle BOD'$. 又因为 $CD/\!/AB$，所以 $\dfrac{OC}{OA}=\dfrac{OD}{OB}$，故 $\dfrac{OC'}{OA}=\dfrac{OD'}{OB}$，得 $\dfrac{OC'}{OD'}=\dfrac{OA}{OB}$. 又

$\angle AOC' = \angle BOD'$，所以 $\triangle AOC' \backsim \triangle BOD'$，故 $\angle OAC' = \angle OBD'$，又 $\angle AFO = \angle BFE$，所以 $\angle AEB = \angle AOB = \theta$.

【评注】 从试题的解答上来看，需要学生经历大胆猜想、论证等过程. 学生可以根据数学常识和经验进行大胆的猜想：先假设 $\angle AEB = \angle AOB = \theta$，再通过逆向思维寻找三角形相似的条件.

视角 3 实践操作型

《课标 2011》指出："学生的数学学习活动不应只限于接受、记忆、模仿和练习，应倡导自主探索、动手实践等学习方式."通过实践操作，可以考查学生的实际动手能力、数学建模能力、数学应用意识等. 实践操作型试题是考查学生能力的一类好试题. 中考的实践操作型试题常这样表述："按下列步骤进行裁剪和拼图……".

【例 9-8】（2016 年成都 25 题）如图 9-21 所示，面积为 6 的平行四边形纸片 $ABCD$ 中，$AB = 3$，$\angle BAD = 45°$，按下列步骤进行裁剪和拼图.

第一步：如图 9-21 所示，将平行四边形纸片沿对角线 BD 剪开，得到 $\triangle ABD$ 和 $\triangle BCD$ 纸片，再将 $\triangle ABD$ 纸片沿 AE 剪开（点 E 为 BD 上任意一点），得到 $\triangle ABE$ 和 $\triangle ADE$ 纸片.

第二步：如图 9-22 所示，将 $\triangle ABE$ 纸片平移至 $\triangle DCF$ 处，将 $\triangle ADE$ 纸片平移至 $\triangle BCG$ 处.

第三步：如图 9-23 所示，将 $\triangle DCF$ 纸片翻转过来，使其背面朝上置于 $\triangle PQM$ 处（边 PQ 与 DC 重合，$\triangle PQM$ 与 $\triangle DCF$ 在 CD 同侧）；将 $\triangle BCG$ 纸片翻转过来，使其背面朝上置于 $\triangle PRN$ 处（边 PR 与 BC 重合，$\triangle PRN$ 与 $\triangle BCG$ 在 BC 同侧）.

则由纸片拼成的五边形 $PMQRN$ 中，对角线 MN 长度的最小值为 _____.

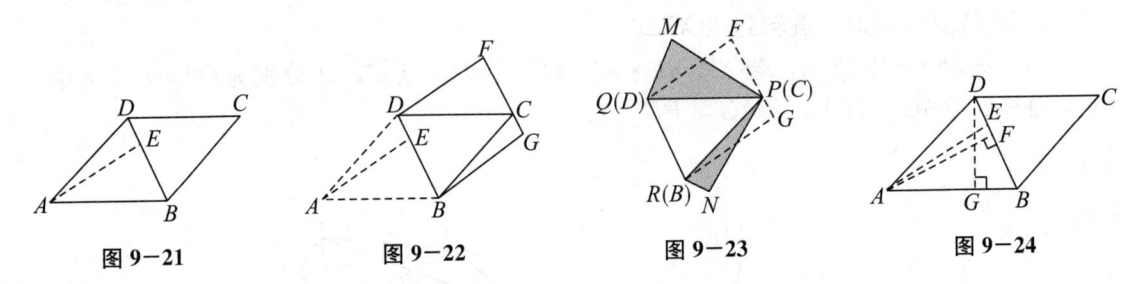

图 9-21   图 9-22   图 9-23   图 9-24

探究 解答此类问题的核心是按部就班，即依照题干提供的步骤进行操作. 解答此题可通过实际的剪纸、拼图、折叠活动来完成.

解 由平移与翻转的性质，得 $\triangle MQP \cong \triangle EBA$，$\triangle NRP \cong \triangle EDA$，则 $\angle MPQ = \angle EAB$，$\angle NPR = \angle EAD$，$MP = NP = AE$. 因为四边形 $ABCD$ 是平行四边形，所以 $\angle C = \angle BAD = 45°$，因此 $\angle MPN = \angle MPQ + \angle NPR + \angle QPR = \angle DAE + \angle BAE + \angle C = 90°$. 在 Rt$\triangle MPN$ 中，$\angle MPN = 90°$，由勾股定理，得 $MN = \sqrt{MP^2 + NP^2} = \sqrt{AE^2 + AE^2} = \sqrt{2} AE$. 故求 MN 的长的最小值，即为求 AE 的长的最小值. 如图 9-24 所示，过点 A 作 $AF \perp BD$ 于点 F，过点 D 作 $DG \perp AB$ 于点 G，则 AF 的长即为 AE 的长的最小值. 因为 $S_{\text{四边形}ABCD} = DG \cdot AB = 6$ 且 $AB = 3$，所以 $DG = 2$. 在 Rt$\triangle AGD$ 中，

$\angle AGD = 90°$,$\angle DAG = 45°$,故 $AG = DG = 2$,则 $BG = AB - AG = 1$. 在 Rt$\triangle DGB$ 中,由勾股定理,得 $BD = \sqrt{DG^2 + BG^2} = \sqrt{5}$. 因为 $S_{\triangle ABD} = \frac{1}{2} AF \cdot BD = \frac{1}{2} DG \cdot AB = 3$,所以 $AF = \frac{6}{BD} = \frac{6}{\sqrt{5}} = \frac{6\sqrt{5}}{5}$,即 AE 的长的最小值为 $\frac{6\sqrt{5}}{5}$,则 MN 的长的最小值为 $\frac{6\sqrt{10}}{5}$.

【评注】 从解答上来看,该试题没有现成的"套路"和"招式",很难具体到哪个知识点,学生需要动手操作,通过对三角形进行剪拼、折叠,尝试合理、优化的方案. 本例很好地考查了学生的动手实践能力和空间想象能力.

视角 4 类比探究型

类比是指根据两事物的一些属性相同或相似,推断另一些属性也可能相同或相似的思维形式."类比是一个伟大的引路人"(数学家波利亚语). 数学中类比的基本方式有类比推理和归纳推理两个方面. 在问题的解答上,运用类比把原问题转化为一个熟悉的或已经解决的问题,即问题的不断变换过程,实现问题的等价转化,从而容易得出正确的解答方法. 中考的类比探究型试题常这样表述:"已知……,类比研究……".

【例 9-9】 (2017 年衢州 23 题) 如图 9-25 所示,在正方形 $ABCD$ 的内部,作 $\angle DAE = \angle ABF = \angle BCG = \angle CDH$,根据三角形全等的条件,易得 $\triangle DAE \cong \triangle ABF \cong \triangle BCG \cong \triangle CDH$,从而得到四边形 $EFGH$ 是正方形.

如图 9-26 所示,在正三角形 ABC 的内部,作 $\angle BAD = \angle CBE = \angle ACF$,$AD$,$BE$,$CF$ 两两相交于 D,E,F 三点(D,E,F 三点不重合).

(Ⅰ)$\triangle ABD$,$\triangle BCE$,$\triangle CAF$ 是否全等?如果是,请选择其中一对进行证明.

(Ⅱ)$\triangle DEF$ 是否为正三角形?请说明理由.

(Ⅲ)进一步探究发现,$\triangle ABD$ 的三边存在一定的等量关系,设 $BD = a$,$AD = b$,$AB = c$,请探索 a,b,c 满足的等量关系.

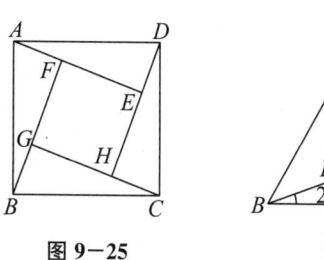

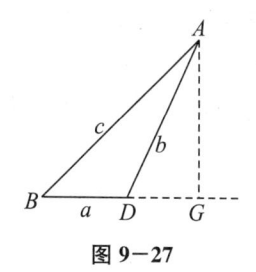

图 9-25   图 9-26   图 9-27

探究 题干提供了解题思路,即证明了正方形 $ABCD$ 中满足条件的四边形 $EFGH$ 为正方形,这为学生证明类似问题提供了模仿的思路. 题干中证明四边形 $EFGH$ 为正方形,(Ⅱ)问证明三角形是等比三角形,这是证明正方形到证明正三角形的一次类比;(Ⅲ)问是正方形数量关系到三角形数量关系的类比.

解 (Ⅰ)全等,由题意得 $\angle CAB = \angle ABC = \angle BCA = 60°$,$AB = BC$,因为 $\angle ABD = \angle ABC - \angle 2$,$\angle BCE = \angle ACB - \angle 3$,$\angle 2 = \angle 3$,所以 $\angle ABD = \angle BCE$,又 $\angle 1 = \angle 2$,所以 $\triangle ABD \cong \triangle BCE$.

(Ⅱ)是. 因为 $\triangle ABD \cong \triangle BCE \cong \triangle CAF$,所以 $\angle ADB = \angle BEC = \angle CFA$. 故

$\angle FDE = \angle DEF = \angle EFD$，所以 △DEF 为正三角形.

（Ⅲ）如图 9-27 所示，作 $AG \perp BD$，交 BD 延长线于点 G，由 △DEF 为正三角形，得 $\angle ADG = 60°$. 在 Rt△ADG 中，$DG = \frac{1}{2}b$，$AG = \frac{\sqrt{3}}{2}b$. 在 Rt△ABG 中，$c^2 = \left(a + \frac{1}{2}b\right)^2 + \left(\frac{\sqrt{3}}{2}b\right)^2$，所以 $c^2 = a^2 + ab + b^2$.

【评注】 以我国汉代数学家赵爽为证明勾股定理而创制的"弦图"为背景，类比整个证明过程进行设问，考查学生的类比探究能力、分析推理能力，同时还考查了全等三角形的判定和性质的应用，对学生整体素质的检测非常有效，也有利于增强学生的科学探求意识.

视角 5　规律探究型

"规律是现象中同一的东西."（列宁语）数学中常见的规律有数的规律、图形的规律、代数式的规律等. 中考的探究型试题常这样表述："已知……，依此规律，得到……". 此类问题考查学生用数学的眼光看待世界，凝炼现实问题中的数学现象，解释现象中的数学本质. 解决这一类问题一般要经历分析、对比、猜测、验证等步骤.

【例 9-10】（2017 年齐齐哈尔 19 题）如图 9-28 所示，在平面直角坐标系中，等腰直角三角形 OA_1A_2 的直角边 OA_1 在 y 轴的正半轴上，$OA_1 = A_1A_2 = 1$，以 OA_2 为直角边作第二个等腰直角三角形 OA_2A_3，以 OA_3 为直角边作第三个等腰直角三角形 OA_3A_4，……依此规律，得到等腰直角三角形 $OA_{2017}A_{2018}$，则点 A_{2017} 的坐标为_____.

探究　本例考查图形中的规律. 首先要弄清等腰直角三角形呈现的规律，再通过分析几个特殊图形的坐标规律来归纳出点坐标的一般特征.

解　由题意，可求得 $A_1(0, 1)$，$A_2(1, 1)$，$A_3(2, 0)$，$A_4(2, -2)$，$A_5(0, -4)$，当作出第 2017 个等腰直角三角形时，其直角边长为 $1 \times \sqrt{2} \times \sqrt{2} \times \sqrt{2} \times \cdots = (\sqrt{2})^{2016}$，而点 A_{2017} 的下标为奇数，说明该点在坐标轴上，且由循环周期为 8，故在 y 轴正半轴上，进而可以得到答案 $(0, 2^{1008})$.

【评注】 本例考查了学生对图形规律以及数规律的综合提炼能力.

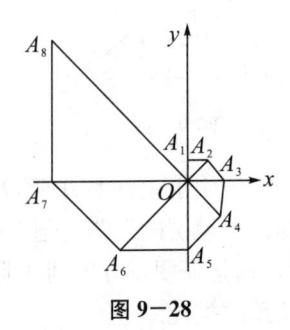

图 9-28

视角 6　评价探究型

评价是一种高级的认知能力.《标准 2017》指出，要"建立合理、科学的评价体系，对学生学习的评价，要关注学生数学学习的结果，更要关注他们学习的过程，要关注学生学习数学的水平，更要关注他们在数学活动中所表现出来的情感与态度"．中考命题关注学生提出问题、分析问题的过程，关注学生对问题的理解和评价．中考的评价型试题常这样表述："有的人认为……，有的人认为……"．

【例 9-11】（**2015 年咸宁 20 题**）某校九年级两个班，各选派 10 名学生参加学校举行的"汉字听写"大赛预赛．各参赛选手的成绩如下：

九（1）班：88，91，92，93，93，93，94，98，98，100

九（2）班：89，93，93，93，95，96，96，98，98，99

通过整理，得到数据分析表如下：

班级	最高分	平均分	中位数	众数	方差
九（1）班	100	m	93	93	12
九（2）班	99	95	n	93	8.4

（Ⅰ）略；

（Ⅱ）依据数据分析表，有人说最高分在（1）班，（1）班的成绩比（2）班好，也有人说（2）班的成绩更好，请给出两条支持九（2）班成绩好的理由．

【评注】 数据分析是学生应具备的学科核心素养．本例实际上是对概率统计本质的考查，运用数据进行评价、预测、决策．我们知道决策、评价中关注的数据指标不同，得到的结果往往会有差异．本例解答中考生先要对数据指标有清楚的认识："平均数反映整体的水平，中位数反映整体的中间值，众数反映整体的集中位置，方差反映整体的集散程度"，然后从某些指标比较两个班的成绩．

189

附录　研究中考试题的几个视角[①]

中考试题是知识、能力和思想方法的载体，是命题思想、命题理念的程序化展现，具有典型性、示范性和权威性．部分中考试题设计新颖、构思巧妙，体现了命题者的智慧．研究中考、研究中考试题是复习备考中"有的放矢"的最佳途径．纵观历年中考试题，不乏情境新颖、探究性强、思路宽广、解法多样、结论丰富的优秀试题，这些好题不仅是当年中考一道亮丽的风景线，而且具有重要的教学和研究价值．同时这些试题的变式和拓展也是再次编写中考试题的良好素材．一线的数学教师将这些试题作为中考复习的例题或研究性学习的材料，既能避免题海战术，又能有效地促进学生数学核心素养的不断提升．因此，数学教师需要深入研究中考试题，认真把握中考动态，领会命题改革精神．下面以2013年天津市中考数学第18题（以下简称18题）为例，提出研究中考试题的几点方法，即研究试题立意、试题背景、试题解法、试题变式、试题推广和试题评价，以飨读者．

试题（2013年天津18题）　如图1所示，将△ABC放在每个小正方形的边长为1的网格中，点A，B，C均落在格点上．

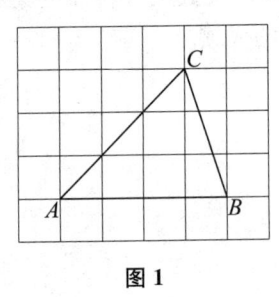

图1

（Ⅰ）△ABC的面积等于＿＿＿＿＿＿；

（Ⅱ）若四边形$DEFG$是△ABC中所能包含的面积最大的正方形，请你在如图所示的网格中，用直尺和三角尺画出该正方形，并简要说明画图方法（不要求证明）．

一、试题立意

试题立意指试题的主题思想，是命题者命题意图的集中体现．[②] 试题的立意引领试题的编拟：命题者基于命题意图，选择适当的考查内容，设置合理的数学问题，拟定恰当的考查形式．近年中考命题形成了"注重基础，考查能力"的特点，18题立意深刻，分析

[①] 余小芬．研究中考试题的几个视角［J］．中学数学杂志，2018（8）：57-61．（该文被人大复印《初中数学教与学》2018年11期全文转载）

[②] 薛世林，刘成龙．2016年高考四川理科数学卷第21题的多角度分析［J］．福建中学数学，2017（4）：4-6．

如下.

1. 考查主干知识

18题考查了平行线的性质、勾股定理、三角形全等、三角形相似等初中数学主干知识，考查了尺规作图原理及作图操作，体现了对数学知识考查的基础性、综合性及应用操作性.

2. 考查能力

"能力立意"是近年中考命题的亮点. 18题以"能力立意"为核心，从多角度、多层次考查学生的探究能力、空间想象能力、推理能力.

(1) 探究能力.

数学探究性学习是指学生围绕某个数学问题，自主探究、学习的过程. 这个过程包括观察、分析数学事实，提出有意义的数学问题，猜测、探究适当的数学结论或规律，给出解释或证明. 有学者认为："探是探、究是究，探究是探究."具体来讲，"探"指"是什么"，"究"指"为什么". 18题考查了学生的探究能力.

"探"：解答第（Ⅱ）问首先需要探究△ABC内最大正方形的特征（即内接正方形），其次需要探究△ABC内存在的三个内接正方形（如图2所示）哪个面积更大.

"究"：首先，利用三角形相似确定三角形内接正方形的存在性；其次，计算出△ABC各边长及对应边上的高，从而计算出三个内接正方形的边长，进而比较发现△ABC中最大内接正方形应立于边BC上.

图 2

(2) 空间想象能力.

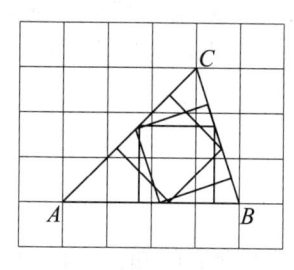

伟大科学家爱因斯坦曾说："想象力比知识更重要，因为知识是有限的，想象力概括着世界上的一切，推动着进步，并且它是知识进化的源泉. 严格地说，想象力是科学研究中的实在因素."关于空间想象力的含义，林崇德教授指出，中学生的空间想象能力包括对平面几何图像和立体几何图形的运动、变换和位置关系的认识，以及数形结合、代数问题的几何解释等[1].《课标2011》在对培养初中生空间观念的内容中就明确提出：能描述图形的运动和变化，能依据语言的描述画出图形[2].

对18题而言，探究三角形内最大正方形的特征对学生的空间想象能力要求较高，需

---

[1] 教育部基础教育课程教材专家工作委员会.《义务教育数学课程标准（2011年版）》解读[M]. 北京：北京师范大学出版社，2012.

[2] 中华人民共和国教育部. 义务教育数学课程标准（2011年版）[M]. 北京：北京师范大学出版社，2012.

要学生能够想象三角形内正方形不断扩充的过程（如图 3 所示），从而大胆猜想出最大正方形应是三角形的内接正方形. 同时，对锐角三角形内存在的三个内接正方形（如图 2 所示）也需要依靠学生的空间想象能力，进而才能为验证"谁"的面积最大提供图形依据，最终保证作图方案的有理有据.

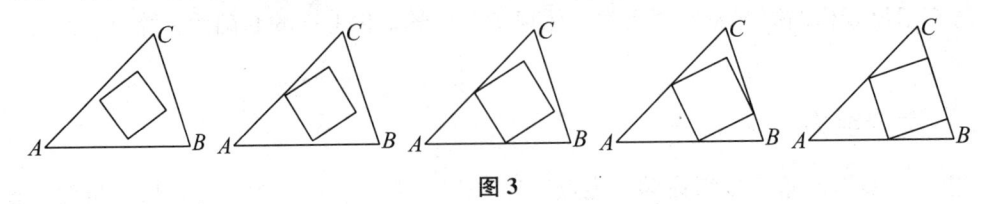

图 3

（3）推理能力.

推理是数学的基本思维方式，也是人们学习和生活中经常使用的思维方式.[①] 因此，培养学生的推理能力成为数学学科的核心素养. 波利亚很早就注意到"数学有两个侧面……用欧几里得方式提出来的数学是一门系统的演绎科学；但在创造过程中的数学却是实验性的归纳科学". 数学推理也应有两类：用合情推理获得猜想，发现结论；用演绎推理验证猜想，证明结论.《课标 2011》在数学思考的目标表述中明确提出要求：要发展合情推理和演绎推理的能力. 两种推理功能不同，相辅相成.[②]

解答 18 题对学生推理能力要求较高：解答（Ⅱ）问首先需要根据作图工具——直尺和三角尺，分析出本题的作图原理——构造平行线；其次，在想象三角形内正方形扩充过程的同时，还需利用合情推理猜想出三角形内最大正方形是三角形的内接正方形；再次，说明最大内接正方形的存在性需利用三角形相似进行推理证明；最后，确定 $\triangle ABC$ 最大内接正方形各顶点位置需利用平行线的性质、勾股定理、三角形全等、三角形相似等知识进行严密的逻辑推理.

二、试题背景

试题背景是指命题时选取素材中含有的知识、模型、问题、文化、思想和方法等[③]. 弄清试题背景对领悟试题的立意有益，对理解试题的本质有利，对探索试题的解法有用. 常见的试题背景有现实背景、教材背景、高考（或高中）背景、高等数学背景、竞赛背景、数学史背景等. 18 题内涵丰富，有深刻的教材背景和中考试题背景.

1. 教材背景

该试题取材于人教版九年级（下）第二十七章"相似"一章的习题（教材 72 页）：如图 4 所示，$\triangle ABC$ 是一块锐角三角形余料，边 $BC=120$ mm，高 $AD=80$ mm，要把它加工成正方形零件，使正方形的一边在 BC 上，其余两个顶点分别在 AB 和 AC 上，这个正

[①] 教育部基础教育课程教材专家工作委员会.《义务教育数学课程标准（2011 年版）》解读 [M]. 北京：北京师范大学出版社，2012.

[②] 中华人民共和国教育部. 义务教育数学课程标准（2011 年版）[M]. 北京：北京师范大学出版社，2012.

[③] 薛世林，刘成龙. 2016 年高考四川理科数学卷第 21 题的多角度分析 [J]. 福建中学数学，2017（4）：4-6.

方形零件的边长是多少?

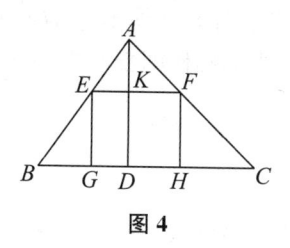

图 4

【评注】 该教材习题实际上介绍了利用三角形相似求三角形内接正方形的边长. 而解决 18 题（Ⅱ）问需说明三角形内接正方形的存在性，教材习题恰好为此提供了图形依据和计算正方形边长的求解经验.

2. 中考试题背景

（2011 年江西省中考 25 题） 某课题学习小组在一次活动中对三角形内接正方形的有关问题进行了探讨.

定义：如果一个正方形的四个顶点都在一个三角形的边上，那么我们就把这个正方形叫作三角形的内接正方形.

结论：在探讨过程中，有三位同学得出如下结果.

甲同学：在钝角、直角、不等边锐角三角形中分别存在＿＿＿＿个、＿＿＿＿个、＿＿＿＿个大小不同的内接正方形.

乙同学：在直角三角形中，两个顶点都在斜边上的内接正方形的面积较大.

丙同学：在不等边锐角三角形中，两个顶点都在较大边上的内接正方形的面积反而较小.

任务：（1）填充甲同学结论中的数据.

（2）乙同学的结果正确吗？若不正确，请举出一个反例并通过计算给予说明；若正确，请给出证明.

（3）请你结合（2）的判定，推测丙同学的结论是否正确，并证明.

（如图 5 所示，设锐角三角形 ABC 的三边分别为 a, b, c. 不妨设 $a > b > c$，三条边上对应的高分别为 h_a, h_b, h_c，内接正方形的边长分别为 x_a, x_b, x_c. 若你对本小题证明有困难，可直接用 "$\dfrac{1}{a+h_a} < \dfrac{1}{b+h_b} < \dfrac{1}{c+h_c}$" 这个结论，但在证明正确的情况下扣 1 分）

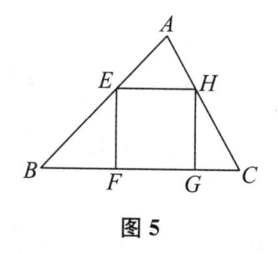

图 5

【评注】 该中考试题围绕甲、乙、丙三个同学的探究性学习，研究了任意三角形内接正方形的存在情形，尤其针对如何比较（不等边）锐角三角形三个内接正方形的大小进行了严谨的逻辑证明. 这恰好为18题（Ⅱ）问作出△ABC内最大正方形提供理论依据，从而降低思维难度，缩短解题时间，为准确作图指明方向.

三、试题解法

解法研究是研究中考试题的最基本形式. 解答方法是命题意图的直观呈现，是试题背景的外化. 解法研究的视角有一题多解、多题一解、一题多用、错解分析等. 其中，一题多解是指从不同视角对同一问题进行分析，进而得到多种解答方法. 在一题多解的过程中，需要关注思路的形成、方法的提炼、过程的表达和策略的优化. 通过对解法间共性与差异的分析，加深对问题本质的认识，同时培养学生思维的灵活性和策略的多样性. 18题解答视角宽广，下面给出三种不同解法.

【解析】 易求 $AB=4$, $BC=\sqrt{10}$, $AC=3\sqrt{2}$，所以 $AC>AB>BC$，即△ABC所能包含的最大正方形的一边应立于 BC 边上（理由详见后面"试题推广"部分，此处略）.

解法1 如图6所示，取格点 P，连接 PC，易证 $PC=BC$ 且 $PC\perp BC$. 过点 A 作 CP 的平行线与 BC 交于点 Q，连接 PQ 与 AC 交于点 G；过点 G 作 CB 的平行线与 AB 交于点 F. 再分别过点 G, F 作 CP 的平行线与 CB 交于点 D, E，则矩形 $DEFG$ 即为所求.

证明 易知△$DGQ \sim$ △PCQ，从而 $\dfrac{DG}{PC}=\dfrac{QG}{PQ}$. 由△$AGF \sim$ △ACB，得 $\dfrac{GF}{BC}=\dfrac{AG}{AC}$. 又 $\dfrac{AG}{AC}=\dfrac{QG}{PQ}$，所以 $\dfrac{GF}{BC}=\dfrac{DG}{PC}$. 又 $PC=BC$，故 $GF=DG$，由此可得矩形 $DEFG$ 为正方形.

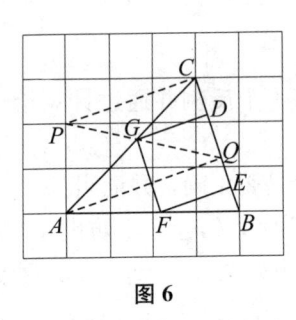

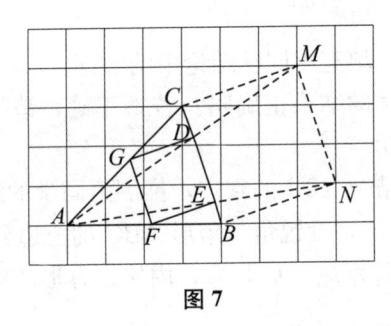

图6

图7

解法2 如图7所示，取格点 M, N，易知四边形 $BCMN$ 为正方形. 连接 AM, AN 分别与 BC 交于点 D, E. 过点 D, E 分别作 CM 的平行线与 AC, AB 交于点 G, F，则矩形 $DEFG$ 即为所求.

证明 易证△$AGD \sim$ △ACM，故 $\dfrac{GD}{CM}=\dfrac{AD}{AM}$，又△$ADE \sim$ △AMN，所以 $\dfrac{DE}{MN}=\dfrac{AD}{AM}$，所以 $\dfrac{GD}{CM}=\dfrac{DE}{MN}$. 又四边形 $BCMN$ 为正方形，$CM=MN$，所以 $GD=DE$，由此可得矩形 $DEFG$ 为正方形.

解法3 如图8所示，取格点 P，连接 CP，易证 $PC=BC$ 且 $PC\perp BC$. CP 与网格竖线 l_1 交于点 M，BC 与网格横线 l_2 交于点 N，易知 $CM=CN$. 过点 M 作 BC 的平行线

与 AC 交于点 I,过点 N 作 CP 的平行线与直线 MI 交于点 Q,易知四边形 $CMQN$ 为正方形.

再过点 N 作 AC 的平行线与直线 MI 交于点 J,过点 J 作 CP 的平行线与直线 BC 交于点 K. 易证 $\triangle CMI \cong \triangle NQJ$,故 $MI = QJ$. 从而有 $MQ = IJ$,即矩形 $HIJK$ 为正方形.

最后延长 CJ 交 AB 于点 F. 过点 F 作 BC 的平行线交 AC 于点 G,分别过点 G,F 作 CP 的平行线与 BC 交于点 D,E,则矩形 $DEFG$ 即为所求.

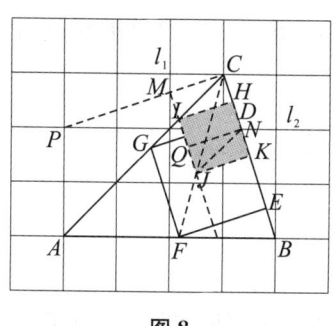

图 8

证明 易证 $\triangle CIJ \sim \triangle CGF$,故 $\dfrac{IJ}{GF} = \dfrac{CJ}{CF}$. 又 $\triangle CJK \sim \triangle CFE$,故 $\dfrac{JK}{FE} = \dfrac{CJ}{CF}$. 所以 $\dfrac{IJ}{GF} = \dfrac{JK}{FE}$. 又四边形 $HIJK$ 为正方形,$IJ = JK$,所以 $GF = FE$. 由此矩形 $DEFG$ 为正方形.

【评注】 解法 1、解法 2、解法 3 解决的关键都是找准关键格点(如解法 1、解法 3 中的点 P,解法 2 中的点 M,N),从而构造与边 BC 垂直的线段,进而为构造正方形提供垂直条件. 此外,三种解法均利用了三角形相似"搭建"比例等式,再进行等量替换,为证明正方形邻边相等提供依据. 解法 1 作图的难点是确定点 Q 的位置,这并非"凭空而生",需借助分析法:假设正方形 $DEFG$ 存在,由相似得 $\dfrac{DG}{PC} = \dfrac{QG}{PQ}$,$\dfrac{GF}{BC} = \dfrac{AG}{AC}$. 故要成立 $DG = GF$,则需成立 $\dfrac{QG}{PQ} = \dfrac{AG}{AC}$,进一步需成立 $PC /\!/ AQ$,从而可确定出点 Q 为垂足. 解法 2、解法 3 的实质均是利用图形的位似将已知正方形缩小(或放大),其中关键是要找准位似中心(解法 2 是点 A,解法 3 是点 C). 特别指出,对于解法 3,在 $\triangle ABC$ 内作任意较小正方形(一边立于 BC 上,一顶点落在 AC 或 AB 上),均可利用位似作出 $\triangle ABC$ 的内接正方形. 但由于没有圆规,所以作等长线段存在困难. 因此,解法 3 避免了直接构造相等线段,而是观察出 $CM = CN$ 且 $CM \perp CN$,从而先构造正方形 $CMQN$,再利用三角形全等将正方形 $CMQN$ 平移至 $\triangle ABC$ 内部. 因此较解法 3 而言,解法 2 对解题者的观察能力、分析能力、图形构造能力要求更高.

四、试题变式

变式是指相对于某种范式,不断变更问题情境或改变思维角度,使事物的非本质属性时隐时现，而事物的本质属性保持不变的变化方式."依靠变式提升演练水准"是张奠宙先生指出的数学教学的四个特征之一."题有千变，贵在有根"（陈景润语）揭示了试题变式的内核. 变式有助于完善学生认知，帮助学生形成良好的认知结构.

1. 条件变式

事实上，改变18题的作图工具，提供圆规、三角尺和直尺，可先计算出最大内接正方形的边长，再利用尺规作出符合要求的正方形. 解答过程如下：

首先计算最大内接正方形的边长：利用等面积法计算 BC 边上的高 $h = \dfrac{AB \times 3}{BC} = \dfrac{12}{\sqrt{10}}$，从而解得最大内接正方形的边长为 $\dfrac{BC \cdot h}{BC + h} = \dfrac{\sqrt{10} \times \dfrac{12}{\sqrt{10}}}{\sqrt{10} + \dfrac{12}{\sqrt{10}}} = \dfrac{6\sqrt{10}}{11}$. （理由详见后面"试题推广"部分，此处略）

再利用圆规、直尺、三角尺作图：

(1) 如图9所示，取格点 O, H, 使 $OH = 6$. 过点 H 作 OH 的垂线 l_1. 再以点 O 为圆心，半径长为11画圆，与 l_1 交于点 S, 连接 OS. Rt$\triangle OHS$ 中，$\cos\angle HOS = \dfrac{HO}{OS} = \dfrac{6}{11}$.

(2) 以点 O 为圆心，$BC = \sqrt{10}$ 为半径作圆，与 OS 交于点 M. 过点 M 作 SH 的平行线与 OH 交于点 N, 则 $ON = OM\cos\angle SOH = \dfrac{6\sqrt{10}}{11}$.

(3) 取格点 P, 连接 CP. 以点 C 为圆心，ON 为半径画圆，与 CP 交于点 Q.

(4) 过点 Q 作 BC 的平行线与 AC, AB 分别交于点 G, F. 再分别过点 G, F 作 CP 的平行线与 BC 交于点 D, E, 则四边形 $DEFG$ 即为所求正方形.

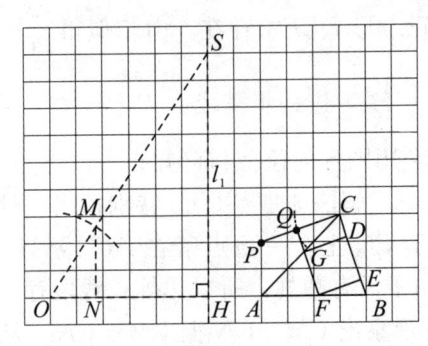

图9

2. 结论变式

变式：如果一个平行四边形的四个顶点都在一个三角形的边上，则这个平行四边形叫作三角形的内接平行四边形. 如图1所示，将 $\triangle ABC$ 放在每个小正方形的边长为1的网格中，点 A, B, C 均落在格点上. 请你在如图所示的网格中，用直尺和三角尺画出满足条件的最大面积的平行四边形.（保留作图痕迹，并对作法进行说明）.

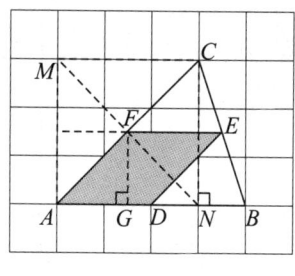

图 10

【解析】 如图 10 所示，不妨设平行四边形 $ADEF$ 的一边立于边 AB 上，另两个顶点分别在边 AC，BC 上. 设 $EF=x$，高 $FG=h$，$AB=a$，AB 边上的高 $CN=b$.

由相似，得 $\dfrac{EF}{AB}=\dfrac{CN-FG}{CN}$，即 $\dfrac{x}{a}=\dfrac{b-h}{b}$，所以 $x=\dfrac{a(b-h)}{b}$，故平行四边形 $ADEF$ 的面积 $S=xh=\dfrac{a(b-h)h}{b}$. 由二次函数图像可知，当 $h=\dfrac{b}{2}$ 时，$S_{\max}=\dfrac{1}{2}\cdot\dfrac{ab}{2}=\dfrac{1}{2}S_{\triangle ABC}$.

由此可见，三角形内接平行四边形的最大面积为该三角形面积的一半，且与平行四边形立于三角形的哪条边上无关.

故只需确定出边 AC 或 BC 的中点即可. 取格点 M，显然四边形 $CMAN$ 为正方形，故对角线 MN，AC 的交点 F 为 AC 的中点. 过点 F 作边 AB 的平行线与 BC 交于点 E，再过点 E 作 AC 的平行线与 AB 交于点 D（本题点 D 恰为格点，故也可从点 D 出发作平行四边形）. 故四边形 $ADEF$ 即为所求.

五、试题推广

数学推广是指根据问题结构或解决方法，将数学问题从一个较小的范围拓展到更大范围的研究过程.[①] 张景中院士指出："推广是数学研究中极其重要的手段之一，数学自身的发展在很大程度上依赖于推广. 数学家总是在已有知识的基础上，向未知的领域扩展，从实际的概念及问题推广出各式各样的新概念、新问题."[②] 推广的一个好处是对信息的整理，几个密切相关的事实被整合到一个更宽广的体系之内.[③] 可见，推广意味着改变，意味着产生新的结论，意味着创新. 因此，研究试题推广具有重要意义.

推广 1 条件一般化——任意三角形的最大面积的内接正方形

结论：（1）钝角三角形中有 1 个内接正方形（如图 11 所示）.

（2）直角三角形中有 2 个内接正方形（如图 12 所示），立于斜边上的内接正方形的面积较小.

[①] 郑隆炘. 数学推广的类型与思想方法 [J]. 武汉教育学院学报，1999，18 (3)：5—10.
[②] 朱华伟，张景中. 论推广 [J]. 数学通报，2005，44 (4)：55—57.
[③] 徐彦辉. 数学推广及其常见形式举例分析 [J]. 数学通报，2010，23 (4)：17—20.

（3）锐角三角形中有 3 个内接正方形（如图 2 所示），立于较大边上的内接正方形的面积反而较小.

特别地，当锐角三角形有相等边时，立于相等边上的内接正方形的面积也相等.

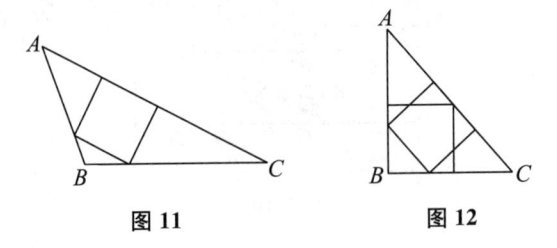

图 11

图 12

证明 以锐角三角形为例，首先说明三角形内接正方形的存在性，并给出内接正方形边长的一般结论.

如图 2 所示，不妨设边 BC 为 a，对应高为 h，设立于 BC 边上的内接正方形的边长为 x. 由相似，得 $\frac{h-x}{h} = \frac{x}{a}$，即 $x = \frac{ah}{a+h}$.

由此可见，要求三角形内接正方形的边长，只需关注正方形所立边上的边长及对应的高. 结合面积公式，该边长还可表示为 $x = \frac{2S_{\triangle ABC}}{a+h}$.

下面说明 $\triangle ABC$ 不同内接正方形的大小比较.

设锐角三角形 ABC 三边的边长分别为 a, b, c. 不妨设 $a > b > c$，三边上对应的高分别为 h_a, h_b, h_c，内接正方形的边长分别为 x_a, x_b, x_c. 故 $x_a = \frac{2S_{\triangle ABC}}{a+h_a}$，$x_b = \frac{2S_{\triangle ABC}}{b+h_b}$. 下面利用作差法比较大小：$x_a - x_b = \frac{2S_{\triangle ABC}}{a+h_a} - \frac{2S_{\triangle ABC}}{b+h_b} = 2S_{\triangle ABC} \left(\frac{1}{a+h_a} - \frac{1}{b+h_b} \right) = \frac{2S_{\triangle ABC}}{(a+h_a)(b+h_b)} \cdot [(b-a) + (h_b - h_a)]$.

故只需考虑 $(b-a) + (h_b - h_a)$ 取值的正负. 又 $(b-a) + (h_b - h_a) = (b-a) + \left(\frac{2S_{\triangle ABC}}{b} - \frac{2S_{\triangle ABC}}{a} \right) = (b-a)\left(1 - \frac{2S_{\triangle ABC}}{ab} \right) = (b-a)\left(1 - \frac{h_a}{b} \right)$，易知 $h_a < b$，又 $b < a$，所以 $(b-a)\left(1 - \frac{h_a}{b} \right) < 0$，故 $x_a - x_b < 0$，即 $x_a < x_b$. 同理可证 $x_b < x_c$，所以 $x_a < x_b < x_c$，即立于三角形较大边上的内接正方形的面积反而较小.

推广 2 试题模型化——有趣的"金字塔"模型

如图 13 所示，继续作立于 $\triangle ADE$ 边 DE 上的正方形 $PQRS$，并计算出此正方形的边长 $PQ = \frac{DE \cdot AK}{DE + AK} = \frac{DE \cdot (AO - DE)}{AO} = \frac{\frac{ah}{a+h} \cdot \left(h - \frac{ah}{a+h} \right)}{h} = a\left(\frac{h}{a+h} \right)^2$.

图 13

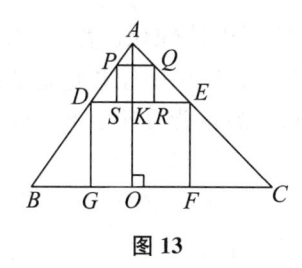

观察正方形 DEFG 与正方形 PQRS 的边长特征,可类比推理,归纳猜想得到:继续作出同样的正方形,则第 n 个正方形的边长为 $a\left(\dfrac{h}{a+h}\right)^n$.①

由此结论,还可对高中等比数列 $\left\{a\left(\dfrac{h}{a+h}\right)^n\right\}$ 求和作以下几何直观解释:

等比数列 $\left\{a\left(\dfrac{h}{a+h}\right)^n\right\}$ 的前 n 项和 $S_n = a\left(\dfrac{h}{a+h}\right) + a\left(\dfrac{h}{a+h}\right)^2 + \cdots + a\left(\dfrac{h}{a+h}\right)^n$ 可看作图 13 中的 n 个正方形的边长的总和. 不难想象,当 $n \to \infty$ 时,正方形的边长越来越小(但不会抵达点 A),若将正方形的边长依次连接,则与高 AO 几乎重合,所以 $S_n \to h$,即 $\lim\limits_{n \to \infty} S = h$.

六、试题评价

斯塔弗尔比姆指出:"评价最重要的意图不是为了证明,而是为了改进."评价中考试题,对于应试者来说,就是为了改进教与学:是立足、坚守,还是改进、优化?对于命题者来说,评价是提高试题质量的有力保障. 总的来说,18 题的命制遵循了新课标理念,是整个试卷中不可多得的一道好题. 第一,该试题涉及的知识容量较大,覆盖了平行线的性质、正方形、勾股定理、三角形全等、三角形相似等基本知识,这符合《课标 2011》的要求. 同时,考查重点突出,着重考查了利用相似计算、证明几何问题,这符合考查主干知识的命题原则. 第二,题目注重对数学思想的考查,比如,(Ⅱ)问考查了数形结合思想、分类思想、模型思想、化归转化思想. 第三,该试题考查了学生的运算能力、推理能力、空间想象能力和自主探索能力,这体现了"加强基础,培养能力,发展智力"的教学指导思想. 第四,从题目的设置层次上看也是非常合理的,它在有良好"信度""效度"的基础上,具有十分好的区分度:(Ⅰ)问考查了格点三角形面积的求解,属于简单问题,绝大部分同学都能解决,这体现了新课标中"大众数学"这一理念;(Ⅱ)问涉及尺规作图原理,需探究三角形内最大正方形的特征,还需利用三角形相似证明问题、构造图形,这要求学生具备丰富的空间想象能力和较为扎实的自主探索能力. 因此,(Ⅱ)问难度较大,带有浓厚的"压轴题"味道,在区分度上非常好. 第五,该试题的编制具有创新性,具体表现是打破了传统的尺规作图题型,少了圆规,多了利用几何性质作图,这些充满活力的格点和平行线使得作图题充满魅力,富于挑战. 在网格背景下研究平面图形,一方面保留了图形自身的几何特性,另一方面网格自身的位置和数量特性又赋予了图形一些特殊

---

① 谢明辉,王锋. 一道课本拓广探索习题的再探索 [J]. 数理化学习(初中),2012(1):11—17.

关系，进而使图形的一般几何性质得以特殊化、数量化.① 此外，网格还具有坐标的特性，可以根据图形特点及运算需要，在网格中任意建立坐标系，这为通过计算进行作图提供了更多可能. 第六，该试题取材于教材背景和中考试题，对回归教材教学和把握中考动向都有很好的引领和示范作用.

尽管该试题独具匠心，但仍存在一些问题值得商榷. 18 题（Ⅱ）问的要求是利用直尺和三角尺画出 $\triangle ABC$ 中所能包含的面积最大的正方形. 尽管通过空间想象可以体会三角形内正方形不断扩充的过程，猜想出三角形内最大正方形是内接正方形，但由合情推理"猜想推断"出的结论未必可靠. 我们的确能证明三角形内接正方形的存在性，但内接正方形与三角形内任意正方形的大小比较并非易事. 数学是讲究严密逻辑性的一门学科，没有经过严格推理证明就直接运用结论，未免有些不严谨，尽管命题者的设计意图是为了降低试题难度，但这对培养学生数学思维的严谨性不利. 同时，《课标 2011》也明确要求"在尺规作图中，了解作图的道理，保留作图的痕迹"，即作图也要做到"有根有据"；否则，可能使得学生会"画"（具备操作技能），但不会"写"（缺乏语言表达能力），更不会"证"（缺乏逻辑思维能力），这直接影响对学生空间想象、几何直观、推理能力的培养.

前面以一道中考试题为例，提出了研究中考试题的六个视角，即试题立意、试题背景、试题解法、试题变式、试题推广和试题评价. 其中，透视立意是前提，挖掘背景是基础，探究解法是重点，创编变式是亮点，拓展推广是升华，品味评价是归宿. 这六个视角相互支撑，构成一个较为完整的研究范式.

---

① 贯忠喜，陈建. 多角度探究 2017 年天津市中考网格作图题［J］. 中国数学教育，2017（12）：39-43.

参考文献

[1] 余小芬,刘成龙. 高考数学试题功能的分析[J]. 内江师范学院学报,2018,33(10):17-22.

[2] 刘成龙,余小芬. 成都十年中考数学试题解析与对策[M]. 成都:四川大学出版社,2019.

[3] Ander J R. Cognitive Psychology and its Implications[M]. New York:Freeman,1980.

[4] 喻平. 数学教学心理学[M]. 北京:北京师范大学出版社,2010.

[5] 翁凯庆. 数学教育概论[M]. 成都:四川大学出版社,2007.

[6] 中华人民共和国教育部. 义务教育数学课程标准(2011年版)[M]. 北京:人民教育出版社,2011.

[7] 张雄,李得虎. 数学方法论与解题研究[M]. 北京:高等教育出版社,2011.

[8] 郑云升,向婉诗,刘成龙.《怎样解题表》指导下的解题实践——以2012年成都中考第24题为例[J]. 数学教学通讯(中旬),2017(5):48-51.

[9] 张奠宙,宋乃庆. 数学教育概论[M]. 北京:高等教育出版社,2009.

[10] 潘超. 试论数学问题改编的方式和要求[J]. 数学通报,2014,53(6):21-24.

[11] 杨金增,谢祥. 构造图形求"胡不归"函数的最小值[J]. 中学数学教学参考(中旬),2020(7):73-75.

[12] 毛文奇. "胡不归"问题模型与一类最值问题[J]. 上海中学数学,2019(12):14-16.

[13] 徐小建. 例谈数学建模素养的落实——以"胡不归"问题的教学为例[J]. 中小学教材教学,2019(4):65-69.

[14] 朱记松,王公友,陈俊国. "胡不归"的代数模型及其求解[J]. 中学数学杂志(初中),2018(6):59-60.

[15] 苏华强. 关注模型教学 拓展解题方法——"胡不归问题"在初中数学解题中的应用[J]. 中学数学月刊,2018(12):50-52.

[16] 张青云. 从课本到"胡不归"——2017年广州市中考第24题的思路突破与感悟

[J]. 中学数学（初中），2017（8）：86-88.

[17] 中华人民共和国教育部. 普通高中数学课程标准（2017年版）[M]. 北京：人民教育出版社，2017.

[18] 刘成龙，张琴玲，杨巧华. 推陈出新　适度暗示　能力突出　解法多样　教学引领——2013年中考成都卷第25题亮点分析[J]. 中学数学（初中版），2014（1）：55-57.

[19] 赵思林，潘超. 一道以群的定义为背景的高考试题赏析[J]. 中学数学（高中版），2008（4）：37-38.

[20] 刘成龙. 由一个物理问题引起的探究性学习[J]. 中学数学教学参考（中旬），2013（7）：11-14.

[21] 刘成龙，黄祥勇. 2014年中考成都卷第23题分析及启示[J]. 中学数学（初中版），2015（1）：40-43.

[22] 刘成龙. 高考数学探究性试题简析[J]. 中学数学研究（江西），2011（11）：29-32.

[23] 薛世林，刘成龙. 2016年四川卷理科21题的多角度分析[J]. 福建中学数学，2017（4）：4-6.

[24] 刘成龙，余小芬. 高考数学命题的选材研究[J]. 考试（高考数学版），2010（5）：44-47.

[25] 吴立宝，曹一鸣，秦华. 钻研教材的几个视角[J]. 中学数学教学参考（中旬），2013（8）：3-6.

[26] 浦叙德. 初中数学教材解读的几个视角[J]. 中学数学教学参考（中旬），2016（11）：61-63.

[27] 黄祥勇，邱声誉. 掘金教材内容　拾贝精彩试题——从2016年四川省成都市中考第24题说起[J]. 中国数学教育（初中版），2017（5）：37-40.

[28] 刘叔才. 论竞赛数学及其教育价值[J]. 中国教师，2007（8）：25-27.

[29] 徐章韬. 再谈竞赛数学的根在何处——兼评2010年江西高考理科数学压轴题[J]. 中学数学研究，2011（9）：33-35.

[30] 朱华伟. 从数学竞赛到竞赛数学[M]. 北京：科学出版社，2009.

[31] 刘成龙，余小芬. 对含有高等数学背景的高考试题的研究[J]. 中学数学研究，2010（3）：25-28.

[32] 陆书环，傅海伦. 数学教学论[M]. 北京：科学出版社，2004.

[33] 李邦河. 数的概念的发展[J]. 数学通报，2009（8）：1-3.

[34] 钱佩玲. 数学思想方法与中学数学[M]. 北京：北京师范大学出版社，2008.

[35] 余小芬，闵蓉，刘成龙. 2018年中考数学文化型试题背景赏析[J]. 数学教学通讯（中旬），2019（7）：79-81.

[36] 顾沛. 数学文化[M]. 北京：高等教育出版社，2008.

[37] 郭金彬. "算经十书"数学思想简论[J]. 厦门大学学报（哲学社会科学版），2003（1）：101-108.

[38] 刘超. 关于《九章算术》进入中学数学教材的思考[J]. 中学数学杂志（初中），

2012（4）：17-20.

[39] 张同臣. 中国古代的数学论著［J］. 枣庄师专学报，1991（2）：31-35.

[40] 李文林. 数学史概论［M］. 北京：高等教育出版社，2002.

[41] 金萍，丁祖荣. 程大位及《算法统宗》新探［J］. 西北大学学报（自然科学版），1995（1）：91-94.

[42] 邹大海. 刘徽的无限思想及其解释［J］. 自然科学史研究，1995，14（1）：12-21.

[43] 刘成龙，余小芬. 研究中考试题的几点方法［J］. 中学数学研究，2008（9）：4-10.

[44] 波利亚. 怎样解题［M］. 涂泓，冯承天，译. 上海：上海科技教育出版社，2007.

[45] 苏鹏，郑云升，刘成龙. 一道中考试题的一般解法、通解及高等解法［J］. 理科考试研究（初中），2018（5）：2-5.

[46] 唐瑞，游娇，刘成龙. 2019年成都中考28题的多解及变式［J］. 数理化学习，2020（8）：16-18，25.

[47] 蒲丹，游娇，刘成龙. 2018年成都中考27题的多解及变式［J］. 数理化学习，2019（12）：27-30.

[48] 王昌林，罗萍双，刘成龙. 一道中考压轴题的解法研究［J］. 理科考试研究，2019（4）：5-7.

[49] 余小芬，豆小燕，刘成龙. 一道中考试题的错解、正解及变式［J］. 理科考试研究，2017（6）：1-3.

[50] 万维中考命题研究中心. 2013年全国中考真题超详解25套（数学）［M］. 乌鲁木齐：新疆青少年出版社，2013.

[51] 严豪东，刘成龙. 解析法在解六类平面几何问题中的应用［J］. 理科考试研究（初中），2018（2）：10-12.

[52] 何桠鑫，余小芬，刘英. 旋转在解中考数学试题中的应用［J］. 理科考试研究（初中），2017（11）：5-8.

[53] 余小芬，刘成龙，豆小艳. 例谈和角、差角公式在解中考题中的运用［J］. 理科考试研究（初中），2017（7）：6-8.

[54] 梁梅芳. 加强变式教学 提高数学素质的实践与探索［J］. 广西师范学院学报（自然科学版），2003（S1）：276-278.

[55] 曾祥春，杨心德，钟福明. 变式练习的心理机制与教学设计［J］. 教育探索，2008，8（18）：79-81.

[56] 严豪东，刘成龙. 一道中考试题的多解及变式［J］. 数学教学通讯（中旬），2018（10）：71-72，75.

[57] 朱华伟，张景中. 论推广［J］. 数学通报，2005，44（4）：55-57.

[58] 郑隆炘. 数学推广的类型与思想方法［J］. 武汉教育学院学报，1999，18（3）：5-10.

[59] 游娇，罗力杰，刘成龙. 一道中考试题的多视角探究［J］. 中学数学（初中版），2019（11）：51-53.

[60] 刘成龙. 意外引起的反思［J］. 中学数学（初中版），2013（8）：46-49.

[61] 刘成龙，余小芬. 对数学解题反思的认识 [J]. 中学数学研究（江西），2012（6）：25-28.

[62] 刘成龙，余小芬. 参考答案仅供参考 [J]. 福建中学数学，2013（2）：20-22.

[63] 刘成龙，胡丹，杨小兵. 合作中质疑 质疑中生成——以一道中考试题的讲评为例 [J]. 中学数学（初中），2019（1）：55-57.

[64] 赵绪昌. 例谈数学课堂教学追问时机的把握 [J]. 中国数学教育（高中版），2010（12）：11-15.

[65] 张大均. 教育心理学 [M]. 北京：人民教育出版社，2015.

[66] 钟梦圆，刘成龙，董万平. 一道条件相互矛盾的中考试题 [J]. 中学数学（初中版），2019（9）：44-45.

[67] 刘成龙，钟梦圆，李玉. 一道中考试题的病因分析及处方 [J]. 中学数学（初中版），2020（2）：47-49.

[68] 赵思林. 数学活动经验的含义新探 [J]. 数学教育学报，2019，4（28）：75-80.

[69] 刘成龙. 中考数学命题错误分析 [J]. 中学数学（初中版），2020（7）：70-72.

[70] 钱德春. 中考命题须谨慎 试题导向要合理——2017年数学中考题的问题评析与命题建议 [J]. 初中生世界：初中教学研究，2018（4）：66-71.

[71] 吴举宏. 基于生物学科技论文进行命题的合理性和挑战性 [J]. 生物学教学，2014，39（2）：23-25.

[72] 杨梓生. 基于命题规范视角的试题评价——以福建省2013年理综卷第12题为例 [J]. 中学化学教学参考（上旬），2013（11）：66-67.

[73] 李玉琴，刘成龙. 对一道中考试题的质疑与改进 [J]. 理科考试研究（初中），2018（3）：2-3.

[74] 陆军. 中考数学命题不能只有数学——对两道中考试题的商榷 [J]. 中学数学（初中版），2011（5）：62.

[75] 彭运锋. 考试命题规范与技术基础 [J]. 广西教育，2011（5）：32-34.

[76] 刘成龙，邓万强. 从错误中学习——以一道区级调考错题为例 [J]. 数学教学通讯，2018（5）：48-49.

[77] 教育部考试中心. 2017年普通高等学校招生全国统一考试大纲的说明：理科 [M]. 北京：高等教育出版社，2017.

[78] 胡琳，刘成龙. 2018年高考命题创新的四个视角 [J]. 中学数学（高中版），2018（9）：15-18.

[79] 周卫东. 立德树人，数学何为 [J]. 教育视界，2016（10）：8-11.

[80] 刘成龙，胡琳. 高考数学创新试题的几种类型及评析 [J]. 中学数学（高中版），2019（3）：38-39，41.

[81] 刘成龙，余小芬. 高等数学背景下高考命题的问题及建议 [J]. 中国数学教育，2017（11）：53-56.

[82] 姜艳红，余小芬，董万平. 中考数学创新型试题的类型及评析 [J]. 理科考试研究（初中），2018（12）：14-18.

[83] 胡成龙. 2010年高考理科试题对高中统计与概率教学的启示 [J]. 遵义师范学院学

报，2010（5）：111－115.

[84] 黄祥勇，杨泽海. 课标是根 教材是本——从2017年成都市数学中考看教材对考试与教学的引导［J］. 基础教育课程，2017（10）：76－81.

[85] 罗斯渝，余小芬. 2018年中考二次函数压轴题考查的几个视角［J］. 理科考试研究（初中），2018（10）：7－11.

[86] 徐达强，刘成龙. 中考数学探究性试题简析［J］. 理科考试研究（初中），2018（7）：12－16.

[87] 中华人民共和国教育部. 普通高中数学课程标准（实验稿）［M］. 北京：人民教育出版社，2003.